本书撰写人员名单

主　　编：邢成举

副主编：王　蒙　海莉娟

撰写人员：邢成举　海莉娟　陈晓军　王　丹
　　　　　吴雨霞　王　蒙　高　明

新时代中国县域脱贫攻坚案例 研究丛书

丹江口

绿色转型发展引领脱贫攻坚

全国扶贫宣传教育中心／组织编写

人民出版社

目 录
CONTENTS

代　序

碧水丹心：绿色转型发展引领脱贫攻坚

——丹江口市脱贫攻坚的成就与经验

一、丹江口市脱贫攻坚成就

丹江口市位于鄂西北、汉江中上游，地处江汉平原与秦巴山区接合部，鄂豫两省交界处，是一座因水而建、得水扬名、缘水而兴的生态滨江城市。境内自然资源丰富、生态环境优越，是南水北调中线工程核心水源区、国家秦巴山片区扶贫开发重点县（市）、全省九个深度贫困县（市）之一。丹江口市历史悠久，自秦代设武当县，隋唐改称均州，民国始称均县，1983 年撤县建市。全市总面积 3121 平方公里，辖 20 个镇（办、处、区）、194 个村，总人口 46 万人。

丹江口市是移民大市，南水北调中线工程先后两期移民 26 万人，淹没土地 455 平方公里。丹江口市是旅游名市，境内有世界文化遗产、5A 级风景区、道教圣地——武当山与南水北调中线调水源头、亚洲第一大人工淡水湖、国家级风景名胜区——丹江口水库珠联璧合，荣评中国优秀旅游城市、国家旅游名片。丹江口市是柑橘大市，建成柑橘基地 30 万亩，年产柑橘 30 万吨，是我国北缘最大的优质柑橘生产基地。丹江口市是"中国水都"，生态环境良好，库区水质长年保持在国家二类标准以上，三次被评为全国生态环境质量轻微变好县市，荣获首届"中国好水"水源地称号。2014年12月12日，南水北调中线一期工程正式通水，截至2018年12月底，已累计向北方调水194亿立方米。

近年来，丹江口市委、市政府团结带领全市干部群众，始终坚持以脱贫攻坚为统领，认真落实中央、省、十堰市决策部署，稳步推进经济社会高质量发展，努力提高人民群众获得感、幸福感，加快建设宜居宜业宜旅的现代化生态滨江城市。全市初步形成了以汽车零部件、农产品及水资源加工、生物医药等为主导的工业格局，是湖北省重要的汽车零部件集散地。该市主要经济指标位次稳居湖北省同类县（市）考核前列，2013年至2017年连续五年被评为"湖北省县域经济工作成绩突出单位"。2020年，丹江口市实现地区生产总值270.1亿元，地方一般公共预算收入9.1亿元，城乡常住居民人均可支配收入分别达到31221元、13078元。

脱贫攻坚初期，丹江口全市建档立卡贫困人口30200户98779人，重点贫困村56个，其中深度贫困镇（区）5个、深度贫困村14个。贫困人口主要分布在汉江以南高寒山区、汉江以北石漠化山区和丹江口水库淹没区3个贫困带，贫困区域广、致贫因素多。通过几年的脱贫攻坚，2014年至2018年脱贫30056户98454人，出列重点贫困村56个，全市贫困发生率降至0.11%。在2017年全省扶贫开发成效考核中获得A类等次，在2018年全省扶贫开发成效考核中获得好类等次。先后通过了国家、省脱贫攻坚成效考核和脱贫摘帽专项评估检查，2019年4月29日，经省政府批准丹江口市退出贫困县。

丹江口市的脱贫之路困难重重。首先，丹江口市是贫困山区、库区、革命老区"三区"重合之地。其次，丹江口市是移民大市。因实施南水北调中线工程两次受淹、两次移民，重复搬迁，淹没土地占整个库区的43%，包括均州古城在内的大量基础设施和耕地被淹。

库区群众为了生存居住在山顶和山腰，生存空间缩小，生产资料大幅减少，大部分库区群众在贫困线下艰难生存。第三，生态保护和产业转型任务艰巨。2003 年以来，由于南水北调库区停建令限制，导致农村基础设施和公共设施建设滞后，城乡二元结构明显。2014 年 12月 12 日，南水北调中线一期工程正式通水，库区生态建设和水质保护任务艰巨，为了保护生态环境，确保一库净水永续北送，面临着产业发展受限和产业转型发展的巨大压力。但正是因为丹江口市深刻地把握了新时代扶贫开发工作的基本特征和科学规律，准确分析和研判新时代深度贫困地区扶贫开发工作的发展方向和实现途径，其才能够在脱贫攻坚工作中探索出一条可借鉴的道路，这对全国脱贫攻坚工作的开展，对向全世界推广中国的扶贫、减贫经验都具有重要的意义。对丹江口市来说，脱贫攻坚就是要在既有的生态与政策约束下重新建构并塑造于当地有利的经济、政治、社会与心理空间，让丹江口市在空间变迁背景下实现空间层面的新突破，以空间重塑来为发展赢得新的活力和契机。

湖北省扶贫办主要负责人在评价丹江口市的脱贫工作时指出："丹江口市作为南水北调移民大市和深度贫困县市，在完成移民搬迁安置，实现'一江清水永续北送'这一历史性重大任务后，紧接着又投入到脱贫攻坚的重大战役中，在贫困人口多、贫困程度深、脱贫难度大的情况下，该市坚定不移贯彻落实习近平总书记关于扶贫工作的重要论述和中央、省脱贫攻坚决策部署，自觉担当脱贫攻坚政治责任，紧扣'两不愁三保障'脱贫标准，突出产业主导、党建引领、精准施策、短板提升，举全市之力，合力攻坚，探索出了一条'精细、精确、精准'化脱贫的路子，2018 年在全省脱贫摘帽验收中取得了较好成绩，如期实现了高质量脱贫，探索了贫困山区脱贫的路径。"2019 年 4 月，丹江口市在十堰市各县（市）中率先脱贫摘帽，脱贫做法在湖北全省推广；在 2019 年至 2020 年上半年的考核中，考核结果位居全省第一名。

二、丹江口市脱贫攻坚治理体系

按照"中央统筹、省负总责、市县抓落实"的工作要求，提高政治站位，层层压实四大责任。这四个责任体系的落实也就形成了丹江口市脱贫攻坚最关键最核心的贫困治理机制。

1. 压实主体责任。省委、省政府和十堰市委、市政府对丹江口市脱贫攻坚高度重视。在丹江口市脱贫攻坚整县摘帽的关键时刻，省委、省政府领导多次到丹江口市调研指导。十堰市委、市政府领导带头开展"户户走到"，多次到丹江口市安排推动脱贫攻坚工作，进村入户、解决困难。坚持强化市、镇、村三级书记抓扶贫、党政主要负责人负总责的责任落实机制。丹江口市委、市政府主要负责人带头开展"户户走到·足印农家"活动，遍访了全市 194 个行政村；乡镇党委书记负责本地脱贫攻坚整体统筹、项目资金安排、人员调配、推进落实等工作；村书记负责全力以赴抓好本村贫困户脱贫和村出列工作，所有贫困村实行挂图作战、任务上墙、限期脱贫。市委、市政府成立了由市委书记、市长分别任政委、指挥长，14 位市级领导任副指挥长、57 名市直单位主要负责人为成员的市扶贫攻坚指挥部，实行党政一把手负总责，党委领导、政府主抓、扶贫攻坚指挥部组织协调的工作机制。及时传达学习、贯彻落实上级脱贫攻坚精神。2018年召开市委常委会 30 次、市委理论中心组学习会及市"四套班子"领导联席会 29 次，召开市政府常务会议 10 次、市长办公会 2 次、市政府党组会 5 次，传达学习脱贫攻坚有关文件和领导讲话精神，研究部署脱贫攻坚工作。每月召开一次全市脱贫攻坚工作调度会，2018年召开调度会、推进会 14 次，专题安排督办脱贫攻坚工作。各个镇（办、处、区）相应成立扶贫攻坚指挥部，市、镇、村三级联动，确保脱贫攻坚工作指挥有力、令行禁止。

2. 压实行业部门责任。按照"主责、主管、主抓"的要求，各部门结合工作职能，各负其责，各司其职。出台了行业部门支持政策，从项目安排、资金投入、力量集中等方面向贫困村和贫困人口聚焦，各部门相互协调、相互协作，形成工作合力，确保政策、项目精准落地，发挥最大效益。

3. 压实驻村帮扶责任。实行"市级领导包镇（办、处、区）、镇（办、处、区）班子成员和市直部门包村、工作团包工作队，各级干部包户"的包保责任制。35 名市领导负责包保 18 个镇（办、处、区）。市委、市政府主要负责人分别包保减贫任务最重的两个乡镇。出台了《丹江口市驻村帮扶工作管理办法》。落实市级领导每月到包保镇村开展扶贫工作 5 天、工作队员驻村每周"5 天 4 夜"、市直单位主要负责人驻村每周"3 天 2 夜"工作制度，推动工作重心下移、干部精力聚焦。驻村包户干部负责宣传政策，参与制定发展规划、督促落实"五个一批"政策到村到户、培养创新创业致富典型、指导加强基层组织建设、发展壮大集体经济、监管扶贫项目资金等工作。市委、市政府为驻村工作提供有力保障。市财政每年为每个驻村工作队预算 5 万元工作经费，为每名驻村队员购买 300 元人身意外伤害保险，并落实驻村生活补助、交通补助等。

4. 压实督办检查责任。市扶贫攻坚指挥部落实"每月一调度一督查一暗访"的督办机制。成立了 20 人的综合督查考评专班，专职专责对脱贫攻坚工作开展检查考评。强力推进扶贫领域腐败和作风问题专项治理、明查暗访、监督执纪问责等工作，有力地推动了各项工作和政策措施落实落地。

按照"精准扶贫，不落一人"的总体要求，2015 年丹江口市提出了"三年全面脱贫，两年巩固提高"的工作思路，力争 2018 年全面脱贫。如今，丹江口市顺利实现了既定的目标。在这场没有硝烟的战争中，丹江口市全力以赴，以易地扶贫搬迁和产业扶贫为主抓手，努力打造"产业脱贫主导、就业脱贫支撑、健康脱贫减负、金融扶贫助力、社会扶贫聚力"的扶贫格局。

精准扶贫，资金投入是关键。丹江口市按照市级财政投入不低于地方一般预算收入 10% 的比例安排财政专项扶贫资金，每年增长比例不低于 10%，加大资金投入力度。设立扶贫开发资金项目整合管理平台，整合中央、省级涉农资金，集中投向贫困村、贫困户。2016年共筹措精准扶贫资金 20.16 亿元，其中整合财政资金 2.06 亿元；2017 年计划筹措 18.98 亿元，已筹措 10.5 亿元，其中整合财政资金 6103 万元。加大信贷投入。创新金融扶贫模式，整合财政资金 3200万元，建立小额信用贷款风险担保基金，向 3927 户贫困户发放扶贫小额贷款 1.6 亿元；积极对接国开行、农发行，争取产业发展、基础设施建设等资金，破解资金不足难题。加大社会投入。坚持自我发力与向外借力并举，形成专项扶贫、行业扶贫、社会扶贫有机结合、互为支撑的大扶贫格局。建立与央企、省直单位定点帮扶沟通协调机制，推进帮扶政策、资金、项目等精准流向贫困村和贫困人口。2014年以来，累计实施帮扶项目 145 个，投资总额近 2 亿元。

打赢脱贫攻坚战后，丹江口坚持以更高标准、更严要求啃"硬骨头"，筑牢全面建成小康社会基础。2019 年丹江口市新建、改造扶贫产业基地 4.3 万亩。194 个村集体经济收入达标。实施易地扶贫搬迁后续扶持，强化安置点公共服务和日常管护。建立农村留守老人儿童服务机构 238 所。建设扶贫车间（扶贫作坊）252 个。精准落实扶贫政策，完成贫困劳动力技能培训 4527 人，健康扶贫惠及 3.6 万人次，教育资助 48401 人 3569 万元，全年累计为贫困户发放扶贫小额贷款 4741 万元。2020 年持续巩固脱贫攻坚成果，存量贫困人口 7 户13 人全部脱贫。精准帮扶 723 户脱贫不稳定户和 1100 户边缘易致贫户，及时消除返贫致贫风险。健康扶贫惠及全体贫困人口，教育扶贫资助 3.04 万人次，新发放扶贫小额贷款 2556 万元。销售扶贫产品4.07 亿元。加强易地搬迁后续扶持，规范安置区公共服务。圆满完成脱贫攻坚普查任务。建成高标准农田 1.77 万亩，新建、改造高标准橘园 1 万亩、高标准茶园 6000 亩。完成 21 个美丽家园示范村建设。

三、丹江口市脱贫攻坚的具体实践

1. 大力完成易地搬迁。坚持首战必胜，把易地扶贫搬迁作为精准扶贫第一大战役，在确保质量安全的前提下，严把"三关"，全力推进，实现搬迁与脱贫同步，安居与乐业并重。严把政策执行关。坚持"两公开"（公开评定搬迁对象、公开搬迁政策）、"两不准"（不准超面积建设、不准贫困户因建房增贫）、"两配套"（配套基础设施和公共服务、配套脱贫项目）、"一统配"（政府统一建设，实行"交钥匙工程"），严格政策标准。严把工程质量关。把建房工程质量安全作为易地扶贫搬迁的生命线，细化市、镇、村三级监管责任，构筑"考核监管、过程监管、源头监管"三大体系，切实让搬迁工程"建得快、建得好"。共建成 10 户及以上集中安置点 444 个，集中安置 104417 户 32941 人，集中安置率 78%；分散安置 2690 户 9528 人。其中 2016 年完成 5693 户 19116 人，2017 年完成 6549 户 20635 人，2018 年完成 865 户 2718 人。全市 13107 户 42469 人易地扶贫搬迁建房、搬迁入住、拆除旧房任务全部完成。严把设施配套关。注重完善栏圈、菜园、农具房、红白理事房、路灯、公厕、环卫"七个一"配套设施建设，强化公共服务，确保实现"搬得出、稳得住、能致富"。

2. 切实发展扶贫产业。坚持把产业扶贫作为精准脱贫的长久之计，按照村有主导产业、户有增收项目、人有一技之长的目标，坚持规划引领，集中资金、集中力量，因地制宜、长短结合，推进镇、村、户产业发展，打造一镇一业、一村一品的产业发展格局。全市建成柑橘、茶叶、核桃等特色产业基地 43 万亩；大力发展生态养殖产业，2018 年贫困户养殖猪、牛、羊 16.4 万头（只）。2019 已新建特色产业基地 22235 亩，改造特色产业基地 52740 亩。通过把贫困户深度嵌入到扶贫产业发展的链条中，实现了多渠道增收。新华社、湖北日报等媒体对丹江口市产业扶贫工作进行了多次报道。

3. 积极推进就业创业。坚持多措并举，积极搭建就业平台，不断稳固拓展群众脱贫致富渠道。开展技能培训：整合培训资金和培训资源，采用"订单、定向、定岗"的形式为全市贫困劳动力提供驾驶、厨师、家政、种植、养殖和美容美发等多种专业的技能培训。2018 年完成贫困劳动力技能培训 3985 人，其中驾驶专业培训 2109人；开展实用技术培训 351 场次 20605 人次。组织劳务输出：积极组织开展招聘活动，发布企业用工信息，为企业和贫困劳动力搭建用工平台，2018 年共举办"春风行动"招聘会 31 场次，转移贫困劳动力就业 3527 人。出台企业吸纳贫困劳动力社会保险补贴制度，引导企业提高贫困劳动力工资待遇，支持市内工业企业吸纳贫困劳动力就业251 人。2019 年以来举办现场招聘会 12 场次，进场企业达 176 家，提供岗位共 7760 个，进场求职的人数达 12000 余人次，初步达成就业意向 1000 余人，签订用工协议 883 个。发展扶贫车间：鼓励有条件的企业和能人大户在乡村创办扶贫车间，带动附近极贫重困农户在家门口上岗就业，实现村村有产业、户户有项目、人人有事干、月月有收入。目前，全市新建（改建）"扶贫车间"超过 800 个，14274名贫困人口在家门口就近务工增收，涌现出习家店棒球垒球手工作坊、丁家营鑫德服饰、盐池河红涛服装厂等一批示范扶贫车间。开发公益岗位：选聘 1188 名有责任心、热爱公益事业的贫困劳动力在村里兼职卫生保洁员、河道专管员、交通劝导员等公益岗位，年人均增收 4000 元以上。

4. 完善基础设施建设。坚持聚焦深度贫困，持续加大投入，全面加强基础设施建设和公共服务设施配套。推进"九有"项目建设。2017 年，在 56 个重点贫困村大力推进"九有"项目建设。投资 5.3

亿元，建成党员群众服务中心 19 个、村卫生室 16 个、文化广场和文体设施 56 个，新修通村公路 302 公里，实施贫困户安全饮水工程 22754 户、光纤宽带入户 14299 户，兴建集中安置点小型沼气集中供气工程 5 个。实施"六到农家工程"。2018 年，在全市非重点贫困村全面推进安全饮水、电网改造、村组公路、宽带网络、安全住房、环境改善"六到农家工程"。共投资 6152 万元，实施安全饮水工程建设项目 22 个，集中供水覆盖率达到 97%；投资 1010 万元，新建、维修改造村级党员群众服务中心 38 个；投资 3.08 亿元，新建农村公路 214 条 356.5 公里；投资 3260 万元，实施农村危房改造 1536 户；投资 2026 万元，实现所有村宽带网络全覆盖。攻克深度贫困。制定《丹江口市深度贫困村脱贫攻坚三年行动计划》，每个深度贫困村成立脱贫攻坚工作领导小组，由一名市级领导担任组长，对 5 个深度贫困镇（区）、14 个深度贫困村给予领导力量、政策、项目、资金等倾斜，严格落实"新增脱贫攻坚资金主要用于深度贫困镇、村，新增脱贫攻坚项目主要布局于深度贫困镇、村，新增脱贫攻坚举措主要集中于深度贫困镇、村"要求，按照每个深度贫困村每年不低于 200 万元，三年原则上统筹总投入不低于 600 万元进行资金统筹整合。2017 年、2018 年在 14 个深度贫困村共实施"五基"（基本产业、基础设施、基本公共服务、基层组织、基层乡村治理）项目 276 个，投入项目资金 28351.8 万元，深度贫困村的基础设施和公共服务得到提升完善。2018 年在白杨坪林区、盐池河镇等 5 个深度贫困镇（区）实施扶贫产业、基础设施等项目 331 个，总投资 3.24 亿元，有效补齐贫困"短板"。2020 年，汉十高铁丹江口站、武当山西站配套建设及福银高速武当山互通改建完工。279 省道全线贯通，孟土路大修基本完成，十淅高速、右岸新城汽车客运站等基本完工。新改建电网 115 公里，建成 5G 基站 150 个。

　　5. 实施健康扶贫工程。该市制定了《丹江口市农村贫困人口基本医疗有保障实施细则》，全市村级卫生室达标率 100%，贫困对象参加城乡居民医疗保险实现 100%，市财政对特困供养人员、孤儿、最低生活保障对象、丧失劳动力的残疾人参保缴费给予全额资助，对其他贫困人口参保个人缴费部分给予人均 30 元资助。市财政还为全市健康扶贫对象每人购买 300 元医疗补充保险。落实"四位一体"模式（基本医保+大病保险+医疗救助+补充保险），实行先诊疗后付费"一站式"集中结算。开展"三个一批"行动（大病集中救治一批、慢病签约服务管理一批、重病兜底保障一批），针对行动不便患病对象取药难的问题，将药品配送到 96 个设立了慢病门诊取药点的村卫生室，实行送药上门。实施大病救治 34 人，免费筛查、救治白内障患者 105 人。为 98107 名在家的贫困人口建立了健康档案，深化签约医生服务，定期进村入户开展免费体检，宣传健康生活方式。全面落实健康扶贫费用报销"985"政策标准（贫困人口住院费用个人实际报销比例达到 90% 左右，大病、特殊慢性病门诊医疗费用个人实际报销比例提高到 80% 左右，个人年度自付医疗费用控制在 5000 元以内），为每个贫困人口每年购买 20 元人身意外保险。2018 年，共有 44138 人次精准扶贫对象获得住院补偿，实际发生医疗费用 18577.29 万元，基本医保报销 13288.35 万元，大病保险报销 789.21 万元，医疗救助 1234.66 万元，补充医疗保险报销 2098.01 万元，贫困人口住院实际报销比例达 93.72%。2019 年 1 月至 7 月，全市共有 25429 人次精准扶贫对象获得住院补偿，实际发生医疗费用 12317.52 万元，基本医保报销 8299.98 万元，大病保险报销 658.71 万元，医疗救助 801.23 万元，补充医疗保险报销 1192.65 万元，医院承担管控外费用 198.25 万元，贫困人口住院实际报销比例达 90.53%。盐池河镇大岭坡村贫困户张雨欣因先天性心脏病在武汉协和医院住院治疗，医疗费总额 261554.62 元，报销之后，个人自付费用在 5000 元以下。2020 年，市妇幼保健院新院区竣工，公共卫生补短板项目全面推进。实行药品（耗材）集中招标带量采购，降低群众医疗负担。

6. 实施教育扶贫工程。坚持扶贫先扶智，深入推进教育扶贫，制定《丹江口市教育精准扶贫工作实施方案》，持续开展控辍保学、教育资助、薄弱学校改造等行动。严格落实学前教育资助、义务教育阶段学生生活补助、普通高中助学金、家庭经济困难大学生入学资助、"雨露计划"等系列教育资助政策。2018 年教育资助 44459 人次 3724.1215 万元，2019 年春季教育资助 17390 人 1373.7625 万元，实现了从幼儿园到大学阶段的贫困生资助全覆盖；完成贫困家庭"两后生"培训 270 人，培训率达到 100%。

7. 实施生态扶贫工程。坚持"绿水青山就是金山银山"，在全力服务南水北调，确保"一库净水永续北送"的同时，扎实推进生态扶贫。开展精准灭荒。2018 年，将精准灭荒与精准扶贫有机结合，在精准灭荒项目中新建林业核桃、油橄榄等扶贫产业基地 1.62 万亩，3000 余户贫困户通过投工投劳户均增收 500 元以上。完成新一轮退耕还林工程 4.46 万亩，其中惠及贫困户 4702 户 1.66 万亩、年兑现补助资金 66.3 万元。兑现 198.04 万亩生态公益林管护补助资金 2223.92 万元，其中惠及贫困户 17090 户 36.89 万亩、年兑现管护补助 441 万元。选聘生态护林员。聘用 1385 名贫困劳动力为生态护林员，每人每年发放护林补助 4000 元。实施农村环境综合整治。深入推进生态治理工程、"厕所革命"、农村生活污水治理及生活垃圾治理等人居环境整治项目，动员群众做到房前屋后"扫干净、摆整齐、无污水"，引导群众养成良好环境卫生习惯，提升村容村貌，共建美丽乡村。

8. 实施金融扶贫工程。投入财政资金 5120 万元，建立扶贫小额信用贷款风险担保基金，确保贫困户实现"免担保、无抵押"信用贷款。2015 年至今累计贷款 7015 户 4.321 亿元，目前贷款余额 2.66 亿元，其中 2018 年为 2685 户贫困户贷款 1.71 亿元，2019 年以来为 738 户贫困户贷款 0.35 亿元。成立了长江证券丹江口产业培育基金、和生高投丹江口产业升级与发展基金、国寿丹江口绿色扶贫产业基金

3 只产业基金，资金总规模 4.5 亿元，有效助推了扶贫产业发展。

9. 实施兜底保障扶贫工程。制定《丹江口市农村低保兜底工作实施方案》，全面落实保障兜底政策，将 20405 名贫困人口纳入农村低保，将 2927 名农村"五保"对象纳入贫困人口予以帮扶。从 2018 年 4 月 1 日起，农村低保标准提高到 4320 元/人·年，农村五保集中供养标准提高到 10200 元/人·年、分散供养标准提高到 6600 元/人·年，实现了与脱贫标准的有效衔接。抓好特困群体保障，对收入发生变化的家庭及时动态调整，按不低于农村低保标准 20% 的标准增发补助金，确保特困群体"兜得住、兜得牢"。为全市 58899 名 16—59 周岁贫困人口代缴了每人 100 元的城乡居民养老保险，22483 名 60 周岁以上贫困人口领取城乡居民养老保险补助。全市享受困难残疾人补贴 6994 人，享受重度残疾人护理补贴 8120 人。

10. 激发内生动力。实施精神文化扶贫。坚持扶贫先扶志，制定《关于进一步激发内生动力加快精神脱贫的行动方案》，引导群众既要"富口袋"更要"富脑袋"。加强政策引导。采取以工代赈、生产奖补、劳务补贴等方式，组织动员贫困群众参与帮扶项目实施；出台脱贫奖励政策，以户为单位给予脱贫奖励，对 2014 年至 2016 年脱贫户每户奖励 1000 元，对 2017 年脱贫户每户奖励 500 元，对 2018 年脱贫户每户奖励 300 元，奖励资金主要用于发展生产，巩固脱贫成效，激励贫困户通过勤劳致富稳定脱贫。加强教育引导。通过足印农家、院场会等形式先后组织政策宣讲 5000 余场次，及时兑现脱贫奖励，大张旗鼓宣传"贫困不光荣，勤劳可致富"的理念，叫响"宁愿苦干，不愿苦熬"的脱贫攻坚主旋律，形成了"户要干净、村要整洁、人要勤劳、心要感恩"的鲜明导向。加强典型引导。坚持用身边的人讲身边的事，开展"十星"级文明户评选活动，挖掘树立了 52 名脱贫致富典型，以干部帮扶与贫困群众勤劳致富为素材，组织拍摄了《圆梦龙山》《丹萍的梦想》《艾叶青青》三部微电影，大力营造脱贫光荣、勤劳致富的良好氛围。

11. 抓党建促脱贫，为脱贫攻坚提供坚实的基础组织保障。坚持强基固本，制定出台《关于抓党建促脱贫攻坚的十条实施意见》，不断加强基层组织建设，打造脱贫攻坚战斗堡垒。强化村级管理。建立市级领导脱贫攻坚责任区制度，市四套班子成员带头包保联系贫困乡镇和软弱涣散村级党组织。推行基层党建联述联评联考、党建工作提醒函、基层党建督导员等制度，强化督办检查和问题整改，整顿提升软弱涣散村级党组织16个，提档升级农村党群服务中心38个，全市194个村集体经济收入全部实现达标。推进"领头雁计划"。举办村书记抓党建促脱贫攻坚专题培训班，培训村书记3期257人次。抓好扫黑除恶专项斗争和村"两委"换届，调整村党组织书记87人，"派""聘"38人，全市194个村支部书记中45岁以下的79人，大专及以上学历75人，基层组织战斗力不断提升。深化"四双"帮扶。深入开展"双建双培双带双促"活动，建立了109个党员创业示范基地、选树了502名党员致富带富标兵，结对帮扶困难群众6907人。在扶贫一线建立了政策宣传、产业发展、生态环保、民主监督、和谐共建"五型"党小组970个，为无职党员在扶贫一线创先争优搭建平台。

四、绿色转型发展与丹江口市脱贫攻坚的经验

在丹江口市脱贫攻坚的历程中，有一个关键词十分醒目，那就是"转型发展"，这种转型发展既来源于丹江口市发展所面临的国家使命、区域定位和新型战略，同时也源于丹江口市对自身以往经济社会发展路径的反思与重新审视。转型发展意味着丹江口市要在一定程度上同以往的发展模式进行"告别"，同时也需要在新的发展理念和思路下将以往发展中形成的优势和经验进行传承和创新。正是因为丹江

口党政领导和广大群众在转型发展中形成了一致性的意见，丹江口市的脱贫攻坚工作才呈现出了与地方经济社会转型同频同步的显著成效。当然，在客观上看，转型发展在一定阶段内对丹江口市的经济社会发展也带来了一定的影响，尤其是会带来税收和财政收入，甚至是经济增速的下滑，但转型发展的长远目标则永远是前景光明的。

1. 立足当地的农业产业历史，稳步推进产业扶贫。从农业产业的角度看，丹江口市传统的优势农产品主要是柑橘和茶叶。其中柑橘既有种植面积超过 20 万亩，茶叶面积超过 10 万亩。为了做大做强，丹江口市大力发展了地域性公共农产品品牌，分别形成了"武当蜜橘"和"武当道茶"的品牌。在产业扶贫过程中，丹江口地方政府的思路是很清楚的。产业发展没有出现任何的盲目性，在扶贫产业发展过程中，其确立了继续做大做强传统优势农业创业的思路，在此基础上委托推进新型农业产业项目的发展，无论是现代休闲采摘农业，还是一二三产业融合的园区农业，丹江口市都没有出现盲目的发展，而是成熟一个发展一个，因为任何新型的农业产业项目都无法替代传统的柑橘和茶叶对贫困户脱贫的广覆盖与普遍性带动。针对既有产业主要是通过改良种植模式、优化水肥管理、加强农产品治理与市场营销等方面强化传统优势产业的扶持政策。在此基础上才稳妥地推进现代农业、园区农业和休闲农业等新业态的发展。在产业扶贫方面，丹江口市的扶贫工作者是清醒的，他们对地方既有的产业优势有着清晰的认识，也对新产业的发展做好了充分研讨和准备。

2. 足印农家，户户走到。2016 年年底，丹江口市开展领导干部"足印农家·户户走到"专项行动，要求市乡两级主要领导带头进村入户走访调研，了解实情、交流感情、疏导情绪、宣讲政策、解决问题，确保每户群众一年能见到走访干部 3 次以上。"哪怕再偏远的山村，再分散的贫困户，也要一村不漏、一户不掉。"十堰市委主要负责人介绍。该市各级党政领导和包户干部已走访 20 个乡镇（林区）、194 个村、3 万余户贫困户，他们走村入户支招产业扶贫，用金点子铺就脱贫路。2018 年，全市贫困户改造低产柑橘园 3 万亩，改造低产核桃园 8300 亩，新建标准化茶园 4000 亩；已建成 254 个扶贫车间，吸纳贫困劳动力就业 7000 余人。正如调研中基层扶贫干部所言，"以前是扶贫干部很辛苦，不少群众还不满意"。现在这样的大走访大调研弥补了干群关系"一头热一头冷"的遗憾，既让群众能够近距离感受到"干部也不容易"，也能让干部真正掌握群众内心的想法。实施精准扶贫工作以来，建档立卡贫困户获得了大量的扶贫利益，这让不少的非贫困户心生不满，争当贫困户，上访甚至是阻碍公共扶贫工程与项目实施的情况时有发生。为了解决非贫困户思想认识上的问题，以为扶贫工作创造更加良好的村庄社会环境，丹江口市启动了"足印农家·户户走到"的专项工作，通过扶贫干部进村入户，不仅深度宣讲了国家的扶贫政策，同时也在力所能及和政策允许的范围内为非贫困户解决了实际的困难，如此也带来了更大范围内人民群众对扶贫工作的理解与支持，扶贫工作取得了最大的民意支持基础。总的来说，足印农家，就是要紧盯深度贫困镇村水、电、路、通信等基础设施短板，紧盯扶贫政策宣传、开展和落实情况。

3. 分散与集中相结合，高质量完成易地搬迁扶贫工作。用三年时间完成 18022 户贫困户的易地扶贫搬迁任务，是十堰市委、市政府对丹江口市打赢脱贫攻坚战提出的明确目标。丹江口市在深入调查研究的基础上，形成了"只有用最短的时间，迅速攻克易地扶贫搬迁这个堡垒，才能为发展脱贫产业赢得更多时间"的共识。思路一经统一，该市用攻坚拔寨啃硬骨头的精神，加快推进易地扶贫搬迁，力争"三年任务，一年半完成"。截至 2017 年 4 月 20 日，该市易地扶贫搬迁在建、完工及搬迁入住共计 18002 户，占总任务的 99.9%！"每个乡镇都签订了军令状！""任务完不成，不能回！"……在丹江口市，无论是乡镇干部，还是驻村干部，都在与时间赛跑。这一切皆源于该市提出的"为产业脱贫赢得时间"的思路。做好易地扶贫搬迁，统筹规划是基础。该市坚守生态底线，因地制宜，统筹规划，实施生态搬迁。在规划理念上，充分尊重贫困户意见，按照经济、实用、美观、安全，自然、生态、绿色、和谐的要求，依山就势，随片就湾，原貌规划，杜绝大挖大填。在安置方式上，该市坚持以集中安置为主、分散安置为辅，按照"五靠近"，即靠近中心村、靠近集镇、靠近生态旅游区、靠近产业园区、靠近城区的原则，因人制宜、分类搬迁。目前，该市建设集中安置点 475 个，其中超过 500 人的大型安置点 5 个，超过 1000 人的大型安置点 1 个。集中安置比例达 70% 以上，个别镇（办）达 90% 以上，集中安置率高于湖北省、十堰市 10 个百分点。而这里所谓的集中安置，只要达到 5 户的规模就可以。从整体上看，丹江口市易地扶贫搬迁安置点，多数是小规模的安置，这样可以更好地为搬迁农户提供相应的就业机会和务工空间，从而形成了移民与迁入地市场容量的结合。

4. 绿色转型，让生态与经济发展实现双赢。作为核心水源区，丹江口市一方面要保护好水源，另一方面又要发展经济，如何在两者之间找到平衡点，这是一个难点。丹江口市的答案是：坚持"生态立市"战略，所有新上项目，一律要过"绿色"环保关。丹江口市从服务南水北调大局出发，从自身环境建设和生态保护的需要出发，建立了科学、完整、统一的节能减排指标体系和监测考核体系，先后关停并转 70 多家污染企业，拒签了不下 100 个有污染的招商项目；实施了农夫山泉、开泰激素、东圣化工公司两水闭路循环和环保脱硫技术改造；对大坝以上库区范围内有可能影响水质企业实施排污许可证制度，并督促引导企业投资新建水污染防治和环保设施，以及环保在线监测设施。投资 1.6 亿元新建了城区污水处理厂和六里坪镇污水处理厂，日处理污水能力达 5.5 万吨，城区的生活和工业污水经过处理后已全部实现达标排放。

绿水青山是丹江口市最好的资源，也是丹江口市最大的财富，更是丹江口市最有竞争力的发展优势。该市将"产业链条长、发展前景好、能源资源消耗少、环境污染小"作为招商引资的首选条件，加快形成以水资源利用、电子信息、高新技术为主的生态产业集群。目前，该市已建成农夫山泉、源头水等 4 家水资源利用企业，香港心怡心宝凉茶和苏打水、国水清泉饮料、北京康为水产品生物加工等 10 余个在建新型工业项目均已建成投产。此外，正在火热建设的乾舜照明、共同医药、氮氧传感器、武当医药科技园等一批高科技新兴项目，也将成为该市绿色跨越发展的"梦之队"。围绕汉江生态经济带建设，该市大力发展柑橘、茶叶、蔬菜等特色产业和无公害农业，加快林业产业基地和现代生态农业产业基地建设步伐。目前，全市柑橘面积已达 30 万亩，荣膺湖北省水果大县称号；发展茶叶超过 3 万亩、核桃 4.2 万亩、油茶 3 万亩、中药材 5.4 万亩。

为转变经济发展方式，该市还大力发展生态旅游产业，结合南水北调移民搬迁复建，重建了均州古镇。围绕"三区三线"打造旅游精品，形成旅游景观集群，实现山、水、城互动，致力打造环库旅游核心区。此外，还结合南水北调移民内安和集镇迁复建，打造一批生态文化旅游名镇、旅游名村，全市旅游产业异军突起。

五、丹江口：绿色减贫的生动实践

（一）习近平总书记关于绿色减贫论述

"绿色减贫"是一种将生态环境保护与贫困地区减贫相互结合的反贫困策略。2005 年 8 月习近平总书记在浙江湖州安吉考察时首次提出"绿水青山就是金山银山"的重要论断，"两山"理念的提出标志着习近平关于绿色减贫论述初具雏形。2013 年习近平总书记在哈萨克斯坦纳扎尔巴耶夫大学回答学生提问时明确指出："建设生态文明是关系人民福祉、关系民族未来的大计。""我们既要绿水青山，也要金山银山。宁要绿水青山，不要金山银山，而且绿水青山就是金山银山。"这段论述系统阐释了环境保护与经济发展的有机关系，破除了经济发展与生态保护"两难"悖论。在党的十八届三中全会上，习近平总书记提出"人的命脉在田，田的命脉在水，水的命脉在山，山的命脉在土，土的命脉在树"，并强调"山水林田湖是一个生命共同体"。十九大报告中进一步强调，"人与自然是生命共同体，人类必须尊重自然、顺应自然、保护自然"和"坚持人与自然和谐共生"。十九大报告又一次强调构筑尊崇自然、绿色发展的生态体系。习近平总书记关于绿色减贫重要论述是新时代最系统、最科学的贫困治理理念，是我国贫困和环境治理的重要依据。

习近平总书记关于绿色减贫论述系统阐释了扶贫开发和生态治理新思路，其内涵是通过与自然生态环境体系和自然生产力紧密相融，将自然、经济和社会资源寓于绿色发展体系中，提高资源配置效率，从而全面提升经济效益、社会效益和生态效益，改善和提高贫困家庭收入和生活水平，实现摆脱贫困的目标。它具有两个方面的含义：第一，通过绿色的途径和手段实现减贫，绿色是工具，减贫是目的；第二，在减贫中实现人与自然的可持续发展，减贫是过程，绿色是前提。其双重内涵深刻阐释了绿色与减贫二者之间相互依存、和谐共生的关系，是可持续的、以环境保护和资源科学利用为导向的促进贫困地区扶贫减贫的新理念。习近平总书记关于绿色减贫论述具有以下几大特征：第一，人民性。经济增长以人民为中心，以贫困人群收益为首选。第二，可持续性。绿色减贫以环境保护为重要考虑因素，兼顾贫困人口扶贫脱贫，尽可能通过一种可持续、可循环的方式达到贫困人口扶贫脱贫目标。第三，科学性。绿色减贫是一种减贫与社会、环境等多项要素相结合的科学减贫方式。

（二）丹江口市绿色减贫的实践探索与经验启示

1. 丹江口市绿色减贫的实践探索

（1）转变理念，做好绿色减贫顶层设计

绿色发展与生态文明建设早就成了丹江口市党委和政府高度贯彻的发展理念，立足生态经济和可持续发展，谋划环丹江口库区经济发展，把资源承载能力、生态环境容量作为经济发展的重要依据，谋划发展生态产业、低碳产业，建设绿色家园，改善人居环境，打造人与自然和谐相处的绿色发展示范区，将丹江口市打造为生态文化旅游发展区、特色生态循环农业发展区、健康服务产业发展区、特色产业小镇集聚区。

（2）系统建设，构建绿色基础设施

构建绿色环库交通网，重点建设环丹江口库区生态环保公路建设环库生态绿道系统，结合景点、公园等自然景观、历史文化资源，通过景观改造、生态功能提升等策略，构建连通环线，并积极与周边干线公路系统相衔接，形成旅游景区内外高效衔接的旅游交通系统。依托沿线的移民新村、集中安置点和精品村庄，合理布局休憩站、农家旅馆、自行车租赁站，搭建城市、景区、公园、滨江、乡村等区域间的生态旅游廊道，率先启动环库绿道示范区和城郊生态游憩带示范点建设。

（3）扶贫益贫，打造绿色扶贫产业

大力发展会展业、全域旅游等生态产业，举办世界水资源生态保护论坛、世界文化遗产论坛、中国生态经济和谐发展论坛、国际养生论坛、武林大会等。发展现有传统产业和种植业"两为主"的产业，促致富增收。依据《丹江口市精准扶贫精准脱贫产业发展实施方案》《丹江口市精准扶贫精准脱贫产业发展实施细则》，为贫困户量身定做了发展生态产业致富增收的"一村一品"政策"菜单"。重点从巩固提高贫困户传统特色产业，以柑橘、茶叶、中药材、食用菌、蔬菜、花卉苗木等种植业为主的产业提档升级；发展食草动物舍式饲养和林下生态养殖、果园生态养殖，发展增殖放养生态渔业等养殖模式，丰富了舌尖上的无公害农产品市场；在驻村包户干部"监护"下，实现了每户均有可持续增收的致富项目增收。以"大带小"模式发展乡村生态游，带动从事旅游产业链上职业人数达2.6万余人，其中贫困户1.9万人；流转荒地或耕地涉及5000余户40000亩，贫困户人均新增收800元。

（4）线上线下，建立健全电商扶贫体系

扩大电商户培植面，对成功注册并营业的电商贫困户一次性补助5000元。改变销售模式，让无人问津的原汁原味土蜂蜜、土鸡蛋、椴木香菇和黑木耳、武当蜜橘、地理标志鱼、清香核桃等农产品走上了淘宝互联网销售，电子商务使农产品畅销世界各地。政府拿出人均6000元产业发展资金，作为户办产业"先干后补、以奖代补"到户资金。对贫困户发展的产业，经包户干部和村委会组成的专班验收后直补到户。贫困户人均纯收入从2014年2736元增加到2017年年底4000元以上。

（5）创新机制，发展绿色畜牧业

以发展草食畜牧业为重点调整产业结构，努力创建"畜牧业绿色发展示范市"。在严守生态保护红线的基础上，合理划定丹江口市禁止养殖区、限制养殖区和适宜养殖区范围，分类管理。积极推广畜禽废弃物处理新工艺，加快推进畜禽养殖废弃物资源化利用和病死畜禽无害化处理工作。建立绿色、生态的市场准入和退出机制，创新统一、协调的部门联动工作机制，健全切实可行的政策激励和支持机制，保障绿色畜牧业可持续发展。

（6）援助资金，助推绿色产业发展

近几年，丹江口农商银行着力打造绿色信贷增长极，严把准入关，重点向生态环保、节能减排、产业升级、科技创新等绿色产业领域倾斜，以实际行动呵护着水都丹江口绿色经济的发展。中国人寿资产管理有限公司于 2017 年 11 月设立了规模 2 亿元的"国寿—丹江口绿色扶贫产业基金"，致力于投资湖北省丹江口市对扶贫带动作用明显的现代农业产业等领域，为基金投资企业提供寿险、财险、养老险多种金融保险服务，推动扶贫攻坚工作深入有效开展，推动丹江口市由"输血式"扶贫向"造血式"扶贫加速转变。目前，绿色扶贫产业基金先后投资了"国寿丹泉"瓶装水和博奥鱼头水产两个重点项目。基金进驻后，"国寿丹泉"瓶装水项目不到半年销售突破 10 万箱；博奥鱼头水产品产量提升 8 倍，线上线下销售十分火爆。

（7）转型发展，系统推进绿色工业

丹江口市传统主导产业为电石、铝产品、发电等，但对环境保护造成巨大压力。面对严峻形势，丹江口市努力做好"优化存量"与"做大增量"两篇文章，重点培育汽车零部件及整车、冶金、农产品加工 3 个"百亿产业"，水资源利用、生物医药、电子信息 3 个"五十亿产业"。按照集中、集聚、集约发展的理念，着力培育水都工业园、六里坪工业园、东环工业园、移民生态产业园 4 个"百亿园区"，实现了利税收入与财政收入双增长，这正是丹江口市转型发展的典型体现。

（8）统筹兼顾，推进生态文明建设

近年来，丹江口市在"两山"理念的指导下，树立绿色发展理念，将生态文明建设融入经济建设的全过程、各领域中，探索生态文明建设与扶贫开发融合发展之路，严防严控，减少污染物排放，优化农村环境综合整治工作。以加快推进供给侧结构性改革为主线，以生态、绿色发展为主题，以旅游扶贫为载体，加快推进全市乡村旅游发展。探索形成了景区带动模式、生态景观模式、特色餐饮模式、旅游文化创意模式、产业融合模式 5 种乡村旅游模式。弘扬低碳文化，打造生态生活模式，走出了一条发展新路，让绿水青山产出"真金白银"。

2. 丹江口市绿色减贫的经验启示

(1) 以习近平总书记关于绿色发展论述为指引

"共抓大保护、不搞大开发"，"绿水青山就是金山银山"，"保一库净水永续北送"，"打赢三大攻坚战"，"实施乡村振兴战略"，"推进美丽乡村建设"……这些论述一度成为丹江口市主题教育理论学习集中研讨的"热词"，引起各级党员干部强烈的思想碰撞和情感共鸣，绿色发展也成为丹江口市各级党委和政府的一致性发展理念。绿色发展是理念，更是沉甸甸的政治担当。在丹江口市，保护生态、保护水质是雷打不动的"一号工程"。把生态保护摆在压倒性位置，切实担负起生态环境建设的政治责任。南水北调工程实施以来，丹江口市把绿色发展纳入市委、市政府决策体系，以绿色 GDP 为导向实施分类差异化考核；把主要污染物总量控制要求、环境风险评估等作为制定县域经济社会发展的重要依据；严格实行环境保护"一票否决"制，开展领导干部自然资源资产离任审计，实行终身责任追究。

(2) 以健全有效的工作机制为保障

丹江口市委、市政府高度重视生态文明建设和环境保护工作，将其作为必须完成的一项政治任务，融入经济社会发展的全过程和各方面。丹江口市成立了由市委书记、市长担任第一主任的环境保护委员会，将环保议题列入市委常委会议、市政府常务会议、市环委会全会和现场办公会，研究解决生态环保问题。每年从国家生态补偿资金中安排不少于 10% 的资金，用于污染减排、生态保护和生态创建工作奖励。制定了《丹江口市开展五城联创责任追究制（试行）》，出台《丹江口市环境保护"一票否决"制度实施办法》，强化督办与责任追究，全力推进创建任务落实。出台环境保护"党政同责、一岗双责"、城市环境管理考核、农村综合环境整治长效管理考核等制度，将生态文明建设和水、大气环境质量纳入各镇（办、处、区）党政领导班子和领导干部实绩考核评价体系，有力有效地推动了丹江口市生态文明建设工作开展。

（三）完善绿色减贫的政策建议

1. 完善绿色减贫制度和政策设计。制度现代化是实现治理现代化的前提。在相对贫困治理过程中，国家始终立足于构建相对贫困治理与乡村振兴战略中生态宜居相结合的制度保障和工作机制，探索从建立科学合理的考核评价体系、责任追究机制、资源生态环境管理制度等方面推进绿色减贫制度建设。《"十四五"扶贫规划》等文件进一步明确了绿色减贫的总体要求、目标任务、路径、考核等内容，促进绿色减贫的顶层设计不断完善。

2. 在生态脆弱地区设立绿色减贫示范区。目前，贫困地区大部分为偏远山区，属于生态特别重要和脆弱的地区。要大力实施生态保护扶贫，大力探索绿色产业发展、低碳生活、生态社区、绿色建筑、生态补偿为一体的扶贫工作机制，推动生态脆弱地区绿色发展，带动相对贫困问题的解决。

3. 创新绿色减贫路径方法。在中国脱贫攻坚过程中，习近平绿色减贫论述指引下，涌现出很多具有中国特色的绿色减贫新模式和新方法，应该强化绿色减贫经验总结。今后一段时间，应该坚持因地制宜的原则，综合考虑不同地区经济基础、自然环境等多方面因素，进而采取针对性的扶贫措施。对于自然条件极差的贫困地区遵循生态搬迁等包容性的减贫路径，对于生态条件较好的地区遵循以保护利用为主的长效扶贫路径，打造生态环境建设保护、易地搬迁、绿色产业开发"三位一体"，创新政府主导，行业部门和贫困人群参与，完善市场和绿色资产建设同步进行的绿色减贫机制。

4. 构建多元化的减贫机制。尊重农民权益，继续完善生态补偿机制。积极探索绿色减贫产业化和产业扶贫绿色化机制。积极探索并开展贫困地区绿色生态资产资本化机制，加强绿色资源资产核算评价、补偿、交易、质押及生态金融等方面的创新探索。建立绿色减贫考核机制，制定完善绿色减贫评价体系，以绿色考评倒逼绿色发展。

六、丹江口市绿色发展助推脱贫攻坚经验的再认识

（一）经验层面的认识

丹江口市脱贫摘帽案例，不仅是习近平新时代中国特色社会主义思想指引的结果，更是湖北省40余年扶贫开发奋斗历程的缩影，同时展现了中国在贫困治理领域——这一全球性难题中的理论成果与实践经验，为贫困治理体系的进一步健全与完善提供理论支持与实践意义。可以说，丹江口市脱贫摘帽的生动实践印证了习近平总书记关于扶贫工作重要论述的科学性、系统性与先进性，充分阐明"精准扶贫"基本方略在当前中国减贫事业与理论体系中的有效性与适时性。具体而言，丹江口市脱贫攻坚的丰富实践带来了以下几个方面的启示。

1. 结合地方产业历史与优势的产业才是有效的扶贫产业。丹江口市在产业扶贫的过程中十分注重对地方既有产业的保护与发展，因此在其主导产业中仍确立了具有产业发展历史与优势的柑橘和茶叶。在丹江口市，至少60%以上的贫困户家庭都有柑橘园，加上茶叶后，这两个产业对贫困户的覆盖率超过90%，因此在脱贫产业中，柑橘和茶叶具有主导性和基础性地位。在柑橘和茶叶的基础上发展其他脱贫产业，这是丹江口产业扶贫的既定思路，也是尊重地方客观实际且行之有效的重要做法。在脱贫攻坚过程中，重点是要实现传统产业的提质增效并强化市场与科技服务。

2. 领导重视并率先垂范，这是脱贫攻坚取得成效的重要保障。丹江口市之所以能够作为湖北省的深度贫困县首批实现脱贫摘帽，这当中的核心原因在于市委、市政府领导的模范带头作用，无论是在"足印农家"还是"驻村帮扶"工作中，市委主要负责人都严格要求自己，领导干部带头做实扶贫工作并落实扶贫责任，这就让整个区域内的各级领导干部充分认识了扶贫工作的政治性与重要性，如此才形成了市、乡和村多级扶贫干部合力脱贫攻坚的良好局面。正如基层扶贫干部所言，"领导重视扶贫工作了，大家自然也就重视扶贫工作了。正是因为市委主要负责人带头抓扶贫，而且是严格抓落实，所以丹江口的扶贫工作就很实"。

3. 注重做好群众的思想工作，为脱贫攻坚营造良好的社会环境。正如多地的精准扶贫实践面临贫困户与非贫困户的悬崖效应一样，在丹江口市脱贫攻坚的过程中，非贫困户对精准扶贫的政策也多有不理解，这种不理解甚至变成了阻碍脱贫攻坚工作顺利实施的环境障碍。通过"足印农家·户户走到"的工作，帮扶干部不仅实现了对贫困人口的精准识别、精准帮扶和精准管理，同时也化解了非贫困户认识上的"疙瘩"，使非贫困户能够更好、全面地认识和理解精准扶贫战略的意义和价值，同时通过帮扶干部们在能力范围内对非贫困户产业发展实施帮扶，解决非贫困户的切实困难，丹江口的扶贫工作赢得了广大范围内人民群众的好评，在针对扶贫工作的各种检查与抽查中，群众的满意度高达98%以上。

4. 及时推进产业转型，做好群众权益的保障。丹江口市作为湖北省农村环境连片整治重点示范区，以农村环保四个"两"（"两清"即清洁种植、清洁养殖；"两减"即农药减量化、化肥减量化；"两治"即村庄整治、畜禽养殖污染治理；"两创"即生态乡镇创建、生态村创建）为主线，抓点、带线、促面，通过集中整治，使危害群众身体健康、威胁居民食品安全、影响农村可持续发展、影响库区水质安全的突出环境问题得到有效解决。作为南水北调核心水源区，丹江口市有近6万人的内安移民，仅移民集中安置点就有163个。为有效处理这些安置点的生活垃圾和污水，消除点源污染，治理面源污染，该市在每个安置点都建有规范的垃圾池，并创新建设新型人工湿地组成的污水回收处理系统，相当于每个集中安置点都有数个小型污水处理厂。随着南水北调历史性任务的强化，以往依赖水库网箱养殖的渔民都需要再谋生计，自2014年以来，丹江口共拆除网箱12万只。网箱的取缔，将使丹江口的水产品产量由6万吨下降到1.7万吨，水产品产值由10.5亿元下降到3.2亿元。丹江口大坝，改变了丹江口人的命运，也改变了一些产业的命运。很多城市的变化是"从无到有"，丹江口市却是"从有到无"。"为了保护一江清水，我们很多传统的优势产业都牺牲掉了。"为了解决上岸渔民的生计问题，丹江口市党委和政府通过劳动力转移培训、扶贫车间建设和产业吸纳等多种方式为渔民生计转型谋出路。丹江口通过探索"产业保障，合作社就业，产业+商业"模式，使上岸渔民就业增收有了更多的选择。在推进特色水产产业中，注重增强群众"造血功能"。各乡镇依靠资源优势和区位优势，建成了600亩稻渔连作基地，30万尾大鲵养殖基地，2000尾鳄鱼养殖基地，推水增氧高产精养鱼池等示范水产项目，提升了产业整体竞争力。此外，通过培育水产产业创业致富带头人，带动身边群众脱贫致富。开展中国人寿扶贫讲堂水产养殖技术培训，目前全市共培育水产业致富带头人200多人，带动520户农户参与水产特色产业，均实现增收致富，库区生态渔业转型稳步推进。

（二）理论层面的认识

从空间社会学的理论角度看，丹江口市脱贫攻坚的经验可以概括为实现了当地产业与经济发展重建的重构，同时也实现了贫困人口发展空间的重构。这种重构不是简单意义上的推倒重来，而是在尊重既有物理空间、经济空间和产业空间的基础上，在充分应对约束性政策所带来的空间限制情况下的空间再造。具体而言，首先通过脱贫攻坚的组织体系建设与领导示范，丹江口市的绿色转型发展获得了优良的政治空间及其内在动力，政治空间不仅调动了地方经济社会转型的动力，同时也为转型承担了潜在责任与风险，正是因为有领导干部的有效作为和积极担当，丹江口绿色转型发展才能获得"高位推动"的显著优势；其次，绿色农业和绿色工业的发展，为丹江口市的绿色发展与转型提供了基础的经济空间，没有经济基础，绿色发展空间的理念是难以落地的，其也将面临严峻的民意考验，在承担经济空间转型特定代价的基础上，丹江口推动了绿色经济空间重构的脱贫攻坚实践；再次，通过环境卫生整治与生态旅游、环境保护相结合，让绿色空间的发展理念与每个人的日常生活实现了较为紧密的衔接，每个人在精准扶贫实践的潜移默化中渐渐接受了绿色发展的空间理念；又次，通过学习教育层面对生态文明的强化，通过搬迁移民工作中、基础设施建设过程中对生态元素的重视，也使得基础设施与搬迁安置点本身形成了微观的绿色发展空间；最后，从整个区域内扶贫工作的推进情况看，丹江口当地并没有出现打造亮点和典型，扶贫资源也没有在个别村庄中重复输入与叠加，反而是真正发展滞后且地理位置偏远的村庄获得了大量扶贫资源的投入，这本身就是对非均衡发展空间的一种重塑，以精确瞄准式的资源投放和扶贫力量输入很好地回应了当下中国社会主要矛盾化解的内在要求。

第一章

脱贫攻坚的起点：丹江口市
移民与贫困的交织历史

第一节　丹江口市基本情况

一、丹江口市概况

丹江口市地处湖北省西北部，有"中国水都"之称，是南水北调中线工程核心水源区，是世界文化遗产、道教圣地武当山所在地。全市总面积3121平方公里，辖20个镇（办、处、区），总人口46.3万人。近年来，先后获得中国优秀旅游城市、全国武术之乡、国家园林城市、省级文明城市、省级卫生城市、省级森林城市、省级环保模范城市等称号，2013年至2017年连续五年被评为全省发展县域经济先进县市。

预计实现地区生产总值275亿元，地方公共预算收入9.1亿元，城乡常住居民人均可支配收入分别达到30100元、12700元，工业总产值342亿元、增加值89亿元，实现社会消费品零售总额84.35亿元，完成外贸自营出口4500万美元，实际利用外资600万美元。实施重大项目96个，预计完成固定资产投资95亿元。2020年全年接待游客1156万人次，实现旅游收入76.2亿元。

丹江口历史文化悠久。建置历史达2200余年，春秋战国时称均陵郡，自秦代设武当县，隋唐改称均州。老县城于1958年修建丹江口水利枢纽时全部淹没，现址依坝建城，因地处丹江汇入汉江的口子处而得名。1983 年经国务院批准撤县设市，1985 年被国务院批准为甲类开放城市。

旅游资源丰富且独特。丹江口市境内有世界文化遗产、5A 级风景区、道教圣地武当山和南水北调中线调水源头、国家级风景名胜区丹江口水库。全市现有 A 级景区 13 个，是"国家旅游名片"，亚洲水上摩托艇大赛定点举办城市和国际路亚钓鱼基地。

特色物产丰富多样。年产柑橘 30 万吨，是我国北缘最大的优质柑橘生产基地。特色水产品种类众多，鲢鱼、鳙鱼、银鱼等淡水鱼类通过有机鱼产地及产品认证。具有武当蜜橘、武当道茶、丹江口翘嘴鲌等 8 个国家地理标志产品。

生态环境保护良好。丹江口库区水质长年保持在国家二类标准以上，2012 年、2014 年、2016 年三次被评为全国生态环境质量轻微变好县市，2015 年荣获首届"中国好水"水源地称号。2014 年 12 月 12 日，南水北调中线一期工程正式通水，已累计向北方调水超过 200 亿立方米。

移民大市全国少有。丹江口市是南水北调中线工程坝区、库区和移民主要安置区，先后两期移民搬迁共 26 万人，占现有人口的 57%。淹没综合指标占鄂豫两省的三分之一，占湖北省的三分之二。两期工程共淹没土地面积 455 平方公里，占整个库区 1050 平方公里的 43%。

交通格局日臻完善。丹江口是"三阳"（襄阳、郧阳、南阳）腹地重要交通节点，距武汉、西安、郑州均在 400 公里左右，离襄阳机场、武当山机场 1 小时车程。襄渝铁路、汉十高速贯穿全境，境内一级公路 4 条，二级公路 10 条。汉十高铁、十淅高速已经通车，丹江口的交通状况持续改善，通行格局不断优化。

经济发展初具规模，产业格局科学合理。丹江口市目前已形成以汽车零部件、水电开发、农产品及水资源加工、生物医药、高新技术等为主导的工业格局，是湖北省重要的汽车零部件工业集散地。著名企业汉江集团、农夫山泉在此投资兴业。国内唯一氮氧传感器自主品牌企业在此落户，汽车传动轴生产能力位列全国第三。水资源加工、新能源新材料、生物医药等产业产值占工业总产值比重达 32%，新认定高新技术企业 9 家，被授予"国家第四批'绿水青山就是金山银山'实践创新基地"，是湖北省第一个获此殊荣县级市。

二、山川地貌

丹江口市地处秦岭山系武当山隆起与大横山余脉之间，地势高低悬殊，山地、河谷、丘陵地貌单元众多，多种类型均有分布，山地之中有丘陵，山丘之中有盆谷。根据各地貌单元的海拔高度、引力作用方式、分布范围，大致可将其分为三大地形地貌单元区：南部武当山中高山区、中部丘陵河谷区（丹江口水库贯穿本区）、北部大横山低山区。主要山脉有两条：一为绵亘在汉水以南的武当山。此山为秦岭山系的大巴山支脉，自西北向东南走向，方圆 400 平方千米。70 余座山峰，分布在官山镇、六里坪镇、武当山旅游经济特区、盐池河镇、浪河镇和三官殿办事处。其中千米以上的山峰 31 座。一为汉水北部的大横山。此山属秦岭山系伏牛山脉东端的余脉。由西北向东南走向，分布在江北的习家店、蒿坪、柳河口、薛桥、凉水河等地。平均海拔 500 米，长 60 千米，面积 200 平方千米。最高峰铜锣寨海拔1049.3 米，主要山段有方山岭、马头山、风洞山、乌头山、江寨、天地垭、八里寨、王山、菊花山、寺山、羊山。其中方山岭面积最大，周长 15 千米，包括霸王寨、回子山和方山。最高点方山，海拔478 米，长约 1 千米。

三、历史沿革

相传 4000 年前大禹治水来到丹江口市均州沧浪，先在龙山查看汉水情形，进而又从龙山顺曾河进入武当山，查看汉水水系，在此基础上制定了切实可行的治水方案，先导武当山沟壑之水经曾河流入汉水，又在龙山指挥劈开了堵住汉水河道的龙山部分，治理了均州沧浪的水患。2500年前孔子率弟子来到均州沧浪，闻儒子歌；2300年前，屈原在均州沧浪与渔父歌。这里留下了很多纪念大禹、孔子、屈原在沧浪的景点遗址和文物，进而形成了沧浪文化。

丹江口市在夏、商、西周时为豫州所辖，与雍州相邻。春秋属麋。鲁文公十一年（公元前616），楚子伐麋，归楚。战国属韩及楚，因境内的均水称均陵。秦置武当县，属南阳郡。两汉沿秦制。建安十三年（公元208），曹操得荆州，分南阳郡建南乡郡，武当县属南乡郡。晋武帝太康十年（公元289）十一月，改南乡郡为顺阳郡，武当县属顺阳郡。永嘉五年（公元311）永嘉之乱，以江左平阳郡（今山西临汾一带）流民寓北，增平阳县，与武当县同属始平郡。南北朝因革不一，沿革变动频繁。宋武帝永初元年（公元420），改始平郡为齐兴郡。梁太清元年（公元547），置均阳县，革齐兴郡为兴州，辖武当、平阳、均阳三县。西魏废帝元年（公元552），改兴州郡为丰州郡，废平阳入武当。隋开皇三年（公元583），罢丰州郡，开皇五年（公元585）改丰州为均州。大业元年（公元605），废州置淅阳郡。义宁二年（公元618），割淅阳郡置武当郡，原设武当、均阳，新增平陵，三县皆属。唐武德元年（公元618），改武当郡为均州。武德七年（公元624）省平陵。武德八年（公元625）略均阳入武当。同年，割丰州所辖之郧乡、堵阳、安福三县来属。贞观元年（公元627），废均州，省堵阳、安福二县。武当、郧乡二县归淅州。贞观八年（公元634），废淅州复均州，辖武当、郧乡、丰利三县。天宝元年（公元742），改均州为武当郡。乾元元年（公元758），省武当郡为均州。贞元五年（公元789），均房二州隶山南东道。天祐二年（公元905），徙武定军来治，公元906年废。宋建隆元年（公元960）设均州武当郡，隶京西南路，领县武当、郧乡。宣和元年（公元1119），升为武当军节度。元至元十三年（公元1276），元世祖南伐，设司置县废军，省武当军为均州。至元十五年（公元1278），属鄂北道宣尉司，后属襄阳路，领武当、郧县二县。明洪武二年（公元1369），废武当县入均州，辖郧县、上津。成化十二年（公元1476），州隶襄阳府，割郧县、上津，此后均州无领县。清承明制。

1911年辛亥革命成功，民国军政府裁府、州、厅，一律改县。同年12月（阴历十月），均州知州陈文琪接到襄阳军政分府檄文"即传谕绅民，竖旗反正"，陈缴印留任。均州改为均县，直隶湖北省。1914年5月实行省、道、县三级制，均县直属鄂北道。7月省鄂北道置襄阳荆南道，均县隶之。1927年南京国民政府将地方政权分为省县二级，均县直属湖北省。1931年5月至8月，中国工农红军第三军军长贺龙率红军在均县的浪河、盐池河、官山等地建立了县苏维埃政府和区苏维埃政府。1932年湖北省69个县划为11个行政督察区，均县属第十一行政督察区。1936年湖北省改划为8个行政督察区，均县归第八行政督察区。1941年，湖北省所属行政督察区改称行政督察专员兼保安司令公署，均县属第八行政督察专员兼保安司令公署。

丹江口市官山镇是革命老区。该镇有贺龙元帅率"红三军"跃马深山的足迹，又有新四军中原突围建立"官山区委"的历史。吕家河村红三军司令部旧址和新四军遗址已成为丹江口市红色旅游爱国教育基地。该镇有着浓郁的拥军爱国的良好革命传统，每当五四运动、"一二·九"运动纪念日等来临之际，都会举办歌咏比赛、演讲比赛等，来缅怀革命先烈，激励后人勿忘国耻，用实际行动将党和国家倡导的精神转化为实实在在的生产力，积极投身于和谐社会建设。

1948年3月21日，均县城解放。同年6月2日，成立均县民主县政府，隶属陕南行政公署第四专署。1949年10月1日，均县民主县政府改称均县人民政府，隶陕南行署两郧专区。1950年两郧专区划回湖北省改称郧阳专区，均县隶属郧阳专区。1952年12月，撤销郧阳专区，均县隶属襄阳专区。1960年7月湖北省委决定将均县、光化县合并为丹江县，并成立丹江市，隶属襄阳地委、专署领导。同年10月，国务院通知，将丹江县易名为光化县。1962年6月，经国务院批准，恢复均县建置，属襄阳专区。1965年8月，恢复郧阳地区行政公署，均县隶之。

1978年中共十一届三中全会的召开，标志着中国进入改革开放新时期。均县隶属郧阳地区行政公署。1983年8月19日，撤销均县，设立丹江口市，属省辖（县级）市，由郧阳地区代管。1994年10月，郧阳地区与十堰市合并改称十堰市，丹江口市由十堰市代管。

1952年，毛泽东提出了南水北调这一宏伟构想，从此历经半个世纪的"调水梦"，将首都北京与丹江口紧紧联系在一起，丹江口也因此成为汉水南流的节点，北上的拐点，被深深地镌刻进中国水利水电发展的历史。

四、气候特征

丹江口市属北亚热带季风气候。夏季酷热，降水量集中；冬季严寒少雨雪；春秋气候温和。大陆占57.60%。四季分配：冬长于夏，春秋相近。具有降水充足、热量丰富、四季分明的特点。年日照数1950小时，日照率44%，每平方厘米土地全年接收104.8千卡辐射能。平均气温为15.6—16.0摄氏度，年较差24.7摄氏度。最高气温是7月，平均气温27.8摄氏度，极端值41.5摄氏度；最低气温是1月，平均气温3.1摄氏度，极端值零下12.4摄氏度。全市无霜期最长达277天，最短219天。海拔每升高100米，终霜期推迟2.6天，初霜期提前3.4天，无霜期缩短6天。丹江口库区无霜期254天，武当山金顶163天。年均降水量为750—900毫米，年际间降水差别甚大。武当山东坡的盐池河、浪河，经牛河跨丹江口水库到凉水河为西南—东北向多雨带，年降水量850—900毫米，官山、习家店和鄪川为少雨中心；多雨带轴线附近比少雨中心降雨量多120—130毫米。降雨量随海拔高度的增高而增加，600米以下每升高100米降雨量增加25毫米。夏季降水量为年降水量的30%—49%；冬季仅占4%—6%；春季、秋季降水量相近，各占年降水量的26%和30%；一年中7月至9月降水占年降水量的46.60%。

五、自然资源

（一）森林资源

丹江口市共有木本种子植物79科，206属，403种。在武当山地区有古树名木24科，33属，46种，435株。丹江口市1987年底，活立木总蓄积1327547立方米，珍稀树种有银杏、鹅掌秋、巴山松、七叶树、铁尖杉、水杉、椰榆、白皮松、金铁松、柳杉等。

（二）中药材资源

丹江口市共有中药材1100余种，分别隶属226科。其中植物类药材723种，动、矿物类药材97种。主要分布在武当山、官山镇、盐池河镇、石鼓镇、习家店镇等。盐池河镇全镇各类中药材人工培植面积达1.2万亩，其中以木瓜为主的木本药材1.05万亩，以夏枯球、决明子为主的草本药材0.15万亩，年药材产量约150万公斤。另有天麻、何首乌、苍术、连翘、金银花等。

（三）草场和畜禽品种

丹江口市牧草有16科51种。其中禾本科牧草占主要，总面积2366349亩（含林间草地面积），年鲜草产量约11.16亿公斤。地方畜禽品种，有本地黑猪、本地黄牛、郧阳白山羊、白羽乌鸡、本地麻鸭、地方草鹅和本地白鹅、麻鹅等。

（四）矿产资源

丹江口市矿种共 40 余种，其中钛铁、钒储量居湖北省之首。其中：金属矿 6 种，非金属矿 29 种。矿种量占全省 110 种的 31.8%。已探明有储量的 19 种，占全省 77 种的 24.7%。在 35 种矿种中，分布在江南的 9 种，分布在江北的 26 种。江南已勘探的有矿电石、钠长石、高铝土、花岗岩、辉绿石、绢云母、黑黏土、多水高岭石等 8 种非金属矿和土关垭银铜山钒钛磁铁矿，共 9 种。江北有钒、脉金、砂金、铜、磁铁等金属矿和石煤、石灰石、白云岩、伊利石、石英岩、石膏、高岭土、大理石、页岩、兰石棉、滑石、水晶、白垩土、石英砂、冰洲石、天青石、铁钒石、燧石、文石、方解石等非金属矿，共 26 种。

（五）土地资源

丹江口市的土地资源可以分为三种类型：第一，汉江两岸及其支流谷地：海拔高度一般在 300 米至 500 米的广大地区，面积 3439170.7 亩，其中耕地面积 403336.8 亩。坡度在 20 度以上的多发育为山地黄棕壤性土；山坡下部坡积物是该市黄棕壤的主要地区。其间夹有紫色土和石灰土两类不同的土壤；在地势平缓的地段平川较多，是该市粮食和蜜橘的主要产区。第二，武当山麓和江北铜锣寨低山区：海拔在 500 米至 1200 米之间，面积 1242881 亩，其中耕地面积 74163.5 亩。自然植被多为针叶、阔叶混交林，是该市用材、经济林的主产地区。主要农作物有水稻、玉米、小麦等。第三，武当山高山区：海拔在 1200 米以上的武当山，面积 5942 亩，耕地 91 亩。

第二节 因水而迁：丹江口市的两次水库大移民

丹江口市是南水北调中线工程坝区、库区和移民的主要安置区，为南水北调中线工程作出巨大贡献。首先，丹江口市是全国少有的移民城市，先后两期移民搬迁共计 26 万人，占现有人口的 57%。其次，丹江口市的淹没综合指标占鄂豫两省的 1/3①。其中，淹没的土地面积为 455 平方公里，占丹江口市国土总面积的 16.2%，占丹江口水库库区面积的 43%。除此以外，为了确保一库清水，库区开发及产业发展受到诸多限制，在一定程度上制约了部分水库移民的后续发展。

一、丹江口水利枢纽初期工程的移民

丹江口水利枢纽工程位于汉江与其支流丹江汇合口下游 800 米处，是新中国成立初期我国自行勘测、设计施工用于治理开发汉江的关键性控制工程，修建之时被时任政务院总理的周恩来称赞为全国唯一"五利俱全"（兼具防洪、发电、航运、灌溉与养殖的综合效益）的水利工程。初期工程②于 1958 年 9 月 1 日开工，1973 年年底建成。

（一）初期工程建设背景

丹江口水利枢纽工程的建设初衷在于治理汉江频发的洪涝灾害。在中国数千年的历史发展中，汉江及其最大支流丹江是湖广、川陕、

---

① 丹江口水库水域横跨鄂、豫两省，主要分布在湖北省丹江口市（库区还涉及湖北省郧县、张湾区、郧西县等）和河南省南阳市淅川县之间。

② 初期工程由长 2494 米的大坝、装机 90 万千瓦的水电站、通航能力 150 吨级的升船机、110 千伏开关站、220 千伏开关站、陶岔引水渠首和清泉沟泵站组成。

鄂豫重要的交通要道和物资进出集散地，也滋养了广袤的土地。不过，汉江也为她所滋养的土地带来过无尽的灾难。汉江中上游水势迅猛，下游河槽愈下愈窄，每遇洪水，极易成灾。历史上，广为传唱的民谣曰，"汉江大水浪滔天，十年就有九年淹。还有一年没发水，这年天下遭干旱。卖掉儿郎换把米，卖掉妮子好上捐。打死黄牛饿死狗，背起包袱走天边"。据记载，仅1822年至1955年的134年中，汉江干流堤防发生溃决73次，平均约两年溃口一次。特别是1935年，汉江上游连续降雨，丹江口过境洪峰达到50000立方米每秒，丹江口下游流域溃坝14处，淹没耕地670万亩，受灾人口370万人。

新中国成立之后，汉江洪灾的治理迫切性以及南水北调战略构想的提出，促成丹江口水利枢纽工程的建设。新中国成立之初，以毛泽东同志为核心的党的第一代中央领导集体高度重视汉江洪灾的治理。1952年，党中央批准兴建汉江下游的杜家台分洪工程。同期，毛泽东在1952年10月视察黄河时提出南水北调的战略构想，指出"南方水多，北方水少，若有可能，借一点是可以的"。1953年，毛泽东视察汉水两岸之后，在武汉开往南京的"长江"舰上再次提出"借点水给北方"，并建议将丹江口作为南水北调水源地。同年，长江水利委员会通过勘察，认为丹江口河段是引水华北的最佳河段。1954年，长江发生了有水文记载的最大洪灾，促使丹江口水利枢纽工程的规划设计提上日程。1958年6月，湖北省长江流域规划办公室联名向党中央、国务院报送了《关于丹江口工程鉴定会议的报告》，确定了丹江口水库正常高水位170米、大坝高程175米、电站装机容量75.5万千瓦的设计方案。同年，中共中央正式批准动工建设丹江口水利枢纽工程，并以丹江口水库作为南水北调的水源地。① 1973年，初期工程建成，作出了如下贡献：一是为汉江防洪提供了重要保障，汉

---

① 参见陈华平：《见证——南水北调丹江口大移民纪实》，新华出版社2014年版，第2—9页。

江下游河道防洪标准从 6 年一遇提高到 20 年一遇，配合分洪工程可达百年一遇；二是为南水北调中线水源工程建设奠定了坚实基础；三是为汉江水资源开发利用提供了成功案例；四是极大地改善了汉江的灌溉、航运、养殖条件；五是为我国大型水利工程建设提供了宝贵经验。

（二）初期工程的水库移民

丹江口水利枢纽初期工程建成之时，丹江口水库的正常蓄水位为157 米，大坝顶坝高程 162 米，总库容 209 亿立方米。这意味着，为了丹江口水利枢纽工程的建设，生活在 157 米蓄水位线下以及一些线上库区居民需要搬迁。据统计，初期工程淹没范围涉及鄂豫两省，共计淹没均县（今丹江口市）、郧县①、淅川 3 座县城和相当数量的乡镇村落，淹没耕地 42.9 万亩，搬迁移民 38.2 万人。其中，丹江口市被淹没了 347 平方公里的土地面积（其中包括 23 万亩耕地）以及均州古城和大量的基础设施，先后动迁移民 16 万人。初期工程实行就地安置、重建家园、依靠群众、自力更生、国家扶助、发展生产的移民方针，强调突出政治，发扬大寨精神勤俭办移民。移民安置地分布在鄂、豫两省的 19 个县市。安置方式是，近60%的移民在本县内靠后内安，剩余移民则在县外、省外采用外迁集体建设、外迁围垦建设、外迁分散插队、投亲靠友等安置方式。由于工程蓄水位屡次变更且处于较为复杂的历史阶段，水库移民的搬迁任务十分艰难。库区移民先后分六批进行迁移，从 1958 年开始动迁，至 1975 年基本结束，前后历时 17 年。②

---

① 2014 年 9 月，国务院正式批复撤销郧县，设立十堰市郧阳区，以原郧县的行政区域为郧阳区的行政区域。

② 参见王有秋、郭祖彬：《丹江口水利枢纽后期续建工程水库移民的原则和方针》，《人民长江》1993 年第 12 期。

二、南水北调中线水源工程的移民

为了"一库清水送北京"，国务院于 2002 年批准南水北调中线水源地丹江口大坝加高工程立项，这标志着南水北调中线水源工程正式迈入实质性阶段。南水北调中线水源工程由丹江口大坝加高、水库移民安置和陶岔渠首枢纽三大项目工程组成。其中，大坝加高工程于 2005 年 9 月开工，2013 年完工，坝顶高程由 162 米加高至 176.6 米，正常蓄水位由 157 米提高至 170 米，相应库容由 174.5 亿立方米增加至 290.5 亿立方米，总库容由 209.7 亿立方米提升至 319.5 立方米。2014 年 12 月 12 日 14 时 32 分，南水北调中线一期工程正式通水。

（一）中线水源工程建设背景

南水北调工程是解决我国北方地区水资源严重短缺的重大跨流域调水工程，是关系到我国经济可持续发展的特大型水利基础设施建设项目，该工程分东、西、中三条线路，分别从长江上、中、下游调水，形成连接长江、淮河、黄河、海河的水资源大系统，从而开辟我国水资源"四横三纵、南水调配、东西互济"的总体格局。[1] 其中，南水北调中线工程从丹江口水库陶岔闸引水，经长江流域与淮河流域的分水岭方城垭口，沿唐白河流域和黄淮海平原西部边缘开挖渠道，在河南省郑州市附近通过隧洞穿过黄河，沿京广铁路西侧北上，自流到北京、天津。在中线水源工程建设中，需要对丹江口大坝进行加高。前南水北调水源公司相关负责人指出，"大坝加高之后，水库可以实现多年调节，可以将洪水实现资源化利用，一方面保证北方供水，另一方面还能减轻下游的防洪压力"。换言之，加高丹江口大坝既可提高向北方调水的保证率，又可减轻调水对汉江中下游的不利影

---

① 参见刘国纬：《关于中国南水北调的思考》，《水科学进展》2000 年第 3 期。

响，从而实现"南北两利"。

（二）中线水源工程的水库移民

丹江口大坝加高，蓄水位提高至 170 米之后，丹江口水库库区新增淹没湖北省丹江口市、郧西县、十堰市张湾区、十堰市郧阳区以及河南省淅川县等县市区土地 307.7 平方公里，共安置移民约 34.5 万人。其中，丹江口市淹没面积 108 平方公里，其中耕地有 52995 亩，动迁近 10 万人。具体而言，南水北调中线水源工程的淹没影响及搬迁安置涉及丹江口市 14 个镇（办、区、处）、135 个村、505 个组，搬迁人口 10 万人，占南水北调中线水源工程移民搬迁人数的 29%。

中线水源工程的移民安置采取搬得出、稳得住、能致富的方针，以前期补偿与后期扶持相结合、移民搬迁与新农村建设相结合的原则，致力于把移民新村建设成社会主义新农村的示范村。在安置过程中，加高工程移民搬迁涉及的鄂、豫两省分别成立移民搬迁安置指挥部，省直有关单位成立包县工作组，市包县、县包乡、县乡干部包村包户，形成了上下联动、责任明确、指挥有力、运转高效的工作格局。从 2005 年开始，丹江口市先后经历了坝区移民搬迁（2005 年）、试点移民外迁（2009 年）、大规模外迁（2010 年）和库区移民搬迁（2011—2013 年）四个阶段，共计搬迁移民 23817 户 95184 人（不含武当山特区移民），包括坝区 642 户 2572 人、施工影响区 228 户 881人、外迁移民 9119 户 39440 人、内安复建 13828 户 52291 人（包括农村移民 11042 户 41701 人，城集镇移民 2786 户 10590 人）。[①] 其中，外迁移民 68 批次，主要安置在武汉市东西湖区、黄陂区，襄阳市襄州区、枣阳市、宜城市、谷城县，天门市，荆门市沙洋县、屈家岭管理区，荆州市江陵县等 10 个县市区 113 个安置点。

---

① 参见《丹江口市移民局 2016 年度部门决算及"三公"经费公开表》，见 http://www.djk.gov.cn/zwgk/xxgkzl/xxgkml/czzj/czjs/201711/t20171101_1247771.shtml。

相对于外迁移民工作，内安移民的安置工作是丹江口市移民安置工作最难啃的硬骨头，被称为"天字号工程"。这是由于，外迁移民的工作由迁出地政府和迁入地政府合力推进，丹江口市作为迁出地，市政府只需做好外迁移民的动员和组织工作即可，迁入地的房屋建设、移民安置、基础设施配套建设、稳定致富等后续工作以迁入地政府为主体。2011年，丹江口市的移民工作由外迁全面转为内安，市政府同12个有移民内安复建任务的库区乡镇签订了责任书，立下军令状。内安移民的安置工作是一项长期、复杂的系统工作，工作任务主要包括：一是农村移民市内安置工作，涉及12个乡镇（办）、107个村、380个组，建房安置移民41504人；二是城集镇迁复建工作，涉及均县镇、六里坪、浪河、丁家营等5个乡镇办，搬迁安置人口9315人；三是工矿企业及单位迁复建工作，涉及8个乡镇60家工矿企业；四是专业项目迁复建工作，包括交通、电力、通信、广播、水利等专业设施复建；五是库区及库区移民后续可持续发展，即保障一库清水以及库区移民的福利水平。① 在2011年至2013年，丹江口市新建农村移民集中安置点165个，集中安置7717户30721人。集中安置点按照社会主义新农村和脱贫致富奔小康示范点建设的要求，统一规划、统一设计、统一组织、统一监督、统一时间、分户自建、联户统建，房屋建设错落有致、排列整齐，点内道路全部硬化，场地绿化花木繁茂，群众健身场所、文化活动室布置有序，公共配套设施齐全，移民居住环境较搬迁前有了较大改善。在集中安置的同时，丹江口市分散安置移民2789户9169人。

此外，在内安过程中，丹江口市同步开展工业企业与基础设施的复建工作。在内安过程中，丹江口市工业企业迁复建60家，交通复建涉及等级公路15条41.279公里，桥梁复建涉及8座2019米，码

① 参见陈华平：《见证——南水北调丹江口大移民纪实》，新华出版社2014年版，第326—329页。

头复建 8 座。复建电力线路 184.02 千米，复建通信线路 432.10 千米，广播电视线路 260.64 千米，卫星设备 657 套，移民点建设供水工程 94 处，新建供水管道 1454 千米，基本满足了移民生产生活需要。

第三节　治贫之迫：丹江口市移民与贫困的复杂交织

丹江口市在为南水北调作出巨大贡献的同时，面临着移民贫困与区域性贫困交织的发展困境。据统计，脱贫攻坚之前，全市农村贫困人口共计 81760 户 283904 人，其中建档立卡贫困人口 30200 户 98779 人，贫困发生率高达 34.79%。同时，识别出重点贫困村 56 个，其中深度贫困镇（区）5 个、深度贫困村 14 个。此外，受特殊的地理位置和移民历史的影响，贫困人口主要分布在江北秦岭余脉石灰岩地区、江南大巴山脉高寒地区和丹江口库区三大贫困带。

一、因迁致贫：丹江口市水库移民的贫困

水库移民的安置与发展是一项长期、复杂的系统工程，存在很多风险性因素。正如学者迈克尔·塞尼所指出，非自愿移民会带来失去土地、失业、失去家园、边缘化、不断增长的发病率和死亡率、食物没有保障、失去享有公共的权益、社会组织解体等八大贫困风险。①在丹江口市的两次大移民中，部分移民因生计空间压缩、社会网络断

---

① 参见［美］迈克尔·M. 塞尼：《移民·重建·发展》，水库移民经济研究中心编译，河海大学出版社 1998 年版，第 1—28 页。

裂等诸多原因陷入贫困。其中，初期工程移民的反迁率高、流动性强，流动性贫困凸显。相对于初期移民的流动性贫困，中线水源工程的移民贫困则源于新时期移民生计转型困境与丹江口库区区域性贫困的交互作用。

（一）流动性贫困：初期工程移民的贫困

丹江口水利枢纽初期工程于 20 世纪 70 年代建成，当时正值十年特殊时期，移民安置被作为一项政治任务，呈现"重工程、轻移民"的导向，移民的主观感受和客观需求没有得到重视，移民的后续扶持有所欠缺，导致大量移民返迁并陷入长期的贫困。[①] 对于内安移民，初期工程的后靠安置增加了库区周边的人口密度，土地资源日益稀缺，人多地少的基本矛盾更加凸显，库区许多移民一年的温饱靠水库未蓄满水、有消落地可种来维持，库区移民生产生活水平始终低于当地的县均水平。[②] 同时，由于丹江口水库蓄水线的变动，许多内安移民都经历了数次后靠安置。此外，初期工程水库移民安置缺乏规划，补偿标准较低，基础设施建设及公共服务水平偏低，在一定程度上加剧了水库移民的贫困。虽然自 1985 年开始，国家拿出大量资金用于解决丹江口水库初期工程遗留的发展问题，在一定程度上缓解了水库移民面临的住房难、吃水难、行路难、就医难等诸多困境。但是，受当时国家综合实力的限制，国家后续扶持对于丹江口水库库区发展需求而言仍是杯水车薪。

对于外迁移民而言，由于初期工程的安置对各县市安置容量和环境条件欠考虑，也缺乏协调安置区移民与当地居民关系的得力举措，致使安置区新老住户之间经常出现各种矛盾，新迁入的农户也因为生

---

① 参见唐勇智：《丹江口库区农村待迁移民搬迁意愿分析》，《中国人口·资源与环境》2010 年第 5 期。
② 参见马萍：《浅析丹江口大坝加高水库淹没实物指标调查的成功经验》，《南水北调与水利科技》2006 年第 S1 期。

产资料和发展机会相对短缺而无法及时改善家庭生计。在社会融入困难的基础上，由于安置地与迁出地的生产、生活方式存在一定的差异，不少移民陆续返迁。据统计，外迁移民中的返迁比率高达 1/4。[①]对于返迁的移民而言，他们虽然回到故土，但由于缺乏生活与生产资料，许多移民仍处于漂泊状态并容易陷入贫困。

案例 1-1　半生漂泊：如水人生之谭大书[②]

在解放前的 1948 年，谭大书出生在原均县的一个小山村。在 18 岁之前，他一直平静地生活在秦巴山脉的怀抱之中。倘若没有修建丹江口水库，他可能和许许多多的青年一样，在家乡捕鱼、种地，娶妻生子，过着守土守乡的生活。1958 年，秦巴山人在丹江口大坝动工兴建的礼炮中，开始了漫长的跋涉与漂泊。1960 年，丹江口大坝围堰蓄水，淹没了谭大书家的房子，他与相依为命的父亲在距离老房子半公里的高处盖了一间茅草屋。1967 年，大规模移民外迁开始，谭大书与父亲在搬迁名单之列。这年秋天，在 3 万迁移他乡的移民人流中，均县老县城渐行渐远，留给谭大书最后一个背影。谭大书与父亲搬到 200 公里外的襄阳宜城市小河区志庙公社张嘴大队八小队，他们共分得一间瓦房。"文革"期间，因为说了几句不满移民搬迁的话，谭大书被投入监狱，扛了整整 5 年的石头。父亲则投靠了外迁至襄阳县龙王镇的妹妹家。1977 年，刑满出狱的谭大书再也找不到自己的那间瓦房。当年底，在数以千计返迁的人流中，他一路要饭，整整步行 6 天回到秦巴山的怀抱。然而，故乡已物非人非。那个他

---

①　参见张勇：《生产适应对工程性移民返迁的影响——丹江口水库农村移民返迁意愿调查报告》，《中南民族大学学报（人文社会科学版）》2003 年第 3 期。

②　参见陈华平：《见证——南水北调丹江口大移民纪实》，新华出版社 2014 年版，第 355—361 页；《南水北调中线移民纪事：村民称会爱上新家》，见 http://www.chinanews.com/gn/2011/12-21/3547178.shtml。

所熟悉的均县县城永沉水底，随着一批又一批移民外迁，亲戚朋友早已远走他乡，举目无亲。每天，他就靠捡垃圾和要饭度日。附近谭姓村民见他可怜，让他住在生产队一个2米长、1.5米宽的三角形柞蚕房里。当时，集体所办鱼牧场的场长看谭大书可怜，因谭大书会开手扶拖拉机，让他去场里修机械，帮他解决了温饱问题。

1981年土地承包到户，因为没有户口，谭大书无法承包到土地。这个时候，集体办的鱼牧场也解散了，谭大书失去了容身之所，温饱再次成为问题。于是，他在高家沟村七组河边上，捡石头搭了间仅能勉强容身一人的小房子，讨了个木盆，捡了几片破鱼网，以盆当船，撒网逮鱼，卖些小钱买粮糊口。此后，为了生存，他什么苦都吃过，什么罪都受过。1985年，谭大书因偷盗耕牛，阴差阳错地在高家沟落了户。但是，他仍然穷困潦倒，没有房子，也没有耕地。1991年，谭大书的老父亲也离开襄阳县龙王镇，回到高家沟村，说要叶落归根。两年后，老人了无遗恨，长眠在了丹水河畔。1992年，一生未婚的谭大书抱养了一个女儿。1998年，谭大书在高家沟的一个养鸭厂打工，老板在关闭养鸭厂时将两间红砖房给了他，让谭大书终于有了自己的房子。2010年，由于中线水源工程的修建，谭大书离开了生活34年的高家沟半岛，从老移民变成了新移民。半个多世纪的漂泊，他终于第一次拥有了属于自己的土地和幸福的新家园。50年前的那个青春少年，如今满脸风霜，白发苍苍。

（二）生计贫困与区域性贫困的互构：中线水源工程移民的群体贫困

丹江口水库库区贫困规模大、贫困程度深，致贫原因交织。据统计，截至2016年年底，库区贫困人口存量为5.86万人，贫困发生率为 23%。具体而言，库区移民的贫困根源于新时期移民生计转型困境与丹江口库区区域性贫困的交互作用。其中，区域性贫困的形成在很大程度上源于中线水源工程移民之前近 20 年的发展停滞，也源于安置复建之时基础设施项目建设资金存在巨大缺口。

首先，中线水源工程移民的贫困在很大程度上由生计转型所致。从 2009 年开始，丹江口市开始了大规模的水库移民。其中，在 2010 年至 2013 年期间，丹江口市进行了轰轰烈烈的内安移民。在此过程中，水库移民面临着生计转型。在搬迁之前，许多库区移民的生产方式为农业和渔业相结合。但是，在搬迁之后，由于汉江沿岸、库区禁止排污，汉江两岸种植业和规模养殖业因防治水质污染被迫取缔，渔民要舍弃祖辈赖以生存的渔业产业而"洗脚"上岸。同时，大坝加高蓄水后，由于土地资源减少，库区环境容量有限，人均耕地等生产资料更少，人地矛盾更加突出。再加上库区周边传统产业收益相对较低，水库移民的收入水平显著下降。换言之，在短时期内，南水北调中线工程的实施显著地降低了库区居民的福利水平。① 以丹江口市三官殿办事处蔡湾村、高家沟村和阳西沟村为例，这 3 个村在 2011 年人均纯收入分别为 4415.6 元、3430 元和 3370.5 元。② 其中，家庭经营性收入占比最高，超过一半。高家沟村和阳西村林业、果业、养殖业和渔业 4 项收入总额分别占总收入的 44.6% 和 74%。迁入移民安置点之后，这 4 项收入锐减。不同于高家沟村和阳西村，蔡湾村靠近城郊且有很多坝区移民，交通运输业、批发零售业、餐饮服务业和其他家庭经营收入在搬迁后不会减少，但是总共占比 26.8% 的养殖业和渔业的收入仍然受到显著影响。虽然移民的收入结构发生了变化，但部分移民在经历了生计转型之痛后，也找到了新的致富门路。

① 参见杨佩刚、王博峰：《南水北调中线工程水源区居民福利损失分析》，《华东经济管理》2017 年第 6 期。
② 数据来源于盛丰、吴丹、邓国法：《南水北调中线工程丹江口市农民内安移民增收保稳问题分析》，《水利发展研究》2017 年第 1 期。

表1-1 三官殿办事处蔡湾村、高家沟村和
阳西村2011年移民收入统计①

人均收入项	蔡湾村	高家沟村	阳西沟村
纯收入	4415.6	3430.0	3375.0
工资性收入	1971.2	111.6	427.0
转移性收入	117.6	159.6	256.2
家庭经营性收入	2326.8	2158.8	2687.3
种植业收入	978.6	1096.2	420.0
林业收入	0	44.8	126.0
果业收入	0	274.4	21.0
养殖业收入	437.5	231.0	945.0
渔业收入	185.5	431.7	896.0
交通运输业收入	347.9	98.7	279.3
批发零售贸易、餐饮收入	81.2	0	0
其他家庭经营收入	296.1	0	0

案例1-2 生计转型之痛：保生态水、舍致富渔②

汉江是丹江口市有机鱼的"乐园"。丹江口水库边的习家店镇人把昔日的荒滩、石岗建成了"百里网箱下汉江，万亩柑橘上山岗"的富饶之地。山上有橘园，河里能养鱼，房前屋后可耕田，是许多库区、老区群众的生活图景。经过镇政府鼓励、支持和多年探索发展，贫困户纷纷开展渔业养殖，习家店镇境内河面上网箱星罗密布，延绵几十里，形成了水产养殖经济带。庄子沟村1组村民闵道国，依水就势建了2个库汊，起初他养了鲤鱼、草鱼、鲢鱼等传统鱼。由于养殖技术薄弱，导致幼鱼时常死

---

① 数据来源于盛丰、吴丹、邓国法：《南水北调中线工程丹江口市农民内安移民增收保稳问题分析》，《水利发展研究》2017年第1期。

② 参见《丹江口市习家店镇：以"扶贫"促"发展"实现双赢》，见 http://m.sohu.com/a/165373797_748725。

亡，待鱼苗慢慢长大，水鸟在鱼塘旁边垂涎三尺。年终仔细算了一下账本，除去成本，自己不仅没赚，反而赔了5千多。闵道国经过探索找出问题，到周边省市的养鱼大户走访学习先进养殖技术，引进外地优质鱼苗，摸索网箱养殖新技术，发展网箱180余箱。2018年闵道国销售成鱼2万余斤，纯利润达10余万元。像闵道国这样的养殖贫困户还有很多，辛勤的汗水不仅丰富了渔民的养鱼经验，同时也带来丰厚的收获。不过，自南水北调中线工程竣工向受水区送水的那一刻起，肩负着库区生态水质保护使命的习家店镇不得不号召渔民主动清网，"洗脚"上岸。为了库区生态水质，闵道国以大局为重，积极配合清网工作组签订了网箱清除协议，将自家180余个网箱拖拽至蔡家渡码头进行拆解，成为清理工作的"风向标"。在清理工作中，习家店镇按照"依法依规、属地管理、试点先行、重点突破、限期拆除"的原则，联合"5+1"库区综合执法专班对辖区内渔民进行政策宣传，积极对存鱼信息进行统计，协助存鱼销售，减轻清理阻力。如今丹江口水库水质达国家二类水，部分渔民在经历生计转型之痛之后，找到了新的致富门路。

其次，丹江口水库库区面临着突出的区域性贫困，这种区域性贫困是中线水源工程移民的重要致贫表现。区域性贫困在很大程度上根源于丹江口市库区周边近20年的停滞发展。自1990年长江水利委员会开始南水北调中线工程丹江口水库实务指标调查开始，库区发展就受到诸多制约。1992年，南水北调中线工程可行性研究通过后，丹江口水库库区开始执行国家淹没区停止建设的"禁建令"，海拔172米水位线以下的地方，原则上停止一切基础设施建设。自此之后，处在淹没线172米线以下的丹江口市14个乡镇办（区）就停止了一切建设，房不能盖、路不能修、树不能栽。2003年，国务院正式下达停建令，严格控制库区基本建设。直到2009年，丹江口库区居民终

于等来了国家下达的移民搬迁令，然而这一等就是近 20 年。这 20
年，是中国经济加速发展的黄金 20 年，库区外面的世界发生天翻地
覆的变化，库区人民不仅错失了更好的生活条件，更错失了无法挽回
的发展机遇。

> 我们是搬迁的移民村，通村水泥路不给我们修，不搬迁的村
> 都修了。苦了我们移民村。一下雨，车子就进不来，尤其到了卖
> 柑橘的季节，一场雨得好几天才能走三轮车，大车进不来。
>
> ——丹江口市八腊庙某外迁移民[1]
>
> 危房不能住，我们这人从 1991 年长江委南水北调调查后，
> 村里就停止了一切建设，谁家儿子接媳妇也不能盖房子，要给国
> 家减少损失，年年都在喊移民搬迁，喊了这 18 年，我们等搬迁
> 等得花儿都谢了。
>
> ——丹江口市八腊庙某外迁移民[2]

在内安复建时，建设资金存在缺口是丹江口市库区区域性贫困的
重要致因。由于近 20 年的停滞发展，库区基础设施建设落后，欠账
颇多。虽然在中期水源工程移民安置时配套了大量的资金，但仍存在
巨额的资金缺口。据初步统计，移民搬迁安置后，丹江口市批准的规
划资金与实际发生的投资资金缺口至少有 15.398 亿元，给地方财政
造成很大压力。[3] 其一，集中安置点基础设施建设资金缺口 4.24 亿
元。受地形条件限制，丹江口市 165 个集中安置点大部分选址在前缓
后陡的岗丘地带，地质条件较为复杂，场地平整工程量大、成本高。

---

[1] 参见陈华平：《见证——南水北调丹江口大移民纪实》，新华出版社 2014 年版，第 68 页。
[2] 参见陈华平：《见证——南水北调丹江口大移民纪实》，新华出版社 2014 年版，第 70 页。
[3] 参见盛丰、吴丹、邓国法：《南水北调中线工程丹江口市农民内安移民增收保稳问题分析》，《水利发展研究》2017 年第 1 期。

其二，城集镇复建基础设施建设资金缺口 2.5 亿元。其三，库区移民安置控制性工程投资缺口 1.14 亿元。库区移民安置控制性工程在实施时因诸多原因提高了设计标准、扩大了建设规模，致使复建投资超移民补偿投资较多。其中，桥梁工程复建投资缺口达 7138.8 万元、码头复建资金缺口达 4200 万元。其四，农村移民生产安置费用缺口 2.52 亿元。按初步规划设计，丹江口市库区农村移民的安置规模为 70392 人，但是实际的安置规模增加了 8840 人，导致农村移民生产安置费缺口资金达 2.52 亿元。其五，已兑现的外迁移民线上园地林地地面附着物补偿资金 4.59 亿元无法解决。其六，库区农村移民集中安置点专业项目迁移复建资金 4082 万元无法解决。在库区农村移民集中安置点建设工程中，部分集中安置点征地线范围的电力、电信、广电、联通等专业设施因征地需要迁移，该项费用在库区农村基础设施建设费用中没有计列。① 此外，库区公路损毁严重，成为制约库区移民发展致富的重要因素。其中，集中安置点基础设施建设资金缺口 4.24 亿元。由此可见，由于投资规模巨大，中线水源工程的安置复建在一定程度上改善了库区基础设施及集中安置点的公共服务，进而助力于库区区域性贫困的缓解。但是，丹江口水库库区区域性贫困的缓解仍然任重道远，这不仅是由于基础设施建设仍存在许多短板，还在于软环境的建设仍有欠缺。

表1-2　丹江口市库区安置复建工程资金缺口规模（2019）

项　　目	金额（亿元）
集中安置点基础设施建设资金	4.240
城集镇复建基础设施建设资金	2.500
库区移民安置控制性工程投资资金	1.140
农村移民生产安置费用	2.520

---

① 参见盛丰、吴丹、邓国法：《南水北调中线工程丹江口市农民内安移民增收保稳问题分析》，《水利发展研究》2017 年第 1 期。

项　　目	金额（亿元）
外迁移民线上园地林地地面附着物补偿资金	4.590
库区农村移民集中安置点专业项目迁移复建资金	0.408
共计	15.398

二、因域致贫：丹江口市秦巴山片区的区域性贫困

除了丹江口库区，贫困人口主要分布在秦巴山片区所覆盖的江北秦岭余脉石灰岩地区和江南大巴山脉高寒地区，呈现出典型的空间贫困特征。

（一）自然条件差

丹江口市汉江以北位于秦岭余脉石灰岩地区，石漠化十分严重，主要是石灰岩发育土壤，土地脊薄，黏性碱性强，怕涝又怕旱，十年九旱，山上植被差，水土流失严重，破坏了生态环境，影响了丹江口库区水质安全。造成水土流失的主要客观原因是：一是冬夏温差大，地表和岩石热胀冷缩易风化破碎，土壤极易流失。二是降雨集中，多暴雨，雨强大，土壤侵蚀严重。三是土层浅薄，土质疏松，坡度陡，植被差，径流汇流时间短，入渗少，拦截能力低。人为因素也加剧了水土流失：一是丹江口大坝建设和大炼钢铁期间，大量的森林被砍伐；二是20世纪70年代初"以粮为纲"运动，使林木资源再一次遭破坏；三是丹江口水库蓄水发电后，就地后靠的移民为了生存，林粮争地、陡坡开荒等加剧了水土流失。

丹江口市江南高寒山区山大人稀，山高坡陡，平均海拔在1000米以上，部分地区海拔在1400米以上，山高坡陡沟深，耕地面积少、地块小、土层薄，日照不足，气温低，遇雨则涝、遇晴则旱。曾经有

顺口溜这样描述这一区域，"地无三尺土，十里不见人，出门就爬坡，运输靠背驼，白天背着日头晒，晚上回家蹲被窝，辛苦360天，落不到肚儿圆"。

（二）农村基础设施薄弱

一是农村交通不便成为当地农民脱贫致富的"桎梏"。以丹江口市盐池河镇北部的草房沟村为例，该村与武当山特区武当山街办大湾村交界，由于地处深山、远山，十分偏僻，基础条件较差。通村公路方面，坡急沟深的盘山公路一边是峭壁一边是悬崖，多处路段时有险情。草房沟村平顶山与武当山特区大湾村接壤，从大湾村外出到武当山集镇只需要大半个小时的车程。但是由于有一条不到一公里的断头路一直没有打通，村民只能绕几个小时的山路翻越大山。二是水利设施严重老化，抗灾能力弱。丹江口市大部分水库建于20世纪六七十年代，年久失修，病险水库较多，蓄水保水能力差。据初步调查，全市约有70%的水库、塘堰处于病险状态。现有60%的水库渠道不配套，有库无渠，土渠渗漏，淤积严重，水资源利用率低，农民"靠天收"的现象还没有从根本上得到扭转。三是资金短缺、投入不足。丹江口市大部分贫困人口居住在深山、库区、生态环境恶劣地区，交通不便，信息不灵，资源短缺，思想理念相对陈旧，文化落后，人口素质相对较低，阻碍了这些地区人们与其他地区人们的同步发展。由于自然地理条件较差，投入建设的成本费用高且效益相对低，在扶贫资金有限的情况下，对这些投入成本高、效益低的地区投入相对就偏少，这就形成一种现象，越是环境条件差，越是贫困，其资金投入越是少，长此以往，就形成贫困地区，形成贫困人口。

（三）经济基础薄弱

脱贫攻坚之前，丹江口市江北秦岭余脉石灰岩地区和江南大巴山脉高寒地区两大贫困带的经济基础都十分薄弱。一方面，受限于有限的土地资源、脆弱的生态环境以及薄弱的基础设施，传统农业是两大片区的主导产业，产量低、产值小，难以成为片区经济发展的增长极。另一方面，两大片区内源发展能力较为缺乏。这是由于，许多居民长期被相对性地隔离在山区之中，信息闭塞、技能不足、通行不畅，在市场化大生产中处于十分弱势的地位，发展的主体性和内生动力难以得到有效激发。

总体来看，脱贫攻坚之前，丹江口市作为南水北调中线工程核心水源区和重要生态功能区，以及集中连片特殊困难地区秦巴山区的扶贫开发重点县，丹江口市的贫困呈现出历史性的水库移民贫困与区域性贫困相互交织的复杂面貌，并可能进一步形成诸多的治理风险。其一，社会治理风险。例如，在水库移民中，新、老移民的上访行为并不稀奇。倘若不能很好地解决移民后续发展问题，因迁上访的现象仍然会延续。其二，生态治理风险。库区发展与水源地保护一直是困扰水利水电工程的一个"两难困境"。一方面，库区要发展势必对水源地环境造成影响；另一方面，抑制库区的发展势必是对库区移民生存权和发展权的剥夺。由于库区周边、秦巴山片区大多属于生态保护红线的保护范围，如果不能保证三大片区贫困群体的脱贫致富，生活在这一区域的居民很可能会以牺牲环境为代价来谋求生存，进而可能无法保证一库清水永续北。

本章主要从丹江口市的区位、地形气候、历史文化等地理空间与历史空间出发，描述了丹江口在脱贫攻坚中成为移民大市的必要性与必然性，并结合其具有的生态属性与政治属性，阐述了丹江口市面临着移民贫困与区域性贫困交织的发展困境。水库移民的安置与发展是一项长期、复杂的系统性工程。历史地来看，在丹江口市的两次大移民中，部分移民因生计空间压缩、社会网络脱嵌等诸多原因陷入贫困。在初期的贫困移民中由空间转变造成了脱域群体的缺场交往，从而表现出明显的空间流动性；在中线水源工程的移民搬迁中，为了保证区域发展的绿色空间，移民的生计空间被压缩，同时，该地区的贫困人口主要分布在秦巴山片区所覆盖的江北秦岭余脉石灰岩地区和江南大巴山脉高寒地区，也呈现出典型的空间贫困特征，因此也呈现出新时期移民生计转型困境与丹江口库区区域性贫困的交互局面。总体而言，从空间社会学的理论角度看，丹江口市在脱贫攻坚中的移民工程及其与贫困的交织是地理空间、历史空间、政治空间、绿色空间等多个空间因素综合的结果，而移民既是对既往空间的一种压缩，同时也是对新的发展空间的塑造。

第二章

丹江口市脱贫攻坚的治理创新

第一节　生态绿色发展理念引领脱贫攻坚

作为南水北调中线工程水源区和源头工程建设所在地，丹江口市的社会发展，受到社会各界的广泛关注。服务南水北调的历史性任务、搞好生态建设和环境保护、确保把一江清水送往京津的目标，在客观上要求丹江口市将生态文明建设放在更加突出的位置上进行思考和谋划。2000年初期，丹江口市就确立了"生态立市"战略，大力发展生态经济，走可持续发展之路，努力把中国水都——丹江口建设成为山水秀丽、环境优美、文明进步的生态旅游城市。2014年12月12日，南水北调中线工程正式通水。当年7月，在国家和湖北省尚未出台文件明确取缔网箱养殖的情况下，丹江口市主动作为，开始拆除围网工作。当时，全市拆围工作涉及72个村1773户，应拆网箱12万只，共10.7万亩库汊。

抓好生态建设，既是讲政治、讲大局的政治需要，也是因地制宜发展丹江口市经济社会的现实需要，更是走可持续发展之路、造福子孙后代的战略需要。"生态立市"的内涵就是在经济和环境协调发展的思想指导下，按照生态学原理、市场经济理论，运用现代科学技术，形成生态上和经济上的两个良性循环，实现经济、社会、资源、环境协调发展的现代经济体系。

以生态建设为核心，以产业化为主导，以结构调整为主线，以打造品牌为突破口，推进和发展丹江口市生态农业，力争用10年左右的时间，将丹江口市建成湖北省乃至全国都具有重大影响的绿色有机农业示范基地，这就是丹江口市地方党委和政府的生态建设目标。立足近期，着眼长远，发展生态旅游业，把丹江口市建成具有地方特色的生态旅游区，让丹江口市成为一个集生态旅游、避暑度假、休闲疗养、科研考察、武当文化、均州文化交流于一体的生态旅游胜地。

按照低污染、低耗能、高产出、高效益的要求，加快工业经济结构的战略性调整，着眼于资源深度转换，注重产业链的延伸和高科技、高附加值产品开发，发展有利于生态建设和环境保护的生态产业。强化环保第一审批权，对工业"三废"和矿产开发造成的废渣堆放、地质灾害，实施有效的绿色管理和综合治理。在冶金、汽配、化工等重点企业生产过程中，广泛推行清洁生产和无害化生产。

以生态发展理念引领的脱贫攻坚，其重点主要体现在以下几个方面：

第一，在产业扶贫发展中，重点是发展绿色农业，在既有的主导产业中，大力倡导减肥减药的种植模式，同时注重对土壤中重金属的监测，以确保污染物不断减少。在养殖业方面，水库库区周围是严禁养殖的，对于以农户庭院为范畴的养殖需要以农户自己可以处理粪污为标准，不提倡大规模的养殖业发展，规模养殖户或是企业必须在符合环保要求的情况下才能够开展养殖。

第二，在易地扶贫搬迁安置点的选择上，充分考虑安置点的环境承载量，比如饮用水源承载力如何，搬迁点对居民生活污染物的自净能力如何，安置点的建设不能占用农业和林业用地等；除此以外，在集中搬迁安置点，地方政府都配套建设了生活污水处理设施并建设了人工湿地，这样可以保证生活污水在净化后进行排放或是在特定的排放区域内得到充分净化。

第三，大力发展生态旅游业，按照生态休闲农业、生态旅游和文化旅游等内在要求做好基础设施建设。为增强旅游承载力和竞争力，推进脱贫攻坚。丹江口市坚持生态引领，加大生态建设和景区建设力度，改善旅游消费环境、完善旅游基础设施、提升旅游服务质量。截至 2020 年年底，太和大道、浪盐路、六均路、枫土路相继建成，丁家营镇、官山镇等地旅游公路也已建成，一批批旅游公路的建设，有力带动了公路沿线旅游资源的开发和利用。该市重点打造的集花卉种植、观赏、销售为一体的乡村旅游项目"武当花谷"，带动孟土路沿线群众纷纷参与旅游经营，形成了"房前屋后种果瓜、大塘小池养鱼虾、篱笆影下茶棋乐、乡间田舍乐农家"的乡村旅游发展特色。该景区周边仅农家乐就有 70 余家，种植景观绿化树木和花卉的农户达 30 余家，户均年增收 2000 元。目前，该市已建成 4A 级景区 5 个、3A 级景区 4 个、2A 级景区 2 个，对外开放经营的旅游景区直接提供就业岗位 600 余个，间接带来就业岗位 3000 余个。

案例 2-1　旅游业发展促脱贫

丹江口市官山镇重点开发大明峰景区，引进武当大明峰旅游开发有限公司，将大明峰景区打造成为集文化体验、民俗观赏、休闲度假、生态观光、康体养生为一体的综合性 4A 级旅游景区。每天在大明峰景区务工的村民达 70 多人，月人均工资 3000 元左右。该镇动员景区周边贫困户参与旅游配套服务，鼓励农户开办农家乐、民宿、客栈，增加农户收入。目前，武当丹道文化生态旅游区、金蟾峡峡谷景区、武当犟山游览区开发稳步推进，将为脱贫攻坚注入源源不断的动力。凉水河镇以党建引领旅游，以旅游带动脱贫，规划 2 条精品生态旅游线路，以 8 万亩柑橘为基础，把景区、景点串联起来，发挥旅游带动作用，让更多贫困人口吃上了"旅游饭"。截至 2018 年 10 月底，丹江口市通过发展乡村生态旅游带动了 10 个贫困村脱贫出列。除此以外，在生态旅游扶贫工作中，还大力推动了生态旅游产品的开发。丹江口市妇联紧紧围绕脱贫攻坚总体任务，创建"水都巧姐"创新创业培训基地，指导注册"水都巧姐"商标，举办2期妇女手工培训班，培训乡村贫困妇女100余人，帮助贫困妇女每人年均增收3000元。目前，该市正大力开发绿色有机旅游商品，扶持"老瘾头"酸菜、"杨克思"石磨豆腐、"老粉匠"纯手工红薯粉条、"金桩堰"大米、"圣和"茶叶等旅游产品走向市场。

第四，做好库区的生态修复与石漠化治理。丹江口库区临水1公里范围内实行永久性保护，以环丹江口水库93公里的生态公路建设为纽带，划定"临水1公里"的生态红线。定制度、划红线，丹江口市水资源保护动了真格，立体设计，统筹推进。丹江口市石鼓镇火焰山，恰在"临水1公里"生态红线内，曾有外国专家断言"这是一块永远不会变绿的地方"。2007年，为改善库区水土流失问题，丹江口市林科所开始在火焰山建设造林试验基地，探索出挖窝整地、砌石挡土等造林方式。2016年，火焰山片区人工造林面积已接近4000亩，被评为"国家石漠化治理示范区"。如今，红褐色的岩石山上，植被覆盖率已达70%以上。截至2018年年底，丹江口市完成坡耕地还林20.66万亩，宜林地造林50万亩，石漠化地区造林5万亩，封山育林120万亩。全市森林覆盖率达55.56%，有效涵养了水源、净化了环境。2017年10月27日，丹江口市荣获"国家园林城市"称号。

第五，靠水吃水，大力发展水态产业。为守护好这一库清水，丹江口市做起"水文章"，利用水质优势大力招商引资。仅在水资源加工利用产业一项，丹江口市就已建成14家饮用水加工企业、25条生产线。此外，丹江口市正着力打造汽车零部件及整车、农产品加工等"百亿产业"，水资源利用、生物医药、电子信息等"五十亿产业"。仅农夫山泉所建设的3个生产厂区每年就可以为地方贡献税收超过2

亿元。2018年丹江口市人民政府印发了《丹江口市水资源利用及水产业发展行动计划（2018—2021年）》，提出要重点发展生态渔业、水果种植业、水资源加工业，大力发展亲水旅游业及水文化业。科学利用丹江口库区渔业资源，持续推进库区渔业转型发展，以增殖放养为主、精养鱼池为辅，适度建设精养高产鱼池和改良老旧库、塘、堰，因地制宜发展稻鱼（虾）共生、龟鳖等特种养殖，建设"百万亩、双万吨"（水产面积近百万亩，捕捞量1万吨，养殖产量1万吨）的优质水产品基地，打造"丹江"生态鱼品牌；坚持"两为主，两加强"（即以现有产业为主、以种植业为主，加强品牌农业建设、加强生态观光农业建设）发展思路，按照农业特色产业布局，突出"沧浪橘乡"特色及柑橘的主导产业地位，持续推进柑橘基地改良建设，不断提升核桃产业发展质量，优化水果种植结构，培育特色水果基地；坚持"四全"（全循环、全清洁、全产业链、全自动化）产业模式，加快建设企业经营规模化、技术装备高新化、产品营销品牌化、产业布局集约化的全国水产业核心基地。以优质丰富的水资源和水产品为依托，充分发挥南水北调中线工程调水源头"中国好水"品牌效应，以"源头""丹江""武当"为核心品牌，大力发展饮用水、酒类产品、库区特色饮品及调味品生产行业，做大做强特色水资源加工产业；以创建全域旅游示范区为目标，打造"水润中国心·做客丹江口"旅游品牌。以库区临山、临林、临路、临城水面为依托，建设环库生态水景公园和生态水景带，加快开发亲水旅游精品线路和亲水旅游产品，构建立体式亲水旅游格局，着力打造中国一流、世界知名的库区水文化休闲旅游体验地。到2021年，初步建成亲水旅游产业链，基本形成较为完整的亲水旅游产业体系；远期游客年承载量突破900万人次，成功创建国家级水生态旅游示范区，3A级及以上旅游景区达到13个，其中，新增4A级旅游景区1个；整合旅游资源，争创南水北调中线工程调水源头丹江口生态文化旅游5A级风景区。以"沧浪文化"为核心，大力发展水产业文化，结合道教养生文化，打造国际知名的养生休闲度假地。在文化产品开发及规划设计过程中，要结合地方特色文化和自然禀赋资源，将文化元素融入产品之中，充分挖掘地方特色文化的价值。

第六，加强卫生治理与村容整治，强化产业发展的生态保障。精准扶贫工作以来，丹江口市加快推进环保基础设施建设，环境保护能力持续增强。2015年以来，该市共建成14个城镇污水处理项目、6个生活垃圾处置项目、2个水土保持项目、13个库周生态隔离带项目、5个工业点源污染治理项目、7个入河排污口整治项目、1个水环境监测项目。重点项目完成率达100%，城乡污水处理、垃圾处理设施全覆盖。在丹江口市农村，大力开展环境综合整治工作，争取资金1.47亿元对147个村饮用水源、生活垃圾、生活污水、畜禽养殖污染实施综合整治。投资680万元对辖内2010年至2012年已完工的农村环境连片整治示范项目存在的问题进行整改。出台《丹江口市农村生活垃圾和生活污水治理工作方案》，筹资1000万元，采取"以奖代补"的方式建立农村生活污水和生活垃圾治理长效机制。结合生态市创建工作，丹江口市持续开展"绿色企业""绿色家庭""绿色社区""绿色学校""绿色机关""生态乡镇、生态村"系列创建活动。2012年以来，丹江口市环保局连续多年在全省环保目标责任制考核中获优，连续多年获得十堰市各县（市、区）环保部门目标责任制考核第一名。全面推进"生态乡镇""生态村""生态家园"建设，夯实生态文明建设基础。强化生态管控，实现环境保护与生态产业同步发展，丹江口市大力推进"两廊一带"建设，生态观光农业、生态旅游业快速发展。武当道茶城、武当紫薇园、武当花谷生态景区相继对外开放；新增武当南神道、丹江口市水库2个4A级景区；六里坪镇伍家沟村等9个村被列入全国乡村旅游扶贫重点村。2018年，该市旅游总收入114.9亿元，占全市GDP的47.4%。

第二节　完善政策体系，保障脱贫攻坚

实施精准扶贫战略以来，丹江口市坚定不移贯彻落实习近平总书记扶贫开发重要战略思想和中央、省、十堰市决策部署，认真学习贯彻《中共中央、国务院关于打赢脱贫攻坚战的决定》《中共中央、国务院关于打赢脱贫攻坚战三年行动的指导意见》等精神，牢固树立抓扶贫就是抓发展的理念，自觉担当脱贫攻坚政治责任，把脱贫攻坚作为重大政治责任和第一民生工程来抓，先后研究制定了《关于全力推进精准扶贫精准脱贫的实施意见》《丹江口市决战决胜脱贫攻坚行动方案》《丹江口市打赢脱贫攻坚战三年行动工作方案》等制度文件，按照"六个精准""五个一批""两不愁三保障"的要求，集中精力、尽锐出战，脱贫攻坚取得明显成效。以下仅就贫困识别、产业扶贫、搬迁扶贫等相关政策的内容进行举例式分析，而从2015年以来，丹江口在扶贫工作当中共发布针对性文件、意见和通知等超过200份，这些构成了丹江口脱贫攻坚的有力政策保障体系，为各项扶贫工作的开展提供了政策依据、组织体系、财力保障和制度支撑等，为当地如期打赢脱贫攻坚战奠定了坚实基础。

一、关于贫困人口识别核查

2015年十堰市扶贫办印发了《关于开展建档立卡"五看五定"大核查工作的通知》，2016年丹江口扶贫攻坚指挥部印发《丹江口市贫困人口精准识别专题审计整改工作方案》等，按照相关通知要求，通过"五看五定"的工作方法，进一步做好建档立卡工作，提高数据质量，夯实精准扶贫工作基础，确保真扶贫、扶真贫。具体内容

如下：

第一，看精准扶贫底数是否清楚，档案是否齐全，是否做到乡有册、村有簿、户有卡。要进村入户核对建档立卡数据，清理、更正扶贫对象失准信息，对贫困户进行重新识别认定，对超范围违规享受扶持政策的问题进行整改。依托广大扶贫干部，丹江口对贫困户信息进行定期核查并动态调整系统内建档立卡贫困户名单，将不符合条件的对象从建档立卡系统中清除，将真正符合条件的农户通过重新认定纳入建档立卡系统，对有疑问和争议的"七进八不进"对象进行大数据核查，根据核查结果予以认定。

第二，看穷根是否找准，确定贫困人口类型。在认真核实建档立卡数据的基础上，看是否按致贫原因，对贫困人口按照"五个一批"（开发脱贫一批、扶贫搬迁一批、扶智脱贫一批、保障供养一批、医疗救助一批）进行分类，收集、汇总基础信息，为确定帮扶政策、措施、项目打好基础。

第三，看目标是否明确，确定帮扶计划。对贫困人口、年龄结构、劳动力状况、生产生活条件、家庭收支情况、发展需求、帮扶信息等数据进行认真核查，了解贫困村、贫困户发展需求，建立到村到户项目库，制定到村到户项目规划和分年度脱贫计划，制作县、乡、村脱贫路线图。做到一户一档、一户一卡、一户一策，为精准施策奠定基础。

第四，看对策是否精准，定措施。结合"五个一批"和"十个到户到人"，根据贫困户致贫原因及发展需求，核实贫困村、贫困户脱贫规划，看是否根据贫困户具体情况，因户因人施策，逐户确定帮扶措施，确保精准施策。

第五，看帮扶是否落实，定责任。认真填写精准扶贫明白卡，确保每个贫困户都有帮扶责任人。要看明白卡是否入户，看工作队是否驻村、干部是否包户到位。根据贫困村、贫困户脱贫年限，对驻村帮扶工作队和包户干部采取"1+N"的方法，分年接续帮扶任务，确保当年脱贫的村和户实现帮扶全覆盖。同时在建档立卡与贫困人口识别工作中，丹江口实施了以核查打分和群众评议结果为依据的识别程序。坚持"七进"，即凡具有下列情况之一的优先作为贫困对象：一是居住在不适合生存的危房、土房且为家庭唯一住房的农户；二是因子女上学返贫的农户；三是家庭成员长期患开支较大的慢性病、大病，主要劳动力因身体、年龄等原因无法外出务工的农户；四是低保户、五保户和不符合低保、五保条件的鳏寡孤独农户、单亲家庭；五是家庭主要劳动力死亡，只有老人、妇女、未成年人的家庭；六是因灾、因事故及其他原因造成特别困难的家庭；七是因残致贫的农户。坚持"八不进"，即凡具有下列情况之一的不得作为贫困对象：一是家庭成员（含已分家立户的）有人在行政事业单位工作，属财政供养的农户；二是村干部家庭没经过上级组织认定的；三是家庭拥有楼房，在城镇购买商品房或高标准装修现有住房的农户；四是家庭成员拥有消费性小轿车的农户；五是家庭拥有工程机械及大型农机具从事有偿经营服务的农户；六是长期雇佣他人从事生产经营的个体经营户，经营公司的农户；七是子女完全具备赡养能力，分户居住且无慢性病、大病的农户；八是举家多年在外打工不归的农户。若有特殊困难，经群众评议，村委会上报乡镇研究决定，可纳入建档立卡对象。

二、产业扶贫

2015 年至 2016 年，丹江口市扶贫攻坚指挥部印发《丹江口市精准扶贫精准脱贫产业发展实施方案（试行）》《关于支持农业新型市场主体帮带贫困户脱贫实施办法》《关于精准扶贫精准脱贫产业发展奖补政策的补充通知》等文件，突出产业发展在脱贫攻坚中的优先地位，以贫困户脱贫为核心，以做强做大致富产业为支撑，以培育壮大龙头企业为载体，强力推进"新型市场主体+增收示范户+贫困户"的"百千万"产业扶贫攻坚工程，着力培育 100 家以上示范性新型农业市场主体，重点发展2000户以上增收示范户，就近帮扶带动近3万户有劳动能力的贫困农户稳定增收脱贫，促进扶贫产业大发展，带动贫困农户大增收。

通过大力实施产业扶贫，确保2018年年底前，有劳动能力的贫困户产业增收脱贫实现"四个有"中两项阶段性脱贫目标任务，"四个有"即人均有一亩以上高效产业园、每户有一名劳动力参与务工经商、每户有适度规模的养殖增收项目、每个劳动力有一门增收就业技能；确保贫困户年人均可支配收入增幅高于全省农村居民可支配收入增幅，人均可支配收入水平超过同期国家确定的扶贫标准，达到全市平均水平的70%以上；在三年脱贫攻坚基础上，再通过两年时间的巩固提高，使贫困农户人均可支配收入进一步提高，确保丹江口市有劳动能力的贫困人口同步进入全面小康社会。

在发展重点上，丹江口市突出"五百"扶贫产业发展，即着力发展百万亩特色种植业基地；着力发展百万头生态养殖业；着力发展百万亩生态有机渔业；着力发展百公里环库生态观光农业带；着力发展百亿农产品加工园区。在区域布局上，山区以生态养殖、食用菌、中药材为主；库区以柑橘、无公害种植、农家乐为主；城郊和公路沿线以务工经商、生态观光农业和设施农业为主。在产业转型发展上，以现有产业为主，以种养业为主；加强生态农业和品牌农业创建。

三、搬迁扶贫

2015年丹江口市印发《市扶贫攻坚指挥部办公室关于规范生态扶贫搬迁有关工作的紧急通知》，其中对扶贫搬迁工作提出了五个方面的具体要求：第一，建房坚持四个集中。生态扶贫搬迁重点是集中建房，要坚持四个集中，即向集镇集中、向村部和中心村集中、向移民安置点集中、向产业园区集中。第二，新建房屋必须放线。房屋选址由国土、规划、交通、住建等部门现场踏勘，符合相关政策和要求后放线，没有放线一律不允许新建。第三，建房手续必须完善。严格审批手续，没有审批一律不得新建房屋，已经在建的房屋抓紧清理整改，完善审批手续，不符合政策要求的一律拆除。10 户以下的集中安置点由各镇（办、处、区）组织村镇建设服务中心和国土所专业人员进行规划设计，10 户以上的集中安置点由市规划局、市国土资源局进行规划设计，规划设计图纸必须有规划人员和镇（办、处、区）分管领导签字，房型由农户自主选择并签字认可。丹江口下辖各镇（办、处、区）按《市扶贫攻坚指挥部办公室关于生态搬迁申报验收有关工作的通知》（丹攻坚办发〔2015〕1 号）的要求集中申报，市扶贫攻坚指挥部审批后实施。第四，验收标准要明确。新建房屋之前，各镇（办、处、区）与村组、农户要层层签订责任书或合同，明确各方责任。验收兑现到户补助资金前，必须达到水电路等基础设施完善，小区及房屋周围整洁美观，达到生态家园标准。第五，加强政策指导和服务。规划、国土、交通、住建、民政等部门按照各自职责加强政策宣传、把关和服务工作，分组划片固定专班专人，从现场踏勘到最终验收全程服务把关。各镇（办、处、区）分管扶贫工作的领导是生态扶贫搬迁的直接责任人，切实做好统筹协调和把关工作。

四、旅游扶贫

围绕生态旅游发展战略，该市城乡统筹、部门协作，推进旅游产业发展。2012 年，丹江口市出台《关于进一步加快生态旅游产业发展的意见》，该市财政每年单列旅游发展专项资金 1000 万元支持旅游业发展。2014 年，出台《丹江口市旅游产业发展奖励暂行办法》，通过以奖代补方式，对项目建设、景区创建、商品开发、宣传促销等方面工作给予大力支持，特别是对农家旅馆、农家乐、农业观光园等能够带动农民脱贫致富的旅游项目给予重点奖励。

丹江口市 13 个镇（办）制定了支持旅游业发展奖励政策，其中官山镇、石鼓镇、浪河镇等重点旅游镇的政策和措施与丹江口市级政策实现无缝对接。该市发改、移民、林业、水务、扶贫、农业等部门整合旅游产业发展专项资金 6000 余万元，支持旅游小镇、移民旅馆、旅游景观等建设，形成了"办大旅游、大办旅游"的旅游发展氛围。截至 2019 年年底，该市已发展农家乐 500 余家，星级农家乐超过 60 家。同时，该市把金融支撑作为旅游扶贫的一大"法宝"，通过贴息贷款等方式，吸引市场主体参与乡村旅游开发，调动贫困户参与旅游发展的积极性。2018 年，丹江口市通过旅游业实现脱贫 5600 多人，约占当年该市脱贫目标任务的四分之一，通过旅游扶贫惠及的贫困人口人均年增收 1200 元以上。

五、健康医疗扶贫

为了贯彻落实《中共湖北省委、湖北省人民政府关于全力推进精准扶贫精准脱贫的决定》（鄂发〔2015〕19 号）精神，结合省卫生计生委、省扶贫办、省民政厅、省财政厅关于印发《湖北省农村医疗保障精准扶贫工作实施意见》（鄂卫生计生发〔2015〕29 号）、十堰市脱贫攻坚指挥部印发的《十堰市脱贫攻坚医疗救助工作实施方案》（十卫生计生发〔2016〕2 号）文件要求，2016 年丹江口市扶贫攻坚指挥部关于印发《丹江口市脱贫攻坚医疗救助工作实施方案》，该方案提出的目标是：从 2016 年起，大力实施脱贫攻坚医疗救助工作，通过 3 年的努力，贫困地区基层卫生服务体系建设进一步加强，基本医疗卫生制度进一步巩固，扶贫对象拥有基本医疗保障，享有基本公共卫生和计生服务，享受医疗救助扶贫政策，就医费用负担明显减轻，"因病致贫、因病返贫"问题基本解决。医疗扶贫对象包括三类群体：一是精准扶贫建档立卡贫困人口；二是农村最低生活保障家庭成员；三是农村五保供养对象和农村孤儿。

医疗保障扶贫方面，主要采取了 5 大行动：第一，医疗保障提升行动，主要内容是提高新农村合作医疗的保障水平，特殊群体诊疗不设起付线，提高单次和年度诊疗的报销最高线等。第二，住院就诊减负行动，主要内容是实行住院减免即扶贫对象在各级医疗机构住院，各医院根据自身实际开放绿色通道，给予免门诊诊疗费、挂号费等优惠措施。住院治疗在新农合、大病保险、大额补充医疗保险报销及医疗救助后的合规自付部分给予一定的减免，其中二级医院减免 10%，一级医院减免 5%。对无能力支付医疗费用的贫困户家庭成员所产生的急救费用，优先申请补助享受疾病应急救助政策。加大医疗救助力度：一是农村五保供养对象和农村孤儿参加新农合的个人缴费部分由医疗救助基金给予全额资助，农村最低生活保障家庭成员参加新农合的个人缴费部分由医疗救助基金给予全额资助；二是对患慢性病需要长期服药或者患重特大疾病需要长期门诊治疗，导致自付医疗费用较高的医疗救助对象，给予临时救助；三是对农村最低生活保障家庭成员和农村五保供养对象、农村孤儿在定点医疗机构住院治疗，经新农合、新农合大病保险及各类补充医疗保险、商业保险等报销后个人负担的合规医疗费用，在年度救助限额内按不低于 70% 的比例给予救助。第三，医保结算便捷行动，主要内容是完善就医便民措施，对扶贫对象开辟绿色通道，鼓励二级医院实行先诊疗、后付费；推行"一站式"即时结算。第四，公共卫生强化行动，主要内容是：加强基本公共卫生均等化服务工作，对扶贫对象实施"一对一"签约服务，建立稳定的契约式服务关系；加强贫困地区母婴保健服务工作；完善贫困人口的健康管理；落实计生利导政策。第五，公共卫生服务体系建设行动，主要内容是：加强贫困村卫生室标准化建设，实现全市 56 个贫困村实现标准化村卫生室全覆盖；加强薄弱乡镇卫生院建设；组织城市医院"挂县带乡联村"对口支援；强化基层医疗卫生人才培养，继续做好卫生专业技术人员晋升高级职称前到基层服务下派、"三支一扶"、乡镇卫生院招聘执业医师等工作。

以上几个方面的内容，仅仅是呈现了丹江口立体多元脱贫攻坚政策的一个侧面，围绕贫困人口脱贫，丹江口市制定了涵盖教育、医疗、旅游、搬迁、金融、产业、就业、基础设施、文化等多个领域的综合性政策体系，构筑了推动贫困人口脱贫的立体化政策框架，通过多元政策的综合施力，贫困人口脱贫工作获得了健康快速的进步，相应地也获得了不错的成效。从发展空间的角度看，教育、医疗、搬迁、金融、产业就业和基础设施等都是为贫困人口的脱贫与发展创造更加优良的社会空间、经济空间和物质空间，通过对贫困人口空间资本的提升和丰富，贫困人口的发展动力获得进一步的激发，其脱贫能力也进一步提升。

第三节 强化组织机制，推动脱贫攻坚

组织机制是打赢脱贫攻坚战的重要保障，丹江口市通过组织机制创新及其功能落实，充分展现了贫困治理的中国特色社会主义体制优势。

一、精准帮扶，"十个到位"

为了做实做细脱贫攻坚工作，切实提高"三率一度"，自 2016 年以来，丹江口市 7432 名市、乡干部全员行动，扎实开展进村入户"足印农家"活动，全面落实精准帮扶"十个到位"，了解民情民意，密切帮扶关系，共同谋划发展，找问题、补短板、抓提升，全面夯实脱贫攻坚基础工作。

一是帮扶责任"落"到位。按照"市级领导包镇（办、处、区）、镇（办、处、区）班子成员包村、市直部门包驻点村、各级干

部包户"的包保责任制，干部足印农家小院，压实市、镇、村三级脱贫攻坚主体责任和各级干部包保帮扶责任。35 名市"四套班子"领导负责包保 18 个镇（办、处、区）脱贫攻坚工作，18 个工作团、194 个驻村工作队、538 名工作队员脱产驻村，7432 名包户干部包户，全面落实"四双"帮扶责任。市委书记带头，多次采取暗访的形式进村入户，了解真实情况，2019 年 1 月至 2 月对全市 18 个乡镇逐一召开村支部书记办公会，逐村分析研究解决脱贫攻坚存在的问题。从 2019 年 2 月起，在全市集中开展脱贫攻坚工作"大走访大调研大排查大整改"活动，做到"三个全覆盖"，即市"四套班子"领导对所包保乡镇的村走访调研全覆盖，镇（办、处、区）的领导班子成员对驻点村的贫困户、非贫困户走访全覆盖，市直单位班子成员对包联帮扶的贫困村贫困户、非贫困户走访全覆盖，做到责任在肩，任务到人。

二是帮扶对象"访"到位。全体包户干部深入贫困户家中面对面交流，做到"五看六核"，即看有无安全住房、有无安全饮水、有无增收产业、有无卫生习惯、有无内生动力；核人口信息是否准确、扶贫政策是否落实、贫困户进入程序和退出程序是否到位、脱贫家庭收入是否达标、是否满意帮扶成效、有无假脱贫和数字脱贫现象。针对外出务工贫困户，包户干部通过电话、微信或 QQ，做到一月一联系，确保外出人员"联"到位，做到每户底数清、情况明，确保贫困户真脱贫、脱真贫。

三是扶贫政策"讲"到位。丹江口市脱贫攻坚指挥部收集整理精准扶贫精准脱贫政策，印制扶贫政策年画 8 万余份，由包户干部送至群众家中，印制《丹江口市脱贫攻坚政策汇编》读本 1 万余册，及时发放给所有包户扶贫干部。进一步加强政策宣传，让贫困户了解扶贫政策，知道享受了哪些扶贫政策，做到包户干部人手一本政策汇编读本发到位，贫困户和非贫困户每户一张扶贫政策年画贴到位，精准扶贫政策宣讲到位，大大提高了政策的知晓率。

四是意见诉求"收"到位。包户干部在"足印农家"过程中，认真了解扶贫政策措施兑现落实情况、脱贫存在的困难和问题，收集包联贫困户意见建议及贫困户的困难诉求，详细梳理、做好记录，并及时反馈驻村工作队、村"两委"。村"两委"及时梳理出群众生活中较为突出的问题、矛盾和困难及广大群众的意见建议，有针对性地提出解决办法，明确下一步工作目标，确保完成年度户脱贫工作任务。

五是感情交流"谈"到位。包户干部每月开展一次与帮扶对象"同吃同住同劳动"活动，倾听群众心声，想群众之所想、急群众之所急、做群众之所需；深入推进中国社会扶贫网注册对接帮扶任务，帮助贫困户搭建帮扶需求与社会资源的精准对接平台，及时帮助贫困户和非贫困户解决实际困难和问题，增进感情，提高群众对扶贫工作的认可度。

六是矛盾纠纷"理"到位。为了全面化解矛盾纠纷，市、镇、村三级联动，在全市开展了扶贫领域信访问题大排查大化解"百日攻坚"行动，针对已经暴露出来的信访问题制定详细的实施方案，分解任务，明确责任，到户到人，限时完成。结合"百日攻坚"活动，开展拉网式大排查大化解，对照问题找问题，举一反三，全面排查所包村贫困户和非贫困户中存在的社会矛盾，积极帮助化解群众矛盾，促进社会和谐稳定，提高群众满意度。

七是产业发展"帮"到位。坚持"两为主、两加强"，发展壮大特色产业，即以柑橘、核桃、茶叶等现有产业为主、以种植业为主，加强品牌农业、加强生态观光农业，注重长短结合，立足当前，做到因村因户因人施策，全力谋划推动产业发展。按照全市建档立卡贫困人口人均10000元的标准，整合扶贫产业奖补资金近10亿元，按照"先干后补、以奖代补"原则，支持贫困户发展产业和新型市场主体带领贫困户脱贫，激发了贫困村和贫困户发展产业的积极性。结合生产奖补、劳务补贴等政策，结合家庭劳动力、耕地、技能等情况，出主意、想办法，制定脱贫路径和帮扶措施，扶持其发展产业或转移就业，确保有劳动力的贫困户增收。全市已发展柑橘基地33万亩，茶叶基地3.5万亩，核桃基地8万亩。2020年，全市还将新（改）建柑橘、茶叶、核桃基地5.7万亩，夯实贫困户增收的产业基础。

八是内生动力"激发"到位。坚持扶贫先扶志，面对面做好贫困户的思想政治工作，教育引导贫困户克服"等靠要"思想；出台生产奖补、劳务补贴、培训就业补助等政策，诱导其靠双手致富，靠劳动增收；鼓励贫困户向身边人身边事学习，营造勤劳致富、脱贫光荣的良好氛围，激发贫困户干事创业的激情。

九是环境卫生"整治"到位。从2019年开始，每年开展一次环境卫生大整治，对村主干道、村部、安置点、公共厕所、农户家中及房前屋后等地方开展环境卫生整治，杜绝乱堆乱放、滥搭乱建，抓住春季有利时机开展"四旁"绿化，全面美化和改善农村生产生活环境，做到扫干净、排整齐、无污水。

十是非贫困户情况"摸"到位。为了夯实脱贫攻坚群众基础，开展一次非贫困户大走访活动，做到"五访两宣传"。即访问家庭基本情况、家庭收入情况、享受哪些惠农政策、家中是否有消费性机械、卫生习惯是否养成；两宣传即宣传国家精准扶贫政策、乡村振兴战略和惠农政策。旨在全面掌握非贫困户家庭情况，帮助梳理享受了哪些惠农政策，教育其知党情、感党恩。同时，收集其诉求和问题，有针对性地及时研究解决，切实提高群众满意度。

二、足印农家，户户走到

"足印农家·户户走到"的主体责任范围涵盖丹江口市"四套班子"领导，市直单位班子成员，各镇（办、处、区）领导班子成员，驻村工作队队员，全市所有包户干部。

市乡两级主要领导带头进村入户走访调研，了解实情、交流感情、疏导情绪、宣讲政策、解决问题，确保每户群众一年能见到走访领导三次以上。市领导6名（市"四套班子"主要领导，市委、市政府分管扶贫工作领导），每人负责牵头走访2—4个镇（办、处、区），每次自带工作专班，进村入户开展走访，实现联系镇（办、处、区）所有行政村、农户全覆盖。镇（办、处、区）党政主要负责人、人大主席、分管扶贫工作领导，实行划片包干，确保每年遍访本辖区农户三次以上。通过市、镇领导干部"足印农家"，实现全市农户"户户走到"，助推脱贫攻坚，提升"三率一度"。

为了确保工作落实，丹江口市成立了20人的综合督导检查专班，分10个工作组，深入18个镇（办、处、区）专职专责开展进村入户"足印农家"工作成效督导检查，及时发现问题，通报问题，督促问题整改。目前，市委督查室已印发"足印农家"督查通报6期，点名道姓通报市、镇干部"足印农家"情况。

除了"足印农家"活动外，为全面完成扶贫攻坚任务，丹江口市坚持把脱贫攻坚作为重大政治责任、重大政治任务、重大民生工程、重大发展机遇来抓，提高政治站位，把对党忠诚和"四个意识"落实在推进脱贫攻坚的具体行动上。该市成立扶贫攻坚指挥部，市委书记、市长分别任政委、指挥长，9位市级领导任副指挥长，建立了市、镇、村三级组织体系，形成了纵向到底、横向到边的脱贫攻坚责任体系。出台《丹江口市驻村帮扶工作管理办法》，实行"市级领导包镇（办、处、区）、镇（办、处、区）班子成员和市直部门包村、各级干部包户"的包保责任制。严格落实市级领导每月五天、市直单位主要负责人每周"三天两夜"、工作队员每周"五天四夜"工作制度，确保人员、任务、责任精准到位。深入贯彻精准扶贫精准脱贫基本方略，实行"市级领导包乡镇、市直单位包村、工作队员包贫困户"的包保责任体系，30余名市领导联系18个镇（办、处、区），194个驻村工作队、445名工作队员脱产驻村，7400多名扶贫干部结对帮扶全市 30200 户 98779 名建档立卡贫困人口，层层签订责任状，层层传导压力，建立了党政一把手负总责，党委领导、政府主抓、脱贫攻坚指挥部组织协调、各部门共同参与的扶贫工作机制。2015 年至 2019 年，丹江口市先后召开市委常委会、市"四套班子"联席会、市扶贫攻坚指挥部会议 56 次，统一思想，凝聚共识，形成攻坚拔寨的工作合力，成立了江南、江北 2 个片区党委，形成了"比学赶超"的工作局面。下足"绣花"功夫，先后开展 4 次贫困人口精准再识别、2 轮大数据核查。强化驻村帮扶，调整优化 194 名"第一书记"，加强工作督查，选派后备干部到扶贫一线锤炼，提升工作成效。

三、建立产业扶贫联席会议制度

2018 年 7 月，丹江口市印发了《丹江口市产业扶贫联席会议制度》。联席会议的主要职责是：

第一，贯彻落实上级脱贫攻坚尤其是产业扶贫政策，收集整理上级下达的涉及成员单位行业系统的产业扶贫项目和政策措施，督促各镇（办、处、区）加大政策落实力度；

第二，根据市扶贫攻坚指挥部确定的产业扶贫组主要工作职责，共同研究制定产业扶贫发展规划、具体工作任务、重点推进措施、有关扶持政策；

第三，定期交流通报成员单位产业扶贫工作推进情况、好的做法及示范典型，研究解决工作推进中遇到的问题；

第四，根据会议议定事项，下达目标责任分解，明确完成时限、责任单位等，督促联席会议议定事项落实；

第五，建立目标考核制度，加强督办检查，确保目标任务完成。

联席会议成员单位由市扶贫办、市委农办、市财政局、市农业局、市经信局、市水务局、市国土局、市科技局、市商务局、市统计局、市旅游外侨局、市移民局、市林业局、市畜牧局、市水产局、市供销社、市蔬菜办、市农机局、市经管局组成。

联席会议总召集人为市政府分管副市长，召集人为市政府办分管副主任或市委农办主要负责人，联席会议办公室设在市委农办，办公室主任由市委农办主要负责人兼任。各成员单位明确一名联络员，负责按照办公室的统一安排，组织开展相关工作。

联席会议工作规则为：联席会议原则上每季度召开一次，根据工作需要可临时召开全体会议或部分成员会议；联席会议由联席会议办公室提出需研究解决的问题和事项，报召集人审定会议议题，确定会议时间和形式，由召集人或召集人委托的成员召集；联席会议以会议纪要形式明确会议议定事项，印发各成员单位。

联席会议的每个成员单位都有明确的职责分工，以下着重列举市委农办、市财政局、市农业农村局和市扶贫办的具体职责分工。

市委农办：负责市产业扶贫办公室日常工作，协调各成员单位之间的产业脱贫工作；牵头制定全市产业扶贫发展规划；组织召开产业扶贫联席会议和观摩会；开展产业扶贫督办、检查、考核；组织实施"一村一品"产业扶贫行动。负责研究推进农村改革各项事宜，指导全市各地各单位推进产业扶贫工作，收集整理好的典型做法；收集本系统国家、省、市有关产业扶贫的政策和项目。

市财政局：负责产业扶贫以奖代补资金的拨付和监管；指导各镇（办、处、区）统筹使用财政专项资金投入设施农业、养殖、光伏、水电、乡村旅游等产业扶贫项目，鼓励贫困户以资金、土地入股等方式参与产业发展，增加贫困户资产性收入。

市农业农村局：负责制定全市农业产业扶贫发展专项规划和政策，培育壮大农业产业化龙头企业；推进一二三产业融合发展和农产品加工，延伸产业链条；做好柑橘、茶叶、小杂果产业扶贫及相关技术的培训、指导、推广；推广农村实用技术，加大新型职业农民培训力度，运用良种良法，提高农业科技水平；收集汇总成员单位工作推进中出现的问题，向市扶贫攻坚指挥部提出意见和建议；收集汇总各成员单位产业扶贫的政策、项目以及产业扶贫典型范例。

市扶贫办：负责落实扶贫小额信贷政策、完善"五方合作、四金联结"为主的利益联结机制，收集全市典型案例；争取国家、省级深度贫困地区脱贫攻坚资金，增加对扶贫产业的投入；利用中国社会扶贫网平台，配合市商务局做好农村电商相关工作；配合市财政局做好"扶贫资金、资产入股，增加贫困户资产性收益"等相关工作；收集本系统国家、省、市有关产业扶贫的政策和项目。

第四节　创新工作模式，提质脱贫攻坚

在丹江口的脱贫攻坚工作中，出现了大量具有地方鲜明创新特征的扶贫举措，这些举措不仅推动了扶贫成效的显现，同时也提升了脱贫工作的质量。

一、产业扶贫工作中的创新

在产业扶贫工作中，丹江口市首先是创新了帮带的模式。具体可以分为如下五个方面：（1）深入推进"龙头企业+基地+贫困户"的产业扶贫带动模式，提高贫困户生产发展的组织化程度和风险抵御能力，积极探索土地经营权租赁、作价入股、经营权托管、订单农业、技术承包服务、就地务工等方式实现增收脱贫。（2）积极发展"合作社+贫困户"产业发展带动模式，依托全市专业合作社，积极吸纳贫困农户参与到合作社生产经营以实现增收脱贫。（3）大力发展"能人大户+贫困户"产业发展互助模式，倡导一个能人大户至少带动10户以上贫困户，依靠种养、经销农产品增收脱贫。（4）广泛开展"科技示范户+贫困户"产业发展互助模式,每个村至少办好10个以上各类科技示范户,每个科技示范户再就近帮扶带动10户以上贫困户通过科学种养增收脱贫。(5)着力推进"旅游+贫困户"产业扶贫带动模式,依托丹江口市名山秀水等资源优势,积极引导贫困户依托旅游龙头企业,从事餐饮、住宿、导游、观光游玩、土特产销售等项目实现增收脱贫。

其次,创新资源入股模式。积极探索农村土地承包经营权、贫困户住房财产权、林权等抵押担保方式,有效盘活资源存量。采取出让、出租、入股、联营等方式,引导贫困户土地依法有序向龙头企业、合作组织、经营大户流转和参股,推动贫困户资源向股权、资金向股金、农民向股民转变。

最后,实行脱贫奖励政策,激发贫困人口的脱贫发展动力。采取以工代赈、生产奖补、劳务补贴等方式,组织动员贫困群众参与帮扶项目实施;出台脱贫奖励政策,以户为单位给予脱贫奖励,对2014年至2016年脱贫户每户奖励1000元,对2017年脱贫户每户奖励500元,对2018年脱贫户每户奖励300元,奖励资金主要用于发展生产,巩固脱贫成效,激励贫困户通过勤劳致富稳定脱贫。提高脱贫产业奖补总额,由原按建档立卡贫困人口每人2000元产业奖补标准,提高到每人10000元,每人增加8000元奖补资金。其中6000元用于到人到户产业发展奖励补助;4000元由各镇(办、处、区)统筹用于下列三项补助:农民专业合作社、能人大户带动贫困户的贷款贴息以及贫困户贷款贴息超额部分;新型农业市场主体带动贫困户的奖励补助;贫困户脱贫奖励。此外,也注重精神激励。坚持用身边的人讲身边的事,开展"十星"级文明户评选活动,挖掘树立了52名脱贫致富典型,以干部帮扶与贫困群众勤劳致富为素材,组织拍摄了《圆梦龙山》《丹萍的梦想》《艾叶青青》三部微电影,大力营造脱贫光荣、勤劳致富的良好氛围。

二、建好扶贫车间，破解就近就业增收难题

针对农村因家庭拖累无法外出务工、因身体健康原因和年龄偏大不能从事重体力劳动、因残和因智力低下丧失部分劳动力等贫困户就业增收难题，拓展就业扶贫渠道。在每个镇（办、处、区）、每个较大规模的易地扶贫搬迁集中安置点建设"扶贫车间"，引导农村家庭妇女、残疾人户在扶贫车间做一些力所能及的简单工作。运用"四种模式"建车间。在全市各地分别探索建设工厂式、作坊式、产业基地式、融合式四种类型扶贫车间。加大"三个力度"给政策。对扶贫车间给予政策扶持、资金扶持、培训扶持。夯实"三大责任"抓落实。强化市镇主体、部门协作、督办检查三大责任，为扶贫车间建设创造良好环境。丁家营鑫德服饰有限公司在兴办工厂式"扶贫车间"的同时，还将缝纫机、裁床等设备安放到贫困户家中，由企业负责提供技术规范、订单生产，上门回收产品，让贫困劳动力在家门口实现就业，带动作坊式分散就业的贫困户20户，贫困户年均增收20000元以上。习家店镇新建15个棒球垒球扶贫手工作坊，通过把手工制作环节放在乡村，让留守、残疾、年老的贫困群众能够在家门口就业，已吸纳贫困劳动力300多人，人均月增收800—1500元。2018年8月2日中央电视台《经济半小时》对此进行了专题报道。

三、注重脱贫攻坚过程中的平衡与兼顾工作

所谓的平衡与兼顾，一是兼顾贫困村与非贫困村。脱贫攻坚工作开展以来，人力、物力、财力大多向贫困村倾斜，出现了部分贫困村发展势头超过非贫困村的现象，为解决这一新的发展不平衡问题，丹江口市结合乡村振兴战略，统筹考虑基础设施、公共服务、产业发展等问题，在实现贫困村与非贫困村平衡发展的目标中做足了工作。

2018 年，在全市非重点贫困村全面推进安全饮水、电网改造、村组公路、宽带网络、安全住房、环境改善"六到农家工程"。共投资6152 万元，实施安全饮水工程建设项目 22 个，集中供水覆盖率达到97%；投资 1010 万元，新建、维修改造村级党员群众服务中心 38个；投资 3.08 亿元，新建农村公路 214 条 356.5 公里；投资 3260 万元，实施农村危房改造 1536 户；投资 2026 万元，实现所有村宽带网络全覆盖。二是兼顾贫困户与非贫困户。为切实解决贫困户与非贫困户因扶贫政策"给"出来的矛盾，研究制定了《丹江口市 2018 年农业重点特色产业扶贫专项行动计划》《丹江口市 2018 年农村危房改造工作实施方案》，鼓励非贫困户发展产业，解决部分非贫困户住房问题。在争取项目时，既尊重贫困户的意愿，又兼顾非贫困户的合理意见，通过互促互进，实现共同致富，让精准扶贫成果惠及全体村民，不断增强群众的获得感。三是兼顾脱贫户与未脱贫户。一方面，针对未脱贫户制定帮扶项目，落实帮扶措施；另一方面，对已脱贫户坚持"扶上马送一程"，做到脱贫不脱责任、脱贫不脱政策、脱贫不脱帮扶、脱贫不脱监管，对 2014—2018 年已经脱贫的贫困户，认真落实后续帮扶措施和计划，确保长期稳定脱贫。

四、强化基层组织与人才队伍建设，推动脱贫攻坚

抓党建促脱贫。坚持强基固本，制定出台《关于抓党建促脱贫攻坚的十条实施意见》，不断加强基层组织建设，打造脱贫攻坚战斗堡垒。强化村级管理：建立市级领导脱贫攻坚责任区制度，市"四套班子"领导带头联系贫困乡镇和软弱涣散村级党组织。推行基层党建联述联评联考、党建工作提醒函、基层党建督导员等制度，强化督办检查和问题整改，整顿提升软弱涣散村级党组织 16个，提档升级农村党群服务中心 38 个，全市 194 个村集体经济收入全部实现达标。推进"领头雁计划"：举办村书记抓党建促脱贫

攻坚专题培训班，培训村书记 3 期 257 人次。抓好扫黑除恶专项斗争和村"两委"换届，调整村党组织书记 87 人，"派""聘" 38 人，全市 194 个村支部书记中 45 岁以下的 79 人，大专及以上学历 75 人，基层组织战斗力不断提升。深化"四双"帮扶：深入开展"双建双培双带双促"活动，建立了 109 个党员创业示范基地、选树了 502 名党员致富带富标兵，结对帮扶困难群众 6907 人。在扶贫一线建立了政策宣传、产业发展、生态环保、民主监督、和谐共建"五型"党小组 970 个，为无职党员在扶贫一线创先争优搭建平台。全面完成阵地提档升级：以镇（办、处、区）为项目建设管理单位，本着"缺什么、补什么"的原则，严格落实"六个一律"要求，按时保质保量完成 21 个新建、17 个改扩建党群服务中心项目，全面补齐阵地建设短板。坚持"多务合一"标准，建、管、用好农村党群服务中心，依托党群服务中心开展便民服务、教育培训、医疗卫生、文体娱乐等活动，打造组织群众、宣传群众、凝聚群众、服务群众的主阵地。全面壮大村级集体经济：结合乡村振兴计划，大力实施空壳村和薄弱村集体经济"壮大工程"。以镇（办、处、区）为主体，抢抓精准扶贫政策，多措并举盘活集体"三资"，每个村至少培植 1 个稳定增收的村级特色产业，确保所有村实现年经营性收入 5 万元以上。

五、聚力脱贫攻坚，人大代表在行动

在脱贫攻坚工作中，人大代表不仅可以发挥监督的作用，同时也可以针对扶贫实践中出现的问题提交议案、建议和政策等，这样可以更高效率地提升扶贫工作的时效性及其对现实问题的反馈性。按照湖北省人大常委会统一安排部署，丹江口市在全省率先实施了"聚力脱贫攻坚，人大代表在行动"这一主题活动，2017 年 5 月 25 日，省人大常委会"聚力脱贫攻坚、人大代表在行动"工作部署暨现场推进会在丹江口市召开。丹江口边实践边探索，通过拓展履职阵地、抓实履职活动、提升履职成效、严格督办等工作措施，调动人大代表积极进村入户参与脱贫攻坚工作，监督各项扶贫政策落实情况，了解群众期盼、反映群众诉求，提出切实可行的意见建议。2018年"代表行动"，共收集、提出了225件问题及代表建议，并得到全部办理，有力促进了一批群众所思所盼的突出问题得到落实和解决。《中国人大》《人民代表报》等刊发了丹江口市"聚力脱贫攻坚，人大代表在行动"的基本做法及取得的成效，丹江口市先后2次代表湖北省在全国人大有关会议上进行经验交流，多次在省、十堰市人大各类会议上作经验介绍。

六、加强驻村扶贫干部"负面清单"管理

2016年，丹江口市出台《丹江口市"四双"驻村帮扶工作负面清单管理办法》。所谓"四双"帮扶是指，"双包、双建、双带、双促"帮扶。"双包"：单位包村、干部包户；"双建"：帮助和扶持贫困地区建强农村基层党组织、建好农村新型经济合作组织；"双带"：市场主体带动扶贫产业发展、能人大户带动贫困户脱贫致富；"双促"：促干部作风转变、促群众增收脱贫。通过负面清单管理，划明工作"红线"，增强派出单位和驻村工作队及包户扶贫干部参与脱贫攻坚帮扶工作的责任感、紧迫感，确保各项帮扶责任和帮扶措施落实到村到户，如期实现户脱贫和村出列目标。

负面清单涵盖"四双"驻村帮扶干部履职尽责情况、工作任务完成情况、追责问责情况和遵纪守法情况等，出现以下情况具体情形的，一律纳入"四双"驻村帮扶工作负面清单管理：第一，在市脱贫攻坚指挥部每月随机督查暗访过程中，发现常驻队员未按要求驻村且未履行请假手续的；未与镇（办、处、区）作息同步的；其他包户干部每月入户不少于一次，抽查对象被发现入户每少一人次的。第

二，在省、十堰市、丹江口市领导调研和明察暗访中工作出现纰漏，受到省、十堰市、丹江口市点名批评的；受到省、十堰市、丹江口市书面通报的。第三，由于"四双"驻村帮扶工作队、包户干部扶贫政策宣传不到位或处事方式不当，引发群众到中央、省、十堰市越级上访的；被媒体曝光或引发网络炒作，并造成恶劣影响的。第四，"四双"驻村帮扶工作不扎实、走过场、流于形式，在驻村考勤、工作日志等方面资料弄虚作假的；在群众满意度测评中，满意度在90分以下的。第五，围绕全市脱贫攻坚工作，每个工作队每年向市扶贫攻坚指挥部办公室报送工作信息不足4条的；未按要求向基层组织建设组报送相关材料的。第六，工作队员、包户扶贫干部不按照"四双"驻村帮扶要求积极开展工作，不作为、慢作为、乱作为的，问题比较突出、相关责任人被市、镇提醒约谈的；被市、镇给予通报批评、诫勉谈话的；被市委责令召回，或被给予停职、免职处理的。第七，在开展驻村帮扶工作期间，不遵守工作生活纪律，违规吃喝、收受礼品、吃拿卡要、行为不检点，损害党员干部形象，受到组织处理的；受到党纪政纪处分的；受到法律追究的。

丹江口市、镇两级均可运用丹江口市"四双"驻村帮扶工作负面清单管理办法，对纳入负面清单管理的相关情形进行累计扣分，结果直接计入工作队年终考核总分，并与"四双"驻村帮扶工作队工作经费保障和年底评先表优挂钩，考核等次从高到低划分为一、二、三、四共4个等次，被评定为第四等次的，年终党建考核实行一票否决。

从空间社会学的理论角度看，本章以政治空间为逻辑起点，贯穿绿色空间、经济空间的转型与发展及政治空间自身的拓展，进一步说明政治空间即地方政府治理在脱贫攻坚中发挥的突出保障作用。具体而言，通过脱贫攻坚的组织体系建设与领导示范，丹江口的绿色转型发展获得了优良的政治空间及其内在动力，政治空间不仅调动了地方经济社会与绿色生态转型与发展的动力，同时也为其转型发展承担了潜在责任与风险。正是因为有了政治空间的保障，该地区的绿色空间和经济空间的转型与发展才获得了"高位推动"的显著优势，从而在尊重原有经济空间与绿色空间的基础上，在充分应对生态与发展政策所带来的空间限制下进行的空间重塑，如生态旅游产业的发展；同时，在丹江口市领导干部的有效作为和积极担当下，也进一步拓展了丹江口的政治空间，如强化组织机制，创新工作模式等。在脱贫攻坚工作中，政府主导是中国特色扶贫开发道路的重要特征，而正是在地方政府的主导下，既有战略、资源环境和政策约束下的空间劣势得到了转化，进而在新的条件和阶段呈现了新的空间优势和发展潜能，经济社会发展的利贫性才得以显现。

第三章

夯脱贫攻坚之基：
基础设施建设与减贫

　　基础设施作为区域发展的重要基础，被视为推动脱贫攻坚工作的一大抓手。引人注目的是，丹江口的基础设施建设突出了"绿色"理念。自精准扶贫工作开展以来，丹江口市坚持聚焦深度贫困，持续加大投入，全面加强基础设施建设和公共服务设施配套。一是推进"九有"项目建设。2017年，在56个重点贫困村大力推进"九有"项目建设。投资5.3亿元，建成党员群众服务中心19个、村卫生室16个、文化广场和文体设施56个，新修通村公路302公里，实施贫困户安全饮水工程22754户、光纤宽带入户14299户，兴建集中安置点小型沼气集中供气工程5个。二是实施"六到农家工程"。2018年，在全市非重点贫困村全面推进安全饮水、电网改造、村组公路、宽带网络、安全住房、环境改善"六到农家工程"。共投资6152万元，实施安全饮水工程建设项目22个，集中供水覆盖率达到97%；投资1010万元，新建、维修改造村级党员群众服务中心38个；投资3.08亿元，新建农村公路214条356.5公里；投资3260万元，实施农村危房改造1536户；投资2026万元，实现所有村宽带网络全覆盖。三是制定《丹江口市深度贫困村脱贫攻坚三年行动计划》，每个深度贫困村成立脱贫攻坚工作领导小组，由一名市级领导担任组长，对5个深度贫困镇（区）、14个深度贫困村给予领导力量、政策、项目、资金等倾斜，严格落实"新增脱贫攻坚资金主要用于深度贫困镇、村，新增脱贫攻坚项目主要布局于深度贫困镇、村，新增脱贫攻坚举措主要集中于深度贫困镇、村"要求，按照每个深度贫困村每年不低于200万元，三年原则上统筹总投入不低于600万元进行资金统筹整合。2017 年、2018 年在 14 个深度贫困村共实施"五基"（基本产业、基础设施、基本公共服务、基层组织、基层乡村治理）项目 276 个，投入项目资金 28351.8 万元，深度贫困村的基础设施和公共服务得到提升完善。2018 年在白杨坪林区、盐池河镇等 5 个深度贫困镇（区）实施扶贫产业、基础设施等项目 331 个，总投资 3.24 亿元，有效补齐贫困地区基础设施"短板"，攻克深度贫困。

第一节 打通致富路

　　道路是贫困地区与外界联系的重要纽带，也是治贫减贫的重要力量。近年来，丹江口市坚持交通先行理念，突出交通建设的先导地位，着力构建"三阳"（郧阳、襄阳、南阳）物流和旅游的重要交通节点，重点实施"西靠、东拓、北连、南接、中贯通"工程，铺就"绿色崛起"的高速路。"西靠"即向西靠拢十堰城区，重点建设丹土一级路（太和大道），改造提升土（土关垭）武（武当山）公路、丹郧公路；"东拓"即向东拓展与襄阳的交通衔接，重点建设丹老（老河口）、丹谷（谷城）一级路；"北连"即向北打通到河南淅川、陶岔的通道，连接南阳，重点建设土陶高速公路、丹陶公路，改造提升罗（石鼓镇）仓（淅川仓房镇）公路；"南接"即向南通过官山镇、盐池河镇，连接房县和神农架，重点改造提升 209 国道，打通浪（浪河）盐（盐池河）房（房县）公路；"中贯通"即贯通环库城镇群，重点建设库周生态环线公路。

　　2015 年，根据湖北省、十堰市、丹江口市相关脱贫攻坚工作要求，丹江口市交通运输局根据其承担的脱贫攻坚职责及全市交通运输事业发展实际情况，全力推进 5 个新开工重点项目和 16 个续建项目建设，总投资约 55.4 亿元。其中，5 个新开工重点项目分别是武十城际铁路、武当山南神道景区公路、S302改线段（丹江口—老河口）、城区物流中心、丹江口库区规范性航道。交通续建项目共16个：库周公路东环段（东环一级路）、土武一级路、汉江公路、库周公路凉习段和江南段枫土路、六均路、浪盐路白杨坪段路、牛河接线路、土牛大桥、阳西沟大桥、孙家湾大桥、土凉大桥、陈家港物流港、汉丹港、丹陶路。

除以上项目的投资建设，农村公路作为许多贫困村最基础甚至是唯一的交通方式，受到市委、市政府的重视。丹江口市194个行政村现已全部开通"村村通客车"，已通农村客运班线111条，通村客车161台2631座，通村客运车辆线路改扩建共462.5公里，投资约757.4万元。农村公路建设里程288.3公里，投资约4324.5万元。在主要乡镇建设集客运、物流、商贸、邮政、快递、供销等多种服务功能于一体的综合服务站，鼓励各类资本依法进入快递领域，实现了农村物流网络全覆盖。强化监督检查、审计监督，建立完善交通扶贫统计制度，确保项目完成质量和资金高效运行。通过构建"外通内联、通村畅乡、班车到村、安全便捷"的交通运输网络，丹江口市着力提升交通运输体系的服务能力和水平，显著改善农村生产生活条件，为脱贫致富打下了坚实基础。

2016年，市交通运输局在市委、市政府及上级交通部门的坚强领导下，坚持"交通先行"理念和"对接十堰、策应沿江、辐射周边"的总体思路，把握"适度超前、统筹协调、民生为本、改革创新、可持续发展"的基本原则，认真贯彻落实市委、市政府精准扶贫各项工作安排，全力推进23个重点交通项目建设（包括汉十高铁、3条一级公路、10条二级公路、150公里农村公路、4座桥梁、2个码头、高铁南站、1个物流园和100个候车亭），累计完成交通固定资产投资49亿元（其中地方性交通投资20亿元，汉十高铁丹江口段完成投资29亿元）。初步形成了以公路为主体，铁路、水路为补充的综合交通网络。交通运输在经济社会发展中的基础性、先导性和服务性作用显著增强。

2017 年全市共计推进交通重点项目 36 个，其中续建项目 12 个，新建项目 14 个，深入研究及办理前期要件项目 18 个，完成交通固定资产投资 34 亿元，争取上级补助资金 4.2 亿元，融资贷款到位资金 12.77 亿元。其中，开工建设十浙高速公路项目，推动了我市农业产业的发展；加快推进汉十高铁武当山站、丹江口南站配套工程建设；加快环库生态旅游公路的建设；完成 S279 浪盐段建设，开工 S279 盐房段建设项目，打通丹江口市盐池河镇、白杨坪林区这两个重点贫困镇（区）的脱贫攻坚南北通道；完成土武一级路建设，进一步完善江南工业走廊，促进浪河镇、丁家营镇工业园区的发展；江北一级路是一条串联江北各镇的快速通道，项目建成后将极大地促进江北柑橘、核桃等农副产品销售，推进江北农业发展；S280 习家店至大沟道路建设，将实现丹江口市最后一个乡镇通达二级公路的目标，加强大沟林区与城区及其他乡镇的联系，顺利实现丹江口市脱贫摘帽。

农村公路建设情况：确定建设重点贫困村通村公路 278 公里，建设一般贫困村通村公路 232 公里，主要用于对农村撤并村、自然村未通硬化路的通畅工程和农村产业发展路的建设；按照 1∶1 配套了农村公路养护资金，强化了农村公路养护资金保障；完善农村公路安全生命防护工程建设 1111 公里，保障百姓出行安全；高标准建设浪河镇漂流路、官山镇南神道景区公路、大明峰景区公路等旅游资源路，极大地带动了旅游资源的开发，增加镇、村集体收入；强化通村道路、候车亭、群众服务中心、文化广场等基础设施建设，推动"四好农村路"建设。

按照丹江口市委、市政府和市扶贫攻坚指挥部工作安排，市交通部门负责的重点贫困村"九有"工程道路于 2017 年 7 月全面开工，通村公路 278 公里，其中新建和改扩建道路 102 条，新建桥梁 13 座，主要建设内容为新建、改扩建重点贫困村通村、通集中安置点道路，以及配套完善安防设施。在加大重点贫困村通村公路建设的同时，市交通部门于 2017 年初以《丹江口市交通运输局关于做好"四好农村路"建设工作的通知》（丹交发 C20175 号）切块下达各镇（办、处、区）一般通村公路建设计划 116 公里，由各镇（办、处、区）作为建设主体单位，2017 年已完工。经过多年建设，丹江口市已实现撤并村、规模以上自然村 100% 通硬化路的目标，实现农村行政村村村通客车的目标，并保持所有客车持续运营，进一步完善了农村交通基础设施，确保了贫困村出列。

2018 年丹江口市交通运输局紧紧围绕市委、市政府"467"重点工作目标，着力打造与经济转型发展和生态环境保护相适应，与完成精准扶贫、精准脱贫攻坚任务相促进，与旅游发展格局相协调的"水陆并进、内畅外联、安全便捷、绿色生态"的现代综合交通运输体系建设。交通重点建设项目共计 41 个，其中续建项目 19 个、新开工项目 7 个、加快前期工作项目 15 个，完成投资 60 亿元。全市七件大事"一桥一道三路两站"建设项目中，龙山大桥加快施工，环库绿道节点完成，十淅高速、六均一级路顺利推进，环库公路江南段试通车，汉十高铁丹江口南站、武当山西站配套工程预计春节前完成土石方及站区场平；其他重点项目 S279 龙仓段路基完工，S279 盐房段、丹陶公路等正加快推进；全年完工建设项目 9 个（沧浪洲步行桥、环库路江南段二期、环库绿道蔡湾示范区、S337 丹江口二桥至凉水河段、S304 油长路、土武一级路附属工程、"九有"道路、补短板道路等）。

根据丹江口市委、市政府统一安排部署和《丹江口 2018 年决战决胜脱贫攻坚农村公路建设实施方案》的要求，市交通部门共计批复各镇（办、处、区）"撤并村通畅工程、20 户自然村通畅工程、通村客运线路联网成环"建设线路 217 条，建设里程 356.46 公里，工程总投资约 30750 万元。2018 年，丹江口市已成功创建湖北省"四好农村路"示范县，下一步将按照省厅计划全力推进提档升级工程建设和美丽农村路建设。

一、绿色标准落地丹江口

绿色施工对丹江口来说显得格外重要。土武路位于丹江口水库上游西侧，上跨水库上游多条支干线，保护水源地的生态环境也对绿色施工的要求更高。在土武路的修建过程中，首都的建设标准也带到了丹江口，除了要让路修得更平整、水平更高外，施工过程中的环保要求也成为了硬杠杠。"在图纸上就已经考虑到怎么给丹江口来次全套的'绿色路'。"土武路项目经理说：设计人员在确定道路施工走向时，就琢磨着如何降低对植被的影响，在前期进场时，则把北京施工中使用的绿色安全文明施工标准搬过来，除施工工地上洒水降尘、及时清扫外，一些钢筋加工厂等场站也做到100%的硬化和覆盖。

京企攻克穿山技术难关。距离丹江口库区十公里的陈家湾，山峦叠起。大山深处的路被结实的岩石阻挡。想要让路通，关键点就是打通穿山隧道。"这条路跨越南水北调中线工程水源地丹江口库区，而这个隧道则是个不小的难点。"这条全长29.205公里的一级公路，连接着丹江口和武当山，是316国道的组成部分，而陈家湾隧道恰恰是最大的难点。与北方山体宽大不同，丹江口的山要小一些。需采取"M形双连拱"。先在"M"的中间位置爆破施工挖出中洞，再分别向两侧的隧道开挖修好，这样下来两个洞几乎相连，要比分体式二三十米的距离小得多。且由于陈家湾隧道洞口属五级围岩，稳定性不好，技术水平不够很容易坍塌，在施工队几经商量后，最终确定了一套历时一个多月的开挖准备方案，先建好30米深的大管棚向山体深处注浆，让这部分岩石更结实再开挖。

依据绿色标准施工建设。陈家湾隧道洞口，山体上喷锚了混凝土，以固定周围土体。这是为了尽量减少对水土的影响，把山坡开得陡点进行喷锚，就能少开挖山体，受影响的植被也就更少。在喷锚时，会将砂石料直接混合搅拌成混凝土，浇水既能加强混凝土砂石料凝固性，也能减少工地上的扬尘。

二、护一库清水，建生态公路

作为南水北调中线工程核心水源区，在坚持交通先行理念，推进脱贫攻坚工作的过程中，为保护库区生态环境，保证一库清水永续北流，丹江口市始终保持初心，以"生态、环保"谋未来，走上了绿色发展之路。丹江口环库公路正是这一"初心"的集中体现，它跨越丹江口市、郧县、郧西、武当山特区四地，全长429.1公里，由16段组成，其中涉及丹江口境内的公路有十淅高速、环丹江口库区生态环保公路、六里坪镇至均县镇一级公路、江北一级路、土凉大桥等。因环库公路沿线生态环境比较脆弱，所以这条路从项目规划设计到实施建设，始终围绕着建生态门槛最高的路、建人文景观最亮的路展开。

道路施工建设与生态保护同步推进，是其最大亮点。环库公路丹江口市辽沟大桥，按正常直线设计，仅有200多米长，建设中将会移走两岸的一座山，这样一来就会对环境造成巨大的破坏，经过不断优化，最终采用弃直就弯进行建设，合理避开了大挖大填带来的生态破坏。展现地域文化特色是其另一亮点。在设计丹江口市凉水河至习家店公路时，设计者充分挖掘源头水文化和古均州文化，凸显地域文化底蕴，规划设计的凉水河镇三棵树服务区，在修建公路挖方位置平整地方建立服务点，以宣传库区水文化为主题的浪花腾鱼雕塑为装饰元素，以重点培植的三棵树为代表性绿化点，借地名打造三棵树服务区，使其成为一道亮丽风景线。整条公路按照生态、环保、旅游公路标准建设，三季有花、四季见绿，并配套建设观景平台、游客服务区、游步道、自行车道等附属设施。此外，环库公路连着国道，连着高速公路，十分便捷。

交通基础设施建设，不仅可以弥补经济社会发展短板，更是经济社会发展的必备条件。环库生态环保公路改变的不仅仅是人们的出行方式，还会带来农民致富、产业调整、生态转型等经济社会发展更多的期盼，为之提供更加坚实的发展"大底盘"，未来，还将成为经济社会发展的新亮点。连江北、穿城区、通江南，全长 19.7 公里的丹江口市东环一级路，形成贯穿丹江口市城区北、东、南部的交通大动脉，激活丹江口市半个城区。

第二节 架起致富桥

丹江口市全境有汉江、丹江两江交汇，境内水系庞杂，优良的山水资源养育了这一方人民。同时，因地质条件复杂、不利大型交通项目建设等，全国大型交通工程如襄渝铁路、福银高速、316 国道等都沿丹江边缘绕道而行，给全市交通建设发展带来了困境。因此，突出交通建设的先导地位，除公路建设外，以铺设桥梁为辅，大办交通、办大交通，全力破解交通瓶颈。丹江口市内的主要水体都因南水北调的历史使命而成为了重点生态功能保护区，因此与水相关的桥梁工程建设都遵循了绿色与生态的发展理念。

一、汉江大桥

丹江口汉江大桥位于丹江口水利枢纽工程下游 6 公里处，东接沿江大道（孟土路），西接丹沈路及东环路，是 241 国道和丹江口生态环保旅游环库公路（东环段）贯通的重要控制性工程。汉江大桥为高低双塔双索面斜拉桥，全长 929 米，主桥长 770 米，桥面宽 24.5米，主桥主跨覆盖通航水域宽度 490 米，按一级公路标准建设，设计时速 80 公里，工程总投资 4.4 亿元。大桥的建成对推进丹江口市"一江两岸"规划的总体实施，加快水源区城市建设，改善投资环境，缓解交通拥堵、拓展城市发展空间均有重大意义。该桥于 2017 年 4 月 8 日正式通车。

二、孙家湾大桥

2012 年 4 月 18 日，六里坪镇孙家湾大桥正式开工。孙家湾大桥总投资 2300 万元，建设工期为 22 个月，由江苏省太平洋建设集团承建，长江勘测规划设计研究有限责任公司设计。孙家湾移民大桥是丹江口市目前唯一一座跨高速公路最长的预应力混凝土箱型连梁大桥，全长 249 米，桥面宽 9 米，上部结构为 8 跨×30 米，采用预应力混凝土箱型连续梁，梁高 1.6 米。大桥桥面纵坡为 3.976%，荷载等级为公路一级，设计洪水频率为百年一遇，跨汉十高速公路桥长为 52 米，宽 9 米，采用预应力砼简支小箱梁。大桥总投资 2300 万元，孙家湾大桥的建成通车将大大改善孙家湾安置点 2000 余名群众的出行问题，也将带动六里坪镇生态农业园项目发展，被称之为连接两岸移民的"幸福桥""致富桥"。

2015 年孙家湾大桥基本完工，累计完成投资 1900 万元；2016 年，六里坪镇南水北调中线工程移民内安控制性重点项目——孙家湾移民大桥建成通车，来来往往的车辆满载村民的致富梦想通过大桥。

三、沧浪洲生态湿地步行桥

2014 年，为进一步优化和发挥沧浪洲生态湿地公园及附近岛屿的亲水休闲功能，丹江口市在主城区启动建设一座步行桥连接沧浪洲生态湿地公园，方便市民游园休闲生活。沧浪洲生态湿地步行桥项目一经提出，就备受市民关注。该项目由北京市海淀区对口援助。2016年初，丹江口市政府将该项目确立为"六件大事"之一，由丹江口市交通运输投资有限公司投资建设，长江委长江勘测规划设计研究院设计，联投湖北省路桥集团有限公司承建，监理单位为长江工程监理咨询有限公司（湖北）。

2018年9月19日，丹江口沧浪洲生态湿地步行桥，正式开通。步行桥全长1313米，桥面宽8.3米，位于长江最大支流——汉江中下游、丹江口大坝下游2.9公里处，工程投资约1.4亿元。其中镂空钢桁架主桥长290米，宽8米，由56个红色镂空钢桁架环拼接而成，象征56个民族坚定不移跟党走，携手共筑"中国梦"；引桥长1030米，采用35米简支钢箱梁，同时加宽3米跨至11米作为观景平台。大桥像一条橙色长虹跨越南水北调中线核心水源区丹江口坝下汉江两岸，成为当地居民出行健身、游客亲水观光的"绿色"通道。这是"中国水都"丹江口市以水文化为载体已建和在建的八座跨江人文景观大桥之一。

自建成以来，以其绝美的外形和特殊的位置景观成为了不少游客来丹江口的首选"打卡地"。横跨坝河之上的沧浪彩虹桥，与均州大桥、汉江大桥、水都大桥一起横跨南北，把丹江口的老城区和新城区紧密地连在一起，形成了"虹桥飞跨南北通，蛇河穿城东西流"的美丽景观。

四、龙山大桥

丹江口龙山大桥位于丹江口水库汉江干流上，水深约70米，大桥水下基桩施工难度大，其水深超过平均水深约43米的港珠澳大桥和水深约30米的长江大桥。龙山大桥连接江北凉水河镇和江南龙山镇，大桥距离丹江口水利枢纽坝址（水路）30公里。大桥全长829米，按双向四车道设计，桥面总宽24.5米。

龙山大桥是打造鄂西生态文化旅游圈、构建"大十堰"、"两小时经济圈"、推进宜居宜业宜旅的工业生态旅游城市建设的重点工程项目，于2018年1月开工建设，由湖北路桥承建的丹江口龙山大桥主墩首节双壁钢围堰，在2018年12月1日建成下水，标志大桥正式进入水下承台施工的新阶段，这是丹江口市目前建成的整体重量最大、建造周期最短的大型钢结构"巨无霸"。该桥已于2020年下半年建成通车。

五、丹江口水库特大桥

丹江口水库特大桥是十淅高速公路控制性工程，十淅高速公路作为丹江口市交通供给侧结构性改革的重点建设项目，已纳入《湖北省综合交通运输"十三五"发展规划纲要》项目库，是"十三五"期间高速公路建设重点项目之一。

丹江口水库特大桥跨越"南水北调"中线工程源头丹江口水库，位于丹江口大坝汉江上游约24.4公里处，桥梁总长度1076米，主跨760米，桥面全幅宽31.6米，计划总工期为42个月，投资估算20.8亿元。大桥南岸位于丹江口市龙山镇白果树村，北岸位于丹江口市凉山河镇寨山村，跨越丹江口水库，社会关注度高，工程建设环境和水源保护工作难度大。为降低施工风险，节约项目建设费用，在考虑不同桥型的经济性、安全性等因素下，最终将丹江口水库特大桥确定为双塔双索面部分地锚式混合梁斜拉桥。大桥采取"一跨过江"的设计，桥墩位于汉江水库南北岸边，不仅满足了库区行船的需求，而且也满足了对库区水质的环保要求，建成后将成为继丹江口汉江大桥、丹江口沧浪洲生态湿地步行桥之后的又一座交通景观地标桥梁，也将是世界上跨度最大的地锚式混合梁斜拉桥。该桥于2019年8月25日正式开工建设，预计2022年10月大桥贯通。

第三节　送来希望光

电力设施既是脱贫攻坚当中，贫困户日常生活所需，同时也是重要的生产能源和动力能源，电力不仅可以照亮生活，更是带来了贫困村和贫困户脱贫致富的希望。

一、初期准备阶段（2015 年）

2015 年，随着精准扶贫具体工作的展开，围绕丹江口市扶贫攻坚指挥部的工作要求，电力公司开展相关工作：一是积极争取全市范围内尤其是农村贫困地区的农网升级改造工作，完成农网升级改造的可行性研究申报以及评审工作，总投资额 1.65 亿元，在资金到位后，全面展开大规模的农网升级改造；二是配合各乡镇，多种办法解决生态搬迁户建房临时用电和永久性用电问题；三是配合丹江口市扶贫办及相关乡镇做好光伏发电扶贫项目前期准备工作。

二、实施建设阶段（2016 年至 2019 年）

在丹江口市委、市政府领导下，丹能公司认真贯彻落实湖北省人民政府国家电网公司战略合作框架协议、湖北省农村电网改造升级行动计划（2015—2020 年）、鄂电司办（2015）1 号文国网湖北省电力公司关于全面加快农村配电网发展的意见，加大农村电网建设与改造，积极解决贫困村和贫困户生产生活用电问题，不断提高农村电网供电能力和供电质量。

（一）全力推进农网升级改造，助力精准脱贫

为认真贯彻落实鄂电司办（2015）1号文国网湖北省电力公司关于全面加快农村配电网发展的意见，丹能公司召开了全市配电网建设与改造工作启动大会。投资2046万元的2016年县域配电网建设改造工程已全面完工，新建、改造供电台区49个，惠及供电户数2342户。投资449万元的2017年第二批"机井通电"工程投资449万元，新建、改造供电台区24个，已按里程碑节点顺利完成，共计灌溉农田1830亩。易地扶贫搬迁配套供电工程投资3280万元，新建、改造供电台区73个，惠及精准扶贫搬迁户4400户。易地扶贫搬迁临时电源工程截至目前已投资2760.5万元，项目改造后惠及供电户数8996户。户表全覆盖改造项目投资8728万元，已惠及电力用户20.6万户。随着农网改造全面开展，农村特别是58个重点扶贫村的中低压电网逐步实现更新改造。截至2017年底，完成建设总投资1.45亿元，丹江口市通生产用电自然村覆盖率100%，基本消除存量配电网供电"卡口"和低电压现象。

2018年开工项目总投资1.39亿元：完成易地扶贫搬迁10千伏专项工程5471万元，新建、改造供电台区138个，惠及供电用户6013户；完成光伏扶贫高压接电工程332万元（线路部分），实现光伏扶贫项目10千伏接入上网；完成光伏扶贫公用变增容工程187万元，确保所有光伏电站全额上网。完成2018年第一批配电网建设改造工程投资4396万元，新建、改造供电台区43个，惠及用户6365户。2018年第二批配电网建设改造工程投资3586万元，新建、改造供电台区6个，目前已全面开工，改造后惠及用户416户。2019年农网升级改造在建项目2个批次、总投资7592万元，已完工工程户均容量由改造前的0.57千伏安提升到2.53千伏安，供电可靠率由改造前的85.8%提升到目前的99.807%。综合电压合格率由改造前的94.5%提升到目前的96.1%，有效缓解了农村低电压和用电卡口等问题，为各

乡镇"扶贫车间"提供了充足的电能支撑，助力了精准脱贫进程。

（二）服务易地扶贫搬迁，做好配套电源建设

全市精准扶贫搬迁户13747户（集中安置12776户）。2017年第一批易地扶贫搬迁配套供电工程陆续开工，投资3280万元，2018年该工程竣工，新建、改造10千伏线路37.02公里、配变76台、低压线路133.11公里，项目惠及搬迁户4420户。政府投资的易地扶贫搬迁建房临时电源工程已完工并完成自验收工作，截至2018年已批计划677份，投资额3405.16万元，新建、改造10千伏线路21.87公里、配变30台、低压线路94.84公里，已解决搬迁户11000户用电需求。易地扶贫搬迁10千伏专项工程5471万元已完工，新建、改造10千伏架空线路79.44公里、配变138台、380伏架空线路171.05公里、电缆129.91公里，完成了易地扶贫搬迁永久性用电全部工程。2017年至2018年丹江公司累计实施易地扶贫搬迁项目总投资8751.98万元，解决搬迁用户需求12732户40331人，有效改善大沟林区、凉水河镇、习家店镇、盐池河镇等贫困区域的居民用电。

（三）做好光伏发电并网工作，助推光伏脱贫

丹江口市是南水北调中线核心水源区，是国家重点生态功能区，推广光伏发电意义非同寻常。在光照资源条件较好的村庄因地制宜开展光伏扶贫，既符合精准扶贫、精准脱贫战略，又符合水源区生态环保要求和国家清洁低碳能源发展战略，既有利于扩大光伏发电市场，又有利于促进贫困人口稳定增收。在精准扶贫工作中，丹江口市紧紧围绕"绿色扶贫"工作思路，充分利用国家支持光伏产业扶贫政策，将太阳能光伏发电项目确定为重点扶贫产业项目之一，在农村科学布点、精准推进光伏电站建设。为此，丹江口市国税局成立了光伏项目服务专班，专门负责受理和协调处理相关服务需求，主动与建设单位和施工单位取得联系，做好前期税收宣传、办税辅导等涉税事项的优

质服务工作。

丹能公司成立工作专班，组织 3 个电力配套设施施工队，服务光伏电站前期和并网工作，于 2017 年 6 月 26 日全面提前完成全市 58 个重点扶贫行政村、总容量 3550 千瓦的光伏发电扶贫项目接入并网工作，其中，接入村级 60 千瓦峰值光伏扶贫电站 42 座、70 千瓦峰值光伏扶贫电站 1 座、90 千瓦峰值光伏扶贫电站 1 座，乡镇集中式光伏扶贫电站 5 座（120—240KWP），光伏电站发电电量 18 万千瓦时。截至 2018 年，全市 58 个光伏扶贫电站发电电量 332 万千瓦时，2017 年结算上网电量 82.98 万千瓦时、电费 34.49 万元，预计将增加贫困村收入约 325 万元。2018 年，按国网公司要求对 56 个贫困村的光伏发电项目改为 10 千伏接入上网，实施光伏扶贫高压接电工程，新建 10 千伏架空线路 8.83 公里、柱上开关 49 台。同时，实施光伏扶贫公用变增容工程，对 22 台变压器进行了增容改造（总容量 2200 千伏安），解决了部分光伏电站因配变容量不足导致发电量不能全额消纳的问题。

截至 2019 年 8 月，供电公司共受理光伏扶贫发电用户 53 户，共计接入容量 4750 千瓦峰值，接入变压器容量共计 7730 千伏安，其中 51 个已投运，2 个 300 千瓦峰值光伏扶贫项目正在建设中。累计上网电量 493.76 万千瓦时，已结算上网电费 167.73 万元。光伏电站扶贫模式针对性强，收益稳定，给贫困户持续脱贫提供了稳定增收的资金来源。

随着光伏项目的引入，过去资源匮乏、产业薄弱的习家店镇下绞村发生了翻天覆地的变化。昔日偏僻的荒山坡上，一排排闪闪发光的蓝色太阳能光板星罗棋布，与易地扶贫搬迁工程建起的移民新房交相辉映，托起了贫困户增收致富的希望。2018 年，下绞村利用农户闲置的宅基地和荒山坡，建起一座占地约两亩的 60 千瓦村级光伏电站。光伏发电技术成熟，投资回报率高，无需太多劳动力，一次性投入，永久性受益，受到村民普遍欢迎。

截至 2018 年，习家店镇板桥村，嵩坪镇余家湾村、新店村，凉水河镇惠滩村已建成 4 座 60 千瓦村级光伏电站，全部并网发电；凉水河镇汉江村、均县镇庙坪村等 9 个村正在进行光伏电站设备安装；土关垭镇姚河村、浪河镇银梦湖村等 7 个村正在进行光伏电站基础施工，另有 18 个村正在规划选址。

第四节　引来润心水

丹江口市素有"中国水都"之称。青山和秀水是丹江口市最亮丽的两张名片，然而这里也是有名的贫困区。在丹江口市众多的致贫因素中，水是导致贫困的重要因素，在服务南水北调中线工程建设中，丹江口市有 9 万多内安移民被安置在二高山居住，这里"听水响，看水流，人在山上为水愁"，高山生态较差，严重缺水。加之许多原有的泉水、溪水、小河、水井逐年枯竭，饮水难和饮水不安全问题成为影响农民生产生活和经济发展的最大障碍和最大水利短板。截至 2016 年，丹江口市仍有 53427 人饮水安全需要巩固提升，其中精准扶贫易地搬迁 49170 人。

水，关乎民生民命，更关乎着丹江口市精准扶贫工作的成败。自精准扶贫工作开展以来，丹江口市委、市政府全面贯彻落实科学发展观和以人为本、人水和谐的饮水安全理念，按照统筹城乡发展和全面建成小康社会对农村饮水安全的总体要求，推进农村饮水安全工作，把解决贫困群众吃水用水难纳入群众脱贫的硬性指标，多措并举、全力推进农村饮水安全服务精准扶贫工作。丹江口市水务局紧紧围绕市委政府决策部署，不等不靠，创新举措，精准设计，超前实施，高位推进精准脱贫供水全覆盖，为全市脱贫摘帽提供了坚实保障。

为完成好这项实实在在的民生工程，丹江口市精准设计，科学规划，精准施策，编制完成了《丹江口市精准扶贫农村饮水安全专项规划》和《丹江口市十三五期间农村饮水安全巩固提升工程规划》。结合实际，提出了"建设大水源、铺设大管网、建设大水厂"的总体思路，环丹江口库区、环汉十路、丹郧路沿线乡镇通过集中库区提水、库库联网建设大水源、大水厂措施提高集中供水覆盖率。环武当山南部山区和北部高山乡镇采取建设小型集中和分散水源工程方式解决饮水问题。让水质优良、水量充足、取用便捷的农饮工程散布丹江口广袤大地上，为30多万农村群众送去了汩汩清泉。

一、饮用水水源地保护措施全面强化

近年来，湖北省丹江口市以保障城乡饮水安全为己任，突出水质安全稳定，大力实施"生态立市"战略，把水生态环境建设作为核心任务，确保丹江口天更蓝、山更绿、水更清。

（一）全面开展库底清理工作

移民搬迁安置工作完成后，丹江口市立即安排部署水库库底清理工作。涉及的建构筑物清理、卫生清理、固废物清理、林木清理全面完成，2013年6月通过国家验收。建构筑物清理完成305万平方米。卫生清理共清理沼气池1985处、粪池21496处、牲畜栏29764处、坟墓18094座、传染性污染源涉及的坟墓256座、医疗卫生机构44处、医院垃圾21.3吨。固体废物清理共清理生活垃圾25351立方米、工业固体废物52处19766立方米。林木共清理85300亩，为确保水质安全打下了坚实基础。

（二）严格防治和控制工业污染

累计投入环保资金3.4亿元，新上环保设备30多台套，关停企业 120 余家；坚持生态招商，拒绝不达标企业落户。

（三）积极开展生活污染防治

全面规划建设城镇污水处理设施。建污水处理厂 14 个、乡村污水处理站 20 个，在移民搬迁安置工作中建设"污水末端处理设施" 47 个。科学规划建设乡镇垃圾处理工程 11 个。

（四）全面实施水污染防治和水土保持"十二五"规划

"十二五"规划涉及该市共 7 大类 48 个，规划总投资 6.44 亿元。其中污水处理设施项目 14 个，垃圾处理设施项目 6 个、工业点源治理项目 5 个、水土保持小流域治理项目 2 个、入河排污口整治项目 7 个、水环境监测能力建设项目 1 个、库周生态隔离带建设项目 13 个。

（五）重点治理官山河流域

由于历史原因，官山河流域是丹江口市入库河流中唯一不达标河流。为保持水质安全，丹江口市专门成立以书记为政委、市长为指挥长的官山河流域治理工作指挥部，全面推进官山河流域治理。通过治理，官山河水质由Ⅳ类提高到Ⅲ类，2015 年 2 月至 3 月水质达到了Ⅱ类，取得了阶段性成效。

（六）大力开展水土保持工作

以小流域为单元，在 55 条小流域实施山、水、林、田、路综合治理水土保持工程。治理面积 1000 余平方公里，有效防止了水土流失。

（七）切实加大林业生态建设

累计完成封山育林 270 万亩，退耕还林 41.85 万亩，人工造林 64.71 万亩，全市森林覆盖率已由 39.3% 提高到 50.5%。丹江口水库水质常年保持在Ⅱ类饮用水标准，是全国水质最好的大型水库之一，是南水北调中线工程理想的水源地。

（八）全面开展"清水行动"

自2013年7月中旬开始，在全市范围内全面开展"清水行动"，2015年又着力开展"保水质、迎调水"百日攻坚和库底清理"回头看"活动，对水源区水质从源头上严格把关。一是开展污水处理厂、垃圾填埋场专项整治行动。对已建成的污水处理厂实行24小时全天候实时监控，加强垃圾填埋场渗滤液监管，严肃查处偷排和超标排放行为。二是开展饮用水源地专项整治行动。对集中式水源地依法依规严格控制，在一级保护区内与供水设施无关的建设一律强制拆除；对现有农家乐，以及饮用水水源二级保护区内已建成的排放污染物的建筑设施，进行专项集中整治。三是开展建设项目环境影响评价和环保设施竣工验收专项整治行动。严肃查处建设项目环境违法违规行为，切实提高规划环评、建设项目环评和"三同时"执行率。四是开展破坏生态环境违法行为专项整治行动。对违法用地、违法开山（含违法采伐）、违法建设（简称"三违"）问题进行全面严肃整治。

（九）建立健全长效机制

一是严格实行总量控制，努力实现减排目标。以城镇生活污水处理和规模化畜禽养殖污染治理为重点，深入推进水污染防治工作。制订了《总量减排工作方案》，确定了丹澳医药公司迁建项目废水治理等10个重点减排项目，明确了责任单位和工作任务。2013年削减化学需氧量1623吨、氨氮72.2吨、二氧化硫141吨、氮氧化物22吨，圆满完成了上级下达的减排目标任务。二是严把红线关，牢固"源头控制"。在新建项目环境准入上，坚持"预防为主"的原则。特别是对库区水质有影响的项目坚决不予引进、不予审批。在库区核心水源保护区，已连续多年实现对水体污染项目零审批。

二、农村饮水安全巩固提升工程全面推进

2016 年 6 月，《2016 年农村饮水安全巩固提升工程实施方案》通过十堰市审查，并获批复（十发改审批〔2016〕63 号），批复投资6012 万元。解决受益人口 18.23 万人，其中：新增受益人口 5.46 万人，涉及 131 个贫困村，贫困户 9100 户 3.033 万人贫困人口（包括易地搬迁贫困人口 2.47 万人，分散贫困人口 0.56 万人）。截至 2016年年底，已完成 18 个镇（办、处、区），3.033 万人农村居民饮水安全问题，完成总投资 7120 万元。2017 年 4 月，《2017 年农村饮水安全巩固提升工程实施方案》（丹发改〔2017〕56 号）通过市专家审查，并获批复，批复投资 7976.1 万元。解决受益人口 10.899 万人，其中精准扶贫人口 3.5703 万人，建设 205 处工程，解决建档立卡贫困村 56 个，贫困户 3.5703 万人，截至 2017 年年底，已完成 56 个重点村饮水困难人口 20718 户（含非贫困户）54955 人，完成总投资5207 万元。2018 年农村饮水安全巩固提升工程项目，年度批复投资6152.41 万元，解决受益人口 6.94 万人，其中解决建档立卡贫困人口 0.44 万人，巩固提升建档立卡贫困人口 6.5 万人。

2019 年，按照湖北省人民政府《关于巩固提升农村饮水安全工作意见》（鄂政发〔2016〕63 号）、省水利厅《关于认真做好 2019年度农村饮水安全巩固提升项目前期工作的通知》（鄂水利函〔2018〕481 号）文件的要求，丹江口市水务局以全市农村饮水安全巩固提升工程"十三五"规划和精准扶贫专项规划为基础，按照"户户通自来水，人人饮放心水"的要求，结合"十一五""十二五"期间项目的建设情况，编制完成了《丹江口市 2019 年农村饮水安全巩固提升工程实施方案》，并下达批复实施，当年已完成建设投资 860 万元。《实施方案》中通过供水管网延伸、改造、配套、联网等措施，统筹解决部分地区仍然存在的工程标准低、规模小、老化失

修以及水污染、水源变化等原因出现的农村饮水安全不达标、易反复等短板问题，重点解决好"两不愁三保障"问题排查中涉及贫困人口饮水问题。

三、农村饮水安全评价工作全面开展

丹江口市委、市政府高度重视农村饮水安全工作。市委成立了以市委副书记任组长的全市农村饮水安全工作建设领导小组。市政府把饮水安全工作纳入任期目标考核内容，层层签订责任书，并把农村饮水安全工作作为向全市人民承诺办理的十件实事之一。坚持每月召开一次例会，研究解决饮水安全工作中的各种问题。市领导经常深入项目乡镇和工程建设现场实地指导、督办。各乡镇办也成立了工作专班。市水务部门组建 8 个工作督导专班，实行班子成员包片联系制度，实行一月一巡查、一月一通报、一月一会商，全市上下形成了齐抓共管的良好工作局面。

丹江口市水务局根据国家饮水安全巩固提升政策和精准扶贫政策，立足市情，统筹考虑，实行整村推进，按照"能集中不分散、能自流不加压、能延伸不新建"的原则，提出了"建设大水源、铺设大管网、建设大水厂"的总体思路，充分利用现有能够利用的供水设施和资源，科学合理改造利用现有的设施和资源，对每个乡镇、每个行政村都实行全覆盖解决，每处供水工程都统筹考虑解决贫困户和非贫困户的吃水问题，做到不留死角、不落一户、不漏一人。要求管网入户，户户通水。10 户以上全部采取建设集中供水工程解决；10 户以下 5 户以上采取建设小型集中供水工程解决；5 户以下采取分散水源工程解决。

为保障农村饮水安全项目实施和资金需要，丹江口市按照"多渠引水"保投入的原则，除积极争取国家、省专项补助资金外，重点以地方债券或者其他方式为载体进行融资，三年内共筹措到位资金

2.6亿元。各级的关心重视和坚实的资金基础保证了精准脱贫供水全覆盖的超前实施和高位推进。目前，丹江口全市2016年、2017年两年内投资计划全部下达完；2016年、2017年、2018年基本完成的目标已实现；新建或改造水厂已基本完成通水，集中供水覆盖人口达到29.531万人，集中供水覆盖率达到97%。

通过政府、市场两手发力，促进了农饮工程正常运营管护；通过落实维修养护基金，防疫检疫部门检测等措施，保障了农村安全饮水工程的水质安全，使得全市农饮工程持续高效地为农村百姓安全饮水发挥作用。截至2018年年底，丹江口市农村饮水安全精准扶贫项目已建成工程194处，完工率100%。市农村饮水安全水质检测中心和卫计部门水质监测水质合格率达到100%。

四、补短板项目全面实施

为解决因人口增加导致管径细、水量不够，以及水质不达标的问题，2018年启动补短板项目，持续到2020年，使用三年时间解决存在的问题。丹江口市水务局编制了饮水安全补短板项目三年规划方案，其中2018年计划投资6000万元，2019年3000万元，2020年3000万元。

2018年主要是改造集镇管网老化问题。年度下达批复投资6152.41万元。解决受益人口6.94万人，其中贫困人口0.44万人，巩固提升人口6.5万人。建设分二期实施。其中一期总投资1747.61万元，建设内容为3处集镇水厂改造及管网延伸（盐池河镇三岔河水厂及管网延伸工程、龙山镇水厂及管网延伸工程、浪河镇大花园管网改造工程），已于2018年10月底全面完成。二期总投资3524.8万元，建设6处集镇管网改造及延伸工程（六里坪、均县镇、石鼓镇、浪河镇、丁家营镇、凉水河镇），也已全面完成任务。另外，按照市指挥部2018年1号会议纪要要求，精准扶贫0.44万人的分散供水工程由各镇（办、处、区）负责实施，2018 年 6 月底都已经完成并通水入户。2019 年补短板项目主要是改造部分村级和居民区管网老化问题，改造部分人口增加导致管径细的问题，改造部分人口增加导致水量不够的问题。2020 年主要是建设供水泵站自备电源、水厂水质化验室、常规检测设备。

第五节　织就信息网

2014 年，为进一步加快农村信息化建设步伐，充分发挥信息化对农村经济社会发展的促进作用，使信息化成果更好地惠及广大农民群众。丹江口市人民政府办公室根据《湖北省人民政府办公厅关于印发湖北"国家农村信息化示范省"建设实施方案的通知》（鄂政办发〔2013〕24 号）和《十堰市人民政府办公室关于印发〈十堰"湖北农村信息化示范市"建设实施方案〉的通知》（十政办发〔2014〕44 号）要求，结合实际，制定《丹江口市农村信息化建设实施方案》。提出要利用一年半时间建成覆盖市、镇、村三级信息网络体系，建立一支具有专业技术的农村信息化服务队伍，建立健全农村信息服务长效机制。重点是在全市建立 14 个农村基层信息示范服务站，发展湖北智慧农村网、"党群通"、"产业通"用户合计 1.6 万户，农村 3G+4G+光纤网络覆盖率达 95% 以上。通过示范站的探索和带动，以点带面，形成全市推进农村信息化建设的良好氛围，全面提高农村信息化应用水平，增强农民致富能力，促进农村经济发展。

2017 年至 2018 年，在市委、市政府的重视和推动下，在相关部门的大力配合支持下，各项工作取得了实质性进展。

一、示范站点建设超额完成任务

丹江口市建成了 7 个镇、20 个村级信息服务示范站点和一个信息广场，"幸福新农村"电视终端用户已达 5700 多户。帮助近 1500 多名农民找到了满意的工作岗位，直接带动农副产品销售达到 1000 余万元，农民群众通过"一体机"浏览、查询各类政策、办事、补贴、农技等信息 1 万人次以上，点击观看党员教育、文化娱乐类视频 2 万人次，为贫困山区惠农政策查询、农民就业、进城医疗、学习农技、销售农产品提供了便捷、有效的帮助和服务，试点村群众不出门就能问事、查事、办事，深受广大群众欢迎。

二、对资源整合进行了探索

丹江口市党员远教网、水都大集网、丹江政务网（部分），尝试在技术层面进行融合，实现网络终端设备资源共享。目前，农民在村部除可看到湖北省 26 个厅局对外公布的涉农信息外，还可看到、操作党员远程电教网、水都大集网和部分政务信息。

三、市级信息服务平台基本建成

丹江市开发了"智慧水都·丹江口"信息服务平台，初步提出对丹江口市 30 个单位的涉农信息、服务资源进行整合开发，通过平台进行传递，通过信息查询机、网络电视、智能手机等终端，使信息和服务进村、入户、上手，实现涉农信息服务资源共建、共享、共用，建成了集"党务""政务""村务""商务""财务""法务""农务""事务"等"多务合一"的涉农信息化服务体系，形成丹江口市个性化的特色。"智慧水都·丹江口"农村信息化服务平台，已成为涉农部门服务"三农"的高效通道和信息集散中心，成为解决"最后一公里"的有效手段。

四、100 个村级站点全面建成

2016 年 1 月，丹江口市政府将"建设 100 个农村信息化村级示范站点"列入"2016 年市政府十件实事"之一。当年 9 月，信息员选配、培训工作都到位，信息服务查询机安装完毕，已全面投入使用。

五、党群中心借助网络促发展

近年来，丹江口市致力加强基层党组织阵地建设，以提升组织力为重点，进一步突出政治功能，规范农村党员群众服务中心建设，着力将基层党组织建设成为宣传党的主张、贯彻党的决定、领导基层治理、团结动员群众、推动脱贫攻坚和改革发展的坚强战斗堡垒。2015 年，丹江口市深入推进全省电子商务进农村综合示范试点县（市）建设，结合基层服务型党组织建设，以党员群众服务中心为依托，新建农村电子商务服务代办示范点 36 个，培养电子商务代办员 72 名。电子商务服务代办示范点为群众提供多项便民服务，拓展了党员群众服务中心服务功能。同时，研究制订"百村万户"计划，健全网络服务体系。目前，该市 87 个村（社区）接入光纤网络，55 个村（社区）接入宽带网络，网络覆盖率达到 76.6%。

在 2017 年，丹江口市就先后筹措 1200 余万元资金，按照"多务合一"标准，新建和改扩建农村党群服务中心 40 个。同时，大力推进"互联网+党建"行动，加大通信光纤进村建设，实现了农村党群服务中心无线 WIFI 全覆盖。根据提档升级计划，该市于 2018 年投资 1000 余万元，新建农村党群服务中心 21 个、改扩建 17 个。项目建设坚持"经济、实用、美观、安全，自然、生态、绿色、和谐"的理念，本着"缺什么、补什么"的原则，由组织部门牵头规划、住建等部门专业技术人员进行现场勘察，严格遵循关于党群服务中心建设的"六个一律"要求，严禁超面积超标准建设、严禁进行豪华装修，确保基本设施齐全和基本功能发挥。

六、电商扶贫助力绿色产品行销各地

丹江口市是国家秦巴山区扶贫开发重点县，丹江口水库是南水北调核心水源区，为了保证一江清水永续北送，一些工业项目不能落地，发展受到限制。在库区，曾经是群众致富主导产业的网箱养鱼也被全面取缔，迄今已有16万口网箱被清理。无论是对原本就贫困的山区群众，还是对上岸的养鱼人来说，都需要找到新的致富路子。围绕"外修生态、内修人文"发展方略，以推进"大众创业、万众创新"为抓手，通过驻村帮扶、技能培训、产业培育、政策扶持、大户带动等方式，引导农民调整产业结构，发展特色种植养殖和乡村旅游业，化山水资源优势为经济发展优势，通过"绿色增长"加快脱贫步伐。

自2014年11月入选全国电子商务进农村试点县市以来，丹江口市加快实施电商进农村工程。为鼓励贫困户发展电商，丹江口市专门制定了奖补政策，贫困户发展电商的每户可奖补5000元。针对过去电商平台过多、流量分散、服务不全等问题，该市建立了全市电商扶贫信息数据库，将收集的20个乡镇114种（类）特色物产信息和82个特色种养大户（合作社）信息，对贫困户、电商企业和市场共享；2015年重点打造"水都大集"等多个电商平台，配套建有电商孵化园、丹江特产展示体验馆，孵化企业及个人网商227家。对网销售额达到5万元至100万元的网商，市里分别给予5000元至50000元不等的奖励，迄今已发奖100多万元。在政府的着力培育下，一批优秀网商从孵化园脱颖而出。网商范仁富的"百蜜源蜂蜜"入驻孵化园后，年销售额从过去的 5 万元猛增至 40 多万元；网商王马江网销艾叶 200 万斤，年赚 30 万元以上，带动数百贫困户脱贫增收；网商廖莉通过阿里、淘宝等平台网上销售丹江口蜜橘 80 万斤，鸡蛋 20 万枚；网商曹玉松的"掌上丹江口"从 1 人入驻发展成 10 余人的电商公司等。此外，在旅游景点建立地方特产线下体验馆，展示了 200 余种丹江口地方特产；2015 年至今在京东等知名电商平台销售本地特产 5740 余万元；50 家企业入驻电商孵化园，带动就业创业 2200 余人。

据统计，"水都大集"开通两年多来，网络交易额累计达 3.6 亿元，加上其他知名电商平台的销售，丹江口本地特产年网销额逾亿元，电商物流站点覆盖 86% 的村，带动就业创业 9000 多人。2016 年经商务部考评，丹江口市电商进农村绩效评价得 82 分，居全省第二，仅次于通山县。2017 年双 11 网购大战中，央视公布的一项 TOP20 排行榜令丹江口人自豪不已——100 个国家级贫困县电商销售数据显示，丹江口市以 990.41 万元名列第九，系湖北省唯一上榜县市。

截至 2018 年，全市农村发展个人电商 163 家，其中贫困户 32 家。通过电商，原本"藏在深山无人知"的特色农产品，搭乘互联网的快车，火速进城。而衣服、鞋子等日用品，甚至洗衣机、电视机等家电也通过电商走进了村民们的生活。老百姓交换的是物资，得到的是实惠。

一根网线，联通的是大千世界；一台电脑，叩开的是增收之门。搭乘着全国电子商务进农村示范县这辆快车，丹江口市让农特产品"接网触电"，使现代农业"换挡升级"，逐渐探索出了一条"电商+支部+贫困户+能人"的精准扶贫新模式。

本章以基础设施建设为核心聚焦，重点阐述了交通空间在本市脱贫攻坚中的基础性与必要性，固有自然与生态环境，甚至是区位空间是较难改变和重塑的，但是基础设施，尤其是水电路网等则可以在很大程度上改变空间的固有格局，进而发挥特定空间中的资源与生态优势，甚至是发展潜力得到激发。丹江口大力发展交通运输建设，通过全面加强基础设施建设和公共服务设施配套，构筑起较为完善的现代综合交通运输网络体系，有效地改善了农村的生产生活条件，从而改善了人们的生活空间，重塑并拓展了交通空间，也显现出交通空间在经济空间发展中的基础性、先导性和服务性作用，为脱贫致富打下了坚实基础。同时，丹江口市的交通空间在绿色空间与政治空间的共同制约下发展，基础设施建设过程中对生态元素的重视，使交通空间再造中突出了绿色生态与政治使命的发展理念，与绿色空间和政治空间紧密相连。此外，丹江口市紧紧围绕"绿色扶贫"的工作思路，将绿色空间建设作为核心任务，充分利用政治空间支持光伏产业发展，通过加强信息化网络空间，发展电商扶贫的新模式，销售绿色产品，实现对本地区经济空间的再造。

第四章

克脱贫攻坚之难：
绿色产业扶贫与工业绿色化

基于保护水质的需要，"有树不能伐，有鱼不能捕，有畜不能养"，明显增加了脱贫的难度。保水质，生态这条"绿线"必须保；促民富，环保这条"红线"不能碰。把脱贫攻坚工作作为全市一号政治工程和民生工程，以绿色脱贫为主线，不断改革创新扶贫开发的机制和方式，把脱贫攻坚与生态建设、易地搬迁安置、旅游开发相结合，"让绿水青山成为丹江口的金山银山"。

第一节　绿色发展，规划先行

2015年丹江口市人民政府印发《关于做好2015年度秋冬造林暨2016年度"绿满丹江口"工作的通知》，2016年11月丹江口市人民政府印发《丹江口市畜牧业绿色发展示范市创建工作方案》。绿色发展与生态文明建设早就成为了丹江口市党委和政府高度贯彻的发展理念。2017年国家改革与发展委员会印发《丹江口库区及上游水污染防治和水土保持"十三五"规划》，2018年十堰市人民政府印发了《十堰市环丹江口库区绿色发展行动计划（2017—2020年）》，丹江口市为十堰市环丹江口库区的重点区域，是南水北调中线工程核心水源区所在地。为贯彻落实习近平总书记关于长江经济带发展要"共抓大保护、不搞大开发"和"两山"理念的重要思想，深入转变发展方式，进一步加强保护和合理利用山水资源，促进环丹江口库区产业协调发展、区域联动发展、山水城乡一体化发展，实现南水北调中线工程水源地"在保护中发展、在发展中保护"的可持续发展目标。该计划提出，坚持生态优先，绿色发展。立足维护国家生态安全，严守生态红线，坚持用生态经济和可持续发展的理念谋划环丹江口库区经济发展，把资源承载能力、生态环境容量作为经济发展的重要依据，谋划发展生态产业、低碳产业，建设绿色家园，改善人居环境，打造人与自然和谐相处的绿色发展示范区。2020年，丹江口辖区内的汉江集团产业转型取得新成绩，农夫山泉生态工厂改造完成，武当大明峰景区开业迎宾。圆满承办第九届中国生态文明论坛十堰年会绿色发展分论坛，荣获2019年"中国美丽山水城市""中国县域旅游竞争力百强县市"称号，获评湖北省生态文明建设示范市。

该计划对辖区内的发展做出了四个方面的定位：

第一，生态文化旅游发展区。以生态建设和环境保护为前提，围绕大水、大山、大人文的独特优势，深入挖掘道家文化、太极文化、远古文化、郧阳文化、汉水文化、移民文化等文化内涵，大力发展生态风光游、休闲度假游、历史文化游和乡村休闲农业游，打造精品景区景点，形成环库旅游景观集群。以"武当山"和"太极湖"为核心，发挥龙头带动作用，全面辐射环库景点，加强各景点之间相互联动，推动环丹江口库区全域旅游建设，实现山、水、城互动，人文与生态相映，形成集观光、休闲、养生于一体的生态文化旅游发展区。

第二，特色生态循环农业发展区。大力推进农业供给侧改革。以生态化、标准化、优质化、区域化、特色化、品牌化为方向，加快环丹江口库区农业结构调整。大力发展以林果、蔬菜、药材、茶叶、食用菌、草牧、水产（饮）品为主的生态农产品加工业。扩大无公害食品、绿色食品、有机食品生产，促进农业生产经营专业化、标准化、规模化、集约化。完善环丹江口库区信息基础设施体系与物流配送服务体系建设，大力推进农村电商发展，提高农民收入、促进农民就业。

第三，健康服务产业发展区。利用环丹江口库区优质的生态条件、良好的区位优势，积极探索养生、养老、医疗、家政、健身、旅游等各种服务业的深度融合和互动发展。鼓励和支持社会资本参与，充分开发武当道家养生文化与丹江口市的优质医疗资源，建设一批有特色、有品位的专业健康服务机构，吸引全国有消费能力的老年群体进行异地休闲养老。创建 1—2 个有影响力的国内、国际体育赛事品牌。支持企业开发养生保健食品、传统理疗服务、老年健身活动等健康产品和服务，形成健康服务产业集群。

第四，特色产业小镇集聚区。在环丹江口库区周边，围绕生态文化旅游业、特色生态农业和健康服务产业的三大定位，培育一批绿色产业和特色小镇。完善特色小镇的基础设施和公共服务，吸引有实力的绿色产业企业安家落户，为小镇经济发展提供有力的经济支撑和充足的就业岗位。鼓励城镇居民积极创业创新，围绕三大产业提供特色民宿、民俗产品、农林特产等相关产品和服务。统筹库区周边的产业小镇差异定位、联动发展，承接周边山区群众就近城镇化，并实现脱贫致富。

其重点任务如下。

一、构建绿色交通廊道

（一）构建环库交通网

强化交通对区域经济社会发展的完善和支撑带动作用，重点解决对外交通连接问题以及区域内部之间的疏通问题，提高辐射能力。形成内有环库路、中有国省道、外有高速路的格局，加强机场与公路交通的通畅连接，形成环丹江口库区水陆空协同发展的立体交通体系。

（二）健全环库生态公路网络

加快推进环丹江口库区生态环保公路（秦巴山库区生态环保路）

建设，形成连接丹江口库区与汉江沿岸丹江口市、郧阳区、郧西县、武当山特区 4 个县市区 17 个主要乡镇的环形骨架公路网，全长 429 公里，其中：规划一级公路 76 公里、二级公路 353 公里；新建或改扩建公路 331 公里（一级公路 76 公里、二级公路 255 公里），路面改善 98 公里。向外与陕西、重庆干线公路相连，辐射区域内大部分旅游景区。

（三）推进环库生态绿道建设

建设环库生态绿道系统，结合景点、公园等自然景观、历史文化资源，通过景观改造、生态功能提升等策略，构建连通环线，并积极与周边干线公路系统相衔接，形成旅游景区内外高效衔接的旅游交通系统。配套建设游园、栈道、自行车道、观景平台、亲水平台、露营基地等设施，依托沿线的移民新村、集中安置点和精品村庄，合理布局休憩站、农家旅馆、自行车租赁站，搭建城市、景区、公园、滨江、乡村等区域间的生态旅游廊道，构建全新的低碳休闲旅游体验区，将较为集中的沿库景点区域巧妙串联。重点建设十堰城区绿道项目，在城区建设形成"五带＋十环线"结构，线路主要由城市之脊、城市水脉、城市记忆、都市活力四种类型绿道组成，近期重点建设中心城市绿色环线示范段及骨干线路，全长 233 公里。积极推动郧阳区城郊生态游憩带建设，并使生态游憩带与环库绿道有机对接。鼓励有一定经济实力的企业或库区乡镇，率先启动环库绿道示范区和城郊生态游憩带示范点建设。

（四）推进环库观光铁路建设

采用 PPP 等模式积极推进环丹江口库区旅游轨道交通项目，线路拟规划为南北两线方案，其中南线规划起点为武当山西站，经玄武湖、太极湖、七里沟至沧浪海，长约 63.5 公里；北线起点为玄武湖站，经莲花池、均州、习家店、姚家湾，止于凉水河镇小太平洋景区，线路全长约 100.1 公里。全线拟分三期建设，采取高架双线敷设，设计时速 40 公里/小时，预估算投资为 180 亿元。采用整体规划、分期建设的模式。同时，研究推进环武当山旅游观光轻轨、郧阳区滨江轻轨、郧西县旅游观光森林小火车建设，并与环丹江口库区旅游轨道相互连通，形成环库观光铁路景观串联。

（五）完善水上交通建设

推动建设一批环库区生态码头，科学规划一批水上旅游线路，将沿库区景点进行有效串联，并与环库公路、环库绿道和环库轻轨科学对接，给游客更加多元的观景体验和交通体验。

二、生态人文景观打造

（一）会展品牌打造

通过举办大型文化展、承办国际国内各种会展、活动等手段，对区域的文化品牌进行高品位策划、包装和推介，举办国际道教论坛、太极湖文化论坛、世界水资源生态保护论坛、世界文化遗产论坛、中国生态经济和谐发展论坛、国际养生论坛、武林大会等形式宣传环丹江口区域品牌。

（二）旅游品牌打造

深入挖掘环丹江口库区的自然生态资源和历史文化资源，结合环库区域的现有景观布局，以打造"全域景区"的要求为指引，打破行政区域限制，对环丹江口库区的景观进行科学布局和差异化定位，打造一批高质量的生态人文景观。重点完善环丹江口库区公路周边的景观布局，以自然要素为基础，突出特色、完善细节，提升观景体验，提高环库公路作为"中国最美公路"的美誉度，加强对公路周边景点的辐射和串联。注重凸显环丹江口库区景观的历史人文价值。支持丹江口市均州老八景复建、郧阳区郧阳府修复等一批具有历史文化底蕴的景观复建与修复项目。鼓励社会资本参与对环丹江口库区生态旅游资源的保护性开发。支持丹江口市太极峡生态旅游区、郧阳区子胥湖生态旅游新区、郧西县天河水乡等以社会资本为主导的大型生态旅游景观建设。加强武当山等龙头景区对周边景区的辐射带动作用，并在大型景区之间合理布局中小景区，使环库景区之间有效串联。对环丹江口库区周边的生态人文景观加强统筹，打破不同景区相互独立、势单力孤的局面，推动邻近景区组团发展，形成合力。通过科学规划旅游线路以及全方位多角度宣传推介，促使游客在不同景区之间有效流动，提高生态文化旅游业对区域经济社会发展的引领带动作用。

三、绿色产业及特色小镇培育

（一）优先发展绿色生态旅游产业

积极推动环丹江口库区的绿色产业发展和特色小镇培育。提升环丹江口库区生态休闲旅游区核心地位，打造旅游精品。以"问道武当山、养生太极湖"为主题形象，积极推进武当山旅游资源整体包装上市，实现旅游景区"点—线—面"的优化组合，全力推进环丹江口库区旅游开发，打造旅游精品区。大力开发环丹江口特色餐饮、民族文化餐饮、绿色餐饮、健康餐饮等，凸显餐饮的地域特色和历史文化特色。建设以汉江、丹江、堵河为主的鱼食品餐饮集聚区、城郊绿色餐饮集聚区和传统风味小吃集聚区。深入挖掘环丹江口库区乡镇的历史文化，对张湾区青龙节，郧阳区花鼓戏、凤凰灯舞，郧西县刺绣、纸扎等能反映独特地域文化的非物质文化遗产进行保护和发扬，充分展现环丹江口库区乡镇的独特历史文化。探索以个别游客资源较为丰富的环库乡镇作为试点，恢复部分传统节日庆典和赶集活动，作为环丹江口库区在文化旅游方面的宣传亮点。加快旅游产品开发建设，开发以汽车文化主题类、武当武术及宗教类、生态水源主题类的旅游产品，提高旅游综合效益。

（二）着力发展高效生态农业

积极推进环丹江口库区农业供给侧改革，扩大无公害食品、绿色食品、有机食品、农产品地理标志保护产品生产加工。大力推广武当道茶、武当蜜橘、武当山珍、丹江口翘嘴鲌、郧阳胭脂米、郧西马头羊等一批优质的特色农产品，形成具有全国知名度的地区品牌。积极推动城市物流、金融、营销、品牌、渠道、研发、咨询等专业服务业与环丹江口库区的绿色产业重镇对接，延长农业产业链，使库区农民分享二、三产业利润。支持丹江口市浪河镇建设三产融合示范镇。

（三）大力发展健康服务产业

充分利用高质量的天然氧吧等丹江口库区优异的自然生态环境、武当山道家传统养生文化以及丹江口市的优质医疗资源，践行低碳文明生活，发展生态养生旅游、健康养生产业、健康养老产业、康复医疗产业、健康管理产业、健康休闲度假产业，开发道教医疗保健产品，将道教养生功法与现代健身融为一体，建立道家养生堂、养身院等，打造"武当道教医药养生""太极湖医养结合""南水北调源头旅游"等健康品牌。支持和引导社会资本建设一批有特色、有品位的专业养老机构，在环丹江口库区周边建设多个"候鸟式"健康养生基地。支持六里坪镇武当中医疗养基地、浪河镇武当药王谷、子胥湖养生谷、官山镇武当道家养生小镇等一批大型健康服务项目建设。

（四）培育发展绿色生态产业小镇

统筹库区周边的产业小镇差异定位、联动发展。支持丹江口市柑橘小镇等一批具有鲜明特色的产业小镇发展。鼓励环丹江口库区的城镇居民积极创业创新，围绕旅游、生态农业和健康服务三大产业提供相关的产品和服务，如特色民宿、民俗产品、农林特产等。吸引有实力的绿色产业企业在环丹江口水库周边安家落户，为环库乡镇的经济发展提供有力的经济支撑和充足的就业岗位。加大城中村改造力度，完善水、电、路、气、绿化等基础设施建设和公共服务功能，承接周边山区的贫困群众就近城镇化、脱贫致富。

四、生态环境优化

（一）构筑库周绿色生态屏障

在环库周围1公里范围内，启动库周生态屏障建设，重点实施生态公益林建设工程。丹江口大坝以上核心水源区以营造水源涵养林和水土保持林为主，积极推进丹江口库区生态隔离带工程建设。建设林业生态系统，综合实施天然林保护工程、退耕还林工程、长江防护林建设工程、石漠化综合治理工程、汉江消落地带生态修复工程、矿区植被恢复与生态治理工程等。严格执行建设项目环境影响评价和水土保持的相关制度；严格限制影响山水和谐的人文景观建设项目；禁止在水源保护核心区新建不利于保护水环境的项目。

（二）保护水库消落区湿地

探索消落地综合开发利用模式和管理体制，对消落带植被进行恢复，持之以恒地保护和优化丹江口水库以及库区周边的生态环境。推进丹江口水库172米线下消落区生态治理与保护、库区岸边生物隔离带及生态屏障建设示范区、黄龙城市湿地公园等一批重大的生态环境保护和优化项目，提高土壤净水功能，保障水质安全。建立地质灾害监测预报、预防体系，加大泥石流、滑坡、地陷和库岸崩塌等地质灾害治理力度。

（三）加强水污染防治

以污染物达标排放和总量控制为核心，推行清洁生产，控制各类污染源排放，全面提升环境质量，稳定生态系统。深入实施《丹江口库区及上游水污染和水土保持"十三五"规划》，实施水土保持和重点防治工程。加强流域生态保护与修复，建设泗河流域水环境综合治理与可持续发展示范项目、神定河流域生态环境综合治理与可持续发展项目、犟河流域生态环境综合治理与可持续发展项目等。实行严格的饮用水水源地保护制度，全面清理整治更换丹江口库区渔船等燃油机动船只。提高污水集中处理率和环库乡镇生活垃圾无害化处理率。

（四）推进农业面源和工业点源污染治理

支持推进环水有机农业示范区建设，加大种养结合，生态循环农业技术推广力度，控制环库化肥、农药和农膜的使用。扩大绿肥种植面积，增加有机肥使用量。采用以生物防治为主，农业防治、物理防治为辅。鼓励生态养殖，调整渔业养殖方式、生产布局和品种结构。实施农业废弃物无害化处理。坚持预防为主、综合治理，工业项目严格行业准入门槛，全面推进清洁生产。加强固体废物及化学品污染防治。关停高耗能、高污染企业。

（五）严格控制旅游项目排放

旅游开发建设要严守生态保护红线，以生态保护为基础，控制开发规模和游客接待人数，提高观光质量，实现适度开发下的可持续发展。防治游艇污染水域环境。有效控制旅游资源消耗和景区污染排放，推广中水回用等节水技术和设施，加强景区水资源节约利用，实现景区废弃物减量化产生以及无害化处理。

第二节　做大做强优势产业，稳妥
推进绿色产业扶贫

在丹江口的产业扶贫实践中，其集中精力通过发展产业"菜单"，攻坚发展绿色产业扶贫，产业扶贫取得了良好的成效。

一、发展现有传统产业和种植业"两为主"的产业，促致富增收

把紧规划设计和保障实施制度关，丹江口市政府制定了《丹江口市精准扶贫精准脱贫产业发展实施方案》《丹江口市精准扶贫精准脱贫产业发展实施细则》，为贫困户量身定做了发展生态产业致富增收的"一村一品"政策"菜单"。重点从巩固提高贫困户传统特色产业，以柑橘、茶叶、中药材、食用菌、蔬菜、花卉苗木等种植业为主的产业提档升级；发展食草动物舍式饲养和林下生态养殖、果园生态养殖，发展增殖放养生态渔业等养殖模式，丰富了舌尖上的无公害农产品市场；在驻村包户干部"监护"下，实现了每户均有可持续增收的致富项目。

二、以"大带小"模式发展乡村生态游

以武当山5A级大景区带动辐射分布在18个乡镇的小景点。六里坪镇伍家沟村的故事大讲堂、官山镇吕家河村"汉族民歌第一村"的文化游；官山镇骆马沟村大明峰4A级景区生态游，石鼓镇太极峡太极养身、白杨坪林区金蟾峡深谷探幽游；均县镇复建的古均州城新移民均州古镇、亚洲最大人工淡水湖、南水北调中线工程"丹江口

水库"、沧浪海旅游民宿小镇、沧浪洲生态湿地公园等景区供水源头思源游；习家店镇北斗星生态果品采摘（突尼斯无籽石榴、蜜桃、柑橘）、办"三花"节观光（杏花、桃花、油菜花集中开放期）等一大批生态环保型休闲景点、果蔬采摘园相继建成，丰富了丹江口市生态游旅游市场。全市旅游产品实现互联网上订购，带动从事旅游产业链上职业人数达 2.6 万余人，其中贫困户 1.9 万人；流转荒地或耕地涉及 5000 余户 40000 亩，贫困户人均新增收 800 元。

三、加强生态农业和品牌农业的"两加强"创建，实施农产品"线上线下"销售

扩大电商户培植面，对成功注册并营业的电商贫困户一次性补助 5000 元。改变销售模式，让不曾问津的原汁原味土蜂蜜、土鸡蛋、椴木香菇和黑木耳、武当蜜橘、地理标志鱼、清香核桃等农产品走上了淘宝互联网销售，电子商务使农产品畅销世界各地。政府拿出人均 6000 元产业发展资金，作为户办产业"先干后补、以奖代补"到户资金。对贫困户发展的产业，经包户干部和村委会组成的专班验收后直补到户。2014 年贫困户人均纯收入从 2736 元增加到 2017 年年底 4000 元以上。

四、稳固发展绿色畜牧业

2016 年，丹江口市创建"畜牧业绿色发展示范市"，其创建工作的主要举措分为四个方面，从调研的情况看，当地的绿色畜牧业发展也取得了相应的成果，其具体内容分为如下五个方面。

（一）科学制定畜牧业绿色发展规划

一是积极推动产业结构调整。统筹考虑丹江口市畜牧业发展和环

境承载能力双重因素，科学编制符合绿色、生态发展理念的畜牧业发展规划，以发展草食畜牧业为重点调整产业结构。到 2020 年，全市年出栏生猪控制在 30 万头以内、肉牛 10 万头以内、山羊 8 万只以内、肉鸡 2600 万只、果园和林下养鸡 500 万只。二是全面落实畜禽养殖区域规划。严格按照《省环保厅、省农业厅关于印发〈湖北省畜禽养殖区域划分技术规范（试行）〉的通知》（鄂环发〔2016〕5号）要求，在严守生态保护红线的基础上，合理划定丹江口市禁止养殖区、限制养殖区和适宜养殖区范围。禁止养殖区内不得建设规模化畜禽养殖场（小区），已建成的必须逐步迁出；限制养殖区内不再审批和发展新的规模化养殖场（小区），养殖场（小区）年出栏生猪严格控制在 500 头以内、肉牛 50 头以内、肉羊 100 只以内、肉禽10000 只以内、存笼蛋禽 5000 只以内。已建成的规模化养殖场（小区）应按照有关规定，严格落实污染防治措施，加强治污设施运行管理，实现废弃物达标排放。适宜养殖区内可提倡适度发展规模化生态养殖，优化养殖场（小区）布局，实行废弃物集中治理和总量控制，确保达标排放。三是大力发展生态循环畜牧业。积极推广畜禽废弃物处理新工艺，对现有和新建的规模化畜禽养殖场（小区）实行一场一策、一场一规划，分别推行干清粪和生物发酵床养殖方式，配套建设干粪堆积池和沼气池。对干清粪类进行有机肥加工，并逐步代替化肥用于种植业，避免农业面源污染。加快推进畜禽养殖废弃物资源化利用和病死畜禽无害化处理工作，推广运用"粪—沼—粮（果）"和"粪—有机肥"等畜禽养殖废弃物资源化利用技术，用 3年至 5 年时间将全市所有规模化畜禽养殖场（小区）建设成为绿色、生态养殖示范区。

（二）建立畜牧业绿色发展工作机制

一是建立绿色、生态的市场准入和退出机制。根据丹江口市畜禽养殖区域规划，对已建和新建的畜禽养殖场（小区）生产行为进行规范，实行市场准入和退出机制。根据养殖规模、养殖方式与污染物处理能力等情况，坚持"同设计、同建设、同运行"，对养殖废弃物实际处理情况实施监控。二是建立统一、协调的部门联动工作机制。在市政府的统一领导下，各镇（办、处、区）及市畜牧、环保、农业、发改、财政、国土资源等部门通过召开联席会议、建立信息平台等方式，加强沟通协调，严把畜牧业市场准入关，形成政府领导、部门联动、公众参与、齐抓共管的工作格局。严格按照《中华人民共和国动物防疫法》《中华人民共和国畜牧法》《畜禽规模养殖污染防治条例》等法律法规规定，强化执法监管，依法严厉查处畜禽养殖领域违法排污行为。三是建立切实可行的政策激励和支持机制。对废弃物处理系统通过环境影响评价的规模化畜禽养殖场（小区）优先安排相关产业项目和资金；对从事有机肥生产和对病死畜禽及时进行无害化处理的企业，在土地、水、电供应及产业项目和资金安排等方面予以优先支持。

（三）严格控制畜禽养殖面源污染

一是实施规模化畜禽养殖场（小区）雨污分流和净污分道工程。新建规模化畜禽养殖场（小区）必须同步建设雨污分流和净污分道设施。非禁止养殖区内现有规模化畜禽养殖场（小区）未实行雨污分流和净污分道的，须在 2018 年以前全面完成改造，以减少排污量和面源污染。二是加大畜牧养殖废弃物就地综合利用工作力度。各类畜禽养殖场必须配套建设沼气设施。年出栏生猪 1000—2000 头、肉牛 50—100 头，蛋禽存笼 2000 只、肉禽出笼 10000 只的畜禽养殖场，沼气发酵池建设容积应不少于 100 立方米；年出栏肉羊 300 只的畜禽养殖场，沼气发酵池建设容积应不少于 50 立方米。三是提升畜牧业废弃物处理能力和水平。鼓励相关生物科技有限公司等企业对畜牧养殖废弃物进行集中收集，开展有机肥加工生产，引导广大种植业生产企业和个人逐步减少化肥使用量，推广使用有机肥，防止面源污染。

鼓励和支持利用果园、蔬菜基地、农田土地消纳沼液、沼渣等畜牧生产废弃物，逐步完善"粪—有机肥"的粪便收集、贮运、转化、利用体系。

（四）开展无规定动物疫病区创建活动

通过开展无规定动物疫病区创建活动，力争用2—3年时间，丹江口市重大动物疫病防控水平明显提高，动物防疫基础设施建设明显改善，禽流感、牲畜口蹄疫、高致病性猪蓝耳病、猪瘟、鸡新城疫、羊痘等6种重大动物疫病达到稳定控制标准，动物疫病发病率和死亡率明显降低。

（五）建立病死畜禽无害化处理体系

按照创建无规定动物疫病区有关要求，建立覆盖饲养、屠宰、经营、运输等各环节的病死畜禽无害化处理体系，构建科学完备、运转高效的病死畜禽无害化处理机制，建设丹江口市病死畜禽集中无害化处理中心和镇（办、处、区）病死畜禽收集站，切实做好病死畜禽集中无害化处理工作。

五、大力推进绿色农业产业发展

2014年，十堰市委办、市政府办印发《关于建设丹江口库区高效生态特色农业示范区的意见》的通知。示范区将重点建设6大生态农业板块基地、7大农产品加工园区、3大科技服务平台和3大商贸平台，到2020年建设取得明显进展。

丹江口规划建设6大生态农业板块基地，其中丹江口市不仅要建设绿色果茶基地，同时还要建设无公害蔬菜、生态养殖、农业观光等基地。建设7大农产品加工园区，其中丹江口市重点发展生态水产业加工园。重点发展以纯净水、养生醋、保健酒等为主的饮料食品加工业和以鲌鱼、鳜鱼、银鱼、鳙鱼、青虾等为主的水产品精深加工业。

2017年5月14日至16日，中国农业科学院科技创新工程协同创新任务——《丹江口水源涵养区绿色高效农业技术创新集成与示范》项目启动会在十堰市召开。中国农业科学院科技创新工程协同创新任务是聚焦国家农业领域重大需求和国际科学前沿，跨研究所、跨学科领域凝练的战略性、长周期、大协作的若干重大科技命题，各项命题依据中国农科院科技创新"十三五"发展规划确定的重点科技任务而编制，旨在解决现代农业发展中的关键技术问题，服务国家粮食安全和现代农业发展。

《丹江口水源涵养区绿色高效农业技术创新集成与示范》项目总投资1850万元，主要通过水源涵养区生物多样性利用与农田生态景观构建技术、区域资源环境承载力的种植养殖耦合技术、农村生活污染控制技术等绿色高效生态农业技术集成研究，打造丹江口市水源涵养区绿色高效生态农业技术模式和绿色高效生态农业评价体系，提出丹江口水源涵养区绿色高效生态农业保障机制和配套政策建议，实现生态环境与农村经济良性循环，经济、生态、社会三大效益和谐统一，为我国同类水源涵养区农业转型升级提供理论和技术支撑。

2018年丹江口市扶贫攻坚指挥部办公室印发《丹江口市农业特色产业建设技术标准（试行）》，该文件中对柑橘低产园改造与新建技术标准，从品种改良、改树、改土、改水和改路等方面提出了明确的技术标准，其中改土方面明确提出了"回填有机质或增施有机肥"；针对茶叶低产园改造及新建园技术，从树冠改造、改良土壤提高肥力、茶树园相改造等方面提出了具体要求，在土壤改良方面，该方案提出"一般一亩橘园施有机肥1000—1500千克左右，土杂肥3000千克或饼肥200千克"。对于新建茶园，其在环境要求、土壤质量、茶园开垦和茶园道路水利等方面都提出了明确的绿色发展要求，即茶叶生产园必须选择在大气、土壤、水源等无污染，农业生态环境良好且符合无公害农业环境质量标准的地方；绿色食品茶园基地土壤要求土层深厚，可耕土壤厚度在 50 厘米以上，排水和透气性能良好，生物活性较强，营养丰富，耕层有机质含量>1%，pH 值 4.5—6.0；在茶园与山林或农田交界的地段应修建隔离沟，茶园路边坡地应植树种草，茶园内根据地势应修竹节沟、蓄水池等以加强水土保持；禁止陡坡茶园开设直上直下的道路，以避免水土冲刷与茶园作业不便。园地范围内的沟、渠等水利系统设置，应与道路网紧密配合，以水土保持为中心，做到小雨不出园，大雨时能蓄能排，有条件的地方应建立茶园喷灌系统，保证茶树生长具有适宜的水肥条件。除了柑橘和茶树，对核桃种植也都提出了明确的环保与绿色发展要求。

近年来，丹江口市突出生态建设的核心地位，以打造丹江口库区高效生态特色农业示范区为主线，以建设生态观光农业、改善生态环境、创建生态家园、完善生态设施为重点，全面加快推进汉江生态经济带建设。强农富民，构建绿色产业体系。绿水青山就是金山银山。生态优势只有转化为经济优势，才能形成新的经济增长点。丹江口市充分发挥大山、大水、大人文的优势，不断扩大汉江生态经济带建设的龙头效应。

大力发展生态特色农业。以建设丹江口库区生态高效特色产业为抓手，着力调整农业产业结构，扎实推进"百万亩特色产业基地""百万亩淡水鱼生产基地""百万头牲畜养殖基地""百亿农产品加工县市"等"四百工程"建设，形成了 33 万亩优质柑橘、38 万亩水产养殖、3.5 万亩茶叶、12 万亩果园生态养鸡等生态特色产业基地。创建农产品品牌 40 个，部分有机农产品直接进入北京等地大型超市，水产品银鱼出口实现十堰地区零的突破，武当道茶成功出口韩国和欧洲国家。

六、社会扶贫助推绿色产业发展

中国人寿资产管理有限公司于 2017 年 11 月设立了规模 2 亿元的

"国寿—丹江口绿色扶贫产业基金"，致力于投资湖北省丹江口市对扶贫带动作用明显的现代农业产业等领域，为基金投资企业提供寿险、财险、银行、养老险等多种金融保险服务，推动扶贫攻坚工作深入有效开展，推动丹江口市由"输血式"扶贫向"造血式"扶贫加速转变。目前，绿色扶贫产业基金先后投资了"国寿丹泉"瓶装水和博奥鱼头水产两个重点项目。基金进驻后，"国寿丹泉"瓶装水项目不到半年销售突破 10 万箱；博奥鱼头水产品产量提升 8 倍，线上线下销售十分火爆。

作为对口支援项目，在丹江口丁家营镇铜架山村毛家坪，北京一家医药公司选择在此开发建设中药材淫羊藿种植基地。沿着蜿蜒山路，我们远远就能看到，一个个黑顶遮阴大棚在两山之间的坡地拾级而上排列，成青山绿水间一道风景。大棚内，一垄垄的淫羊藿，长势正好。该项目启动于 2014 年，2017 年开始在全村规模种植，在该基地完全成熟运营后，交给村集体经营。类似这样的社会扶贫力量开展的帮扶工作，不仅有绿色种植业，还有中蜂养殖、特产经济动物养殖等，不管是何种类型的产业，其都以"绿"为底色。

湖北医药学院经常利用"以购代捐"的形式帮助贫困户销售农产品。于是，每到收获的季节，湖北医药学院校园内就经常能看到来自丹江口龙山镇土台村的村民。农民整车整车地将这些土特产拉到学校，往往不一会的工夫，车子就一扫而空。据不完全统计，每年湖北医药学院能帮助土台村包销鲜鱼 2 万斤、西瓜 2.5 万斤、土鸡 2000 多只、猪肉 3000 多斤，仅此一项便可为贫困户带来增收 20 万元。

随着时间推移，村民们发现，因路途遥远，特别是在夏天，自己刚生产的牛羊肉还没有运到十堰城区就已经发臭了。与此同时，农村年纪大的村民想要购买网上实惠优质的商品，自己又不会上网购买怎么办？为了解决这些问题，湖北医药学院积极联系第三方电商平台，经过多方交涉比较，最终选择中国邮政的"邮乐购"项目。

2018年7月27日，湖北医药学院联合龙山镇土台村委会、中国邮政丹江口市分公司在龙山镇签署协议，根据协议，三方将联合建设土台村邮乐购农村电子商务综合服务中心，搭建服务龙山镇农民农副产品进入市场的平台，为农户提供代销代购、普惠金融、政务公开等服务。湖北医药学院出资6万元，为土台村服务中心添置了相关硬件设施。

为充分利用土台村的土地资源，湖北医药学院药学专家经过多次实地调研，发现土台村的土壤、气候特别适合种植七叶树、天丁、金银花、菊花、丹皮等中药材。建设中药材基地一方面能够利用医药院校的优势，通过对种植业的提升扶持，解决村内种植产业落后的现状，为村民找到一条长期稳定发展、脱贫致富的路子；另一方面，中药材种植基地能够涵养水源、净化水土、促进绿化，对水源地的生态保护有极大的促进作用。

2016年10月16日，该镇第一个药材种植合作社——丹江口康德药材种植专业合作社正式揭牌。湖北医药学院利用自身资源协调济世药业公司与土台村综合开发利用荒山坡地500亩用于种植中药材，并捐款25万元作为中药材产业发展种植基金，还负责遴选药材品种并免费提供种苗，抽调药学专家杨光义博士指导专业合作社规模种植中药材，负责药材质量检测，约定医药公司进行收购。湖北医药学院包户干部还多次分批赴中药材种植基地，种植七叶树种苗。自此，土台村中药材种植产业发展逐步走向正轨。合作社成立以后，以流转土地、聘请村民务工等方式，促进土台村村民增收，2015年带动土台村85户建档立卡贫困户成功脱贫，实现户均年增收8000元以上（人均增收1000元以上）。2016年，日用工需求100人以上，带动贫困户脱贫16户，实现人均增收3000元。

第三节　壮士断腕工业转型，系统推进绿色工业

　　受国家宏观调控及丹江口水库长期低水位运行影响，丹江口市电石、铝产品、发电等传统主导产业产值大幅下滑。面对严峻形势，丹江口市努力做好"优化存量"与"做大增量"两篇文章，重点培育汽车零部件及整车、冶金、农产品加工 3 个"百亿产业"，水资源利用、生物医药、电子信息 3 个"五十亿产业"。按照集中、集聚、集约发展的理念，着力培育水都工业园、六里坪工业园、东环工业园、移民生态产业园 4 个"百亿园区"。2013 年丹江口市整理工业用地 1 万余亩，新引进项目全部进入园区，城区原有企业完成 7 家"退城入园"。在 2013 年，南水北调工程耕地占用税等一次性税收减少 11.8 亿元、国家宏观调控波及传统产业减产 20 亿元的不利影响下，丹江口主要经济指标仍保持两位数增长，地区生产总值实现 150 亿元，同比增长 14.8%；地方公共财政预算收入 10.59 亿元，按可比口径同比增长 27.2%。这正是丹江口市转型发展的典型体现。

一、绿色工业的发展理念

　　"共抓大保护、不搞大开发"，"绿水青山就是金山银山"，"保一库净水永续北送"，"打赢三大攻坚战"，"实施乡村振兴战略"，"推进美丽乡村建设"……一度成为丹江口市主题教育理论学习集中研讨的"热词"，引起各级党员干部强烈的思想碰撞和情感共鸣，绿色发展也成为丹江口市各级党委和政府的一致性发展理念。绿色发展是理念，更是沉甸甸的政治担当。在丹江口市，保护生态、保护水质是雷打不动的"一号工程"。把生态保护摆在压倒性位置，切实担负起

生态环境建设的政治责任。南水北调工程实施以来，丹江口把绿色发展纳入市委、市政府决策体系，以绿色 GDP 为导向实施分类差异化考核；把主要污染物总量控制要求、环境风险评估等作为制定县域经济社会发展的重要依据；严格实行环境保护"一票否决"制，开展领导干部自然资源资产离任审计，实行终身责任追究。

青山葱郁，水清明澈，芦花深泽静垂纶。漫步在沧浪洲生态湿地公园的市民，纷纷拿出手机拍下这美丽秋色。行走在丹江口，步步皆是风景。作为南水北调中线工程的坝区、核心水源区和主要库区，多年来，丹江口市致力于开展生态文明建设，推进绿色转型发展，坚持把环保"第一审批权"作为"高压线"，先后关停污染严重的大小企业 110 多家、拒签有污染的招商项目逾百个。

破污染之源、立生态之旗。丹江口市建立了环境保护"一票否决"制度，把环境保护完成情况作为对各部门和领导干部考核评价的重要内容，全面治理水污染、全面实施大气污染治理。汉江干流丹江段、丹江口水库水质始终保持在国家地表水二类标准、饮用水水源地水质达标率 100%、2015 年城区空气质量达标天数为 216 天。

二、绿色信贷助力绿色工业发展

近几年，丹江口农商银行着力打造绿色信贷增长极，严把准入关，重点向生态环保、节能减排、产业升级、科技创新等绿色产业领域倾斜，以实际行动呵护着水都丹江口绿色经济的发展。根据上级要求，丹江口农商银行在 2016 年出台了《关于支持绿色信贷工作的指导意见》，提出 10 条大力发展绿色信贷举措，将发展绿色金融作为信贷结构调整和经营模式转变升级的重要内容，推进绿色信贷建设。

丹江口市水都工业园的湖北共同生物科技有限公司是一家专业从事甾体类医药原料及中间体的生物发酵与合成的绿色高科技企

业，是丹江口市招商引资的重点环保科技型企业。其生产的雄烯二酮（AD）在市场上颇具竞争力，产品畅销国内外市场。随着企业销量的不断扩大，合同和订单也不断增加。2017年，丹江口农商银行通过"抵押+担保"的融资模式及时为该企业注入1000万元资金解决融资难题，目前该公司已成长为创造产值3亿元的市级龙头企业。

做大做强绿色金融，可使农商银行更好服务于绿色经济和进行信贷结构调整，是实现转型发展的加速器和突破口。为此丹江口农商银行强化绿色信贷业务授信引导，强化绿色信贷业务标识管理，明确全辖绿色信贷支持方向、重点领域和限制行业，并特设了绿色信贷申报审批的"绿色通道"。

截至2018年3月，该行累计向以武当醋业为代表的农业产业化项目和以武当山泉公司为代表的天然纯净水生产的20多家绿色企业发放贷款10.6亿元，为水都丹江口市绿色发展源源不断地注入了"金融动能"。

三、绿色工业，去旧迎新

2018年4月26日下午，习近平总书记在武汉主持召开深入推动长江经济带发展座谈会上强调，把修复长江生态环境摆在压倒性位置，共抓大保护、不搞大开发，努力把长江经济带建设成为生态更优美、交通更顺畅、经济更协调、市场更统一、机制更科学的黄金经济带，探索出一条生态优先、绿色发展新路子。汉江是长江的最大支流，保护好汉江，丹江口市重任在肩，义不容辞。

近年来，丹江口人始终坚持把生态优先、保护优先、绿色发展摆在重中之重的位置，抓长效机制建设，抓绿满水都建设，抓交通基础设施建设，抓工业经济结构调整，用回归自然的绿色发展基调描绘着生态与经济齐飞的宏伟蓝图，用实际行动贯彻落实习近平总书记视察湖北重要讲话精神。丹江口市的决策者充分认识到当前老百姓对高品质生活的渴盼，擂响"加快建设宜居宜业宜旅的现代化生态滨江城市"战鼓，突出生态建设的核心地位，吹响"严守生态红线，加快推进全域生态化"的建设号角。该市先后出台了《丹江口市饮用水水源保护区管理规定》《丹江口市水源保护区划分办法》等严格的环境保护、耕地保护、水资源管理制度，生态文明制度建设日益完善；变"招商引资"为"招商选资"，筑起生态环保门槛；丹江口市先后关停污染企业110多家，以开展"绿满丹江口"行动为抓手，着力构筑水源地生态屏障。

以农夫山泉、武当鹿业、博奥水产为代表的农产品加工业迅猛发展，该市农产品加工企业发展到179家，其中规模以上企业42家，年实现加工产值100亿元。突出水资源、农副食品加工等项目招商，先后与渝川生物科技、顺鑫牧业、徐州旺达食品等12个企业完成农产品加工项目签约，累计签约金额12.21亿元。重点推进味之源食品、谷利粮油等15个项目建设，其中共同生物、香莲醋业、给力粮油、谷利粮油、树莓保健酒项目已投产，年产20万吨的丹之源啤酒项目正快速推进。

润京水业是湖北丹江能源投资集团的子公司。近年来，随着城市发展的潮流，该集团在优化电力供应这一主业的基础上，淘汰了磷化工、电石生产等落后企业，新增了一批产业链条长、发展前景好、能源资源消耗少、环境污染小的工业项目，这些不仅体现着绿色工业的转型与发展，推动经济发展方式向可持续发展的方向迈进，更推动着健康的生活方式与生活理念深入人心，实现了经济与生态的双赢。

近年来，该市将发展重心逐步向二、三产业转移，产业结构得到优化，精心培育汽车零部件及整车、冶金、农产品加工3个"百亿产业"，水资源利用、生物医药、电子信息3个"五十亿产业"，努力向生态工业、生态旅游、生态农业转型，努力向水生态转变，在天更蓝、地更绿、水更清、家更美中实现永续发展。

第四节　靠水吃水生态立市，大力 发展特色水态产业

　　丹江口市作为一个县级市，既有县域经济发展的共性，更有县域经济发展的个性。要科学选择适合丹江口实际、具有丹江口特色的转型发展之路，必须首先深化对市情的认识。第一，丹江口市是南水北调中线核心水源区，是国家重点生态功能区，承担着保障京津冀豫水生态安全的重大责任。服务国家战略的政治使命，决定了丹江口市的发展任何时候都必须把生态文明建设放在首位，原来依靠电力优势发展起来的传统工业必须加快调整转型。第二，丹江口市是移民大市，南水北调中线工程两次移民先后动迁 26 万人，占整个湖北移民任务的三分之二，达到全市总人口的一半以上，大量群众赖以生存的资源被淹没，资源环境对丹江口市发展制约越来越明显，确保移民安稳致富的任务异常艰巨。第三，丹江口市是国家秦巴山片区扶贫开发重点县市和全省脱贫奔小康试点县市，十堰市委、市政府授予了丹江口市"中国水都·十堰龙头"的发展大旗，加快发展的责任十分重大。基于对市情把握，市委、市政府顺时应势，把丹江口放在全国、全省、全十堰市的大局中进行谋划，围绕湖北"建成支点、走在前列"、十堰市建设区域性中心城市的战略部署，提出了"对接十堰、策应沿江、辐射周边"的总体思路，确立了建设宜居宜业宜旅的工业生态旅游城市的目标定位，努力把丹江口市建设成生态文明先行区、特色产业引领区、山水文旅示范区。

一、生态宜居，美丽乡村

一条条宽阔平坦的乡村道路交织纵横，一片片绿地、花坛赏心悦目，一排排整齐漂亮的农家院舍错落有致，一个个整洁亮丽的村庄生机勃勃……这些醉人的美景展示着丹江口市新农村建设成果。丹江口市先后开展农村环境连片整治、村庄环境综合整治、生态乡镇和生态村创建工作。围绕建设"美丽乡村"先后建设了两批43个"生态家园"示范村，成功探索了企业带动、产业拉动、项目推动、多村联动、镇村互动等"五大模式"，创建省级生态乡镇5个、生态村22个，十堰市级生态乡镇4个、生态村47个。生态五龙池村、亮丽狮子沟村、洁净饶祖铺村等46个村庄连片治理示范村，马家岗、西岗、财神庙、谷庙岭等165个移民集中安置新村，白龙泉水乡、江口橘乡、卢嘴田园、余家湾新村等"生态家园"示范村……一个个亮点纷呈的新农村，点连线、线带面，如颗颗耀眼明珠，镶嵌在水都大地。

二、以水为媒，借水发力，大做绿色浩渺"水文章"

滴滴清泉汇成浩渺碧波，一泓清水北上润泽京津。人们欣慰地看到，曾因关停污染企业税收大幅减少、传统产业大幅减产的丹江口围绕"水"字做文章，绿色、生态、环保，呈现科学发展重大转折。2015年，丹江口水源地入选首批"中国好水"水源地，该市全年GDP达182亿元，居十堰各县市前三位。

以水为媒，借水发力。为谋求水源地经济、社会、生态可持续发展，确保国家水资源安全，实现"南北两利、南北双赢"，丹江口市顺应发展大势、契合时代要求，提出了建设"中国水都"的战略构想。农夫山泉、源头水、武当酒业、润京水业……目前，该市已有5

家绿色加工企业、3 家酒类企业。一批水产品加工企业正在加紧建设。

"沧浪之水清兮，可以濯我缨；沧浪之水浊兮，可以濯我足。"著名的沧浪亭，早已随着古均州城沉睡在滔滔汉江之下。一座宜居宜业宜旅的新型工业生态旅游城市，正在南水北调中线源头快速崛起。武当山人文旅游环线、丹江口库区生态旅游环线、均州文化体验区、滨水休闲度假疗养体验区……截至 2019 年年底，该市已建成 4A 级景区 5 个、3A 级景区 4 个、2A 级景区 2 个，年旅游增加值超过 4 亿元。

现在人们的需求方式发生了变化，大家都更青睐好山好水、注重身心健康感受，愿意为良好的生态环境"付费买单"。青山绿水是丹江口市最好的资源，是丹江口市最大的财富，也是丹江口市最有竞争力的发展优势。守好这一库清水，努力做好"水文章"，必将迎来新的发展机遇。

三、做大做强水相关产业

2018 年，丹江口市印发《丹江口市水资源利用及水产业发展行动计划（2018—2021 年）》。计划提出，要大力发展生态渔业，做大做强特色水资源加工产业，深度开发以"沧浪文化"为核心的水文化旅游产业，着力打造百亿特色水产业集群，力争用 4 年时间，将水资源利用和水产业打造成为助推全市经济发展的重要支柱产业。其总体目标是：到 2021 年，全市渔业总产量稳定达到 2000 万公斤以上，生态渔业产值达到 10 亿元以上；水资源加工利用产业规模力争达到 100 亿元，规模以上水资源加工企业达到 20 家以上，其中，培育产值达 30 亿元以上的企业 1 家、10 亿元以上的企业 2 家；水文化旅游业收入达到 30 亿元，年均增长率达 13% 以上。

该计划重点发展生态渔业、水果种植业、水资源加工业，大力发展亲水旅游业及水文化业。努力构筑具有明显特色、综合竞争力较强的产业布局，打造百亿特色产业集群，培育重要支柱产业。

生态渔业方面。科学利用丹江口库区渔业资源，持续推进库区渔业转型发展，以增殖放养为主、精养鱼池为辅，适度建设精养高产鱼池和改良老旧库、塘、堰，因地制宜发展稻鱼（虾）共生、龟鳖等特种养殖，建设"百万亩、双万吨"（水产面积近百万亩，捕捞量1万吨，养殖产量1万吨）的优质水产品基地，打造"丹江"生态鱼品牌。

水资源加工业。坚持"四全"（全循环、全清洁、全产业链、全自动化）产业模式，加快建设企业经营规模化、技术装备高新化、产品营销品牌化、产业布局集约化的全国水产业核心基地。以优质丰富的水资源和水产品为依托，充分发挥南水北调中线工程调水源头"中国好水"品牌效应，以"源头""丹江""武当"为核心品牌，大力发展饮用水、酒类产品、库区特色饮品及调味品生产行业，做大做强特色水资源加工产业。

亲水旅游业。以创建全域旅游示范区为目标，打造"水润中国心·做客丹江口"旅游品牌。以库区临山、临林、临路、临城水面为依托，建设环库生态水景公园和生态水景带，加快开发亲水旅游精品线路和亲水旅游产品，构建立体式亲水旅游格局，着力打造中国一流、世界知名的库区水文化休闲旅游体验地。到2021年，已建成亲水旅游产业链，基本形成较为完整的亲水旅游产业体系；远期游客年承载量突破900万人次，成功创建国家级水生态旅游示范区，3A级及以上旅游景区达到13个，其中，新增4A级旅游景区1个；整合旅游资源，争创南水北调中线工程调水源头丹江口生态文化旅游5A级风景区。

水文化产业。以"沧浪文化"为核心，大力发展水产业文化，结合道教养生文化，打造国际知名的养生休闲度假地。在文化产品开发及规划设计过程中，要结合地方特色文化和自然禀赋资源，将文化元素融入产品之中，充分挖掘文化自身价值。

产业是脱贫攻坚的根本之策，同时也是推动区域经济社会发展的重要路径。从空间社会学的理论角度看，本章主要阐述了丹江口市产业与经济空间发展重建的重构在该市脱贫攻坚中的重要地位。绿色农业和绿色工业的发展，为丹江口市的绿色空间发展与转型提供了基础的经济空间。没有经济基础，绿色发展空间的理念难以落地，也将面临严峻的民意考验。在承担经济空间转型特定代价的基础上，丹江口市推动了绿色经济空间重构的脱贫攻坚实践，进而在产业扶贫工作中形成了丹江口一以贯之的特色与底色。丹江口市在脱贫攻坚中坚持绿色产业扶贫，在经济空间的重塑中具有鲜明的绿色与生态的空间属性，展现出该地区经济空间与绿色空间的交融。在脱贫攻坚中，该市坚持以绿色脱贫为主线，把脱贫攻坚与绿色空间、经济空间的再造相结合，坚持生态优先、绿色发展的可持续发展理念，用回归自然的绿色发展基调描绘着绿色空间与经济空间齐飞的空间图景。这不仅回应了当下的绿色生态和健康的发展理念，更是为地方政府的绿色经济发展探索了可行的经验。

第五章

缓脱贫攻坚之艰：
农村住房安全的保障

打赢脱贫攻坚战，逐步实现共同富裕，是中国共产党的重要历史使命，是社会主义的本质要求，是实现全面建成小康社会目标的标志性指标。《中共中央、国务院关于打赢脱贫攻坚战的决定》明确提出，到 2020 年，稳定实现农村贫困人口不愁吃、不愁穿，义务教育、基本医疗和住房安全有保障，即"两不愁三保障"。其中，住房安全有保障是实现精准脱贫不可或缺的重要组成内容。脱贫攻坚以来，丹江口市仅仅围绕实现贫困户住房安全有保障的任务要求，大力实施易地扶贫搬迁、生态扶贫搬迁和农村危房改造，有效保障了贫困户的住房安全。

第一节　啃下"硬骨头"：因地制宜的易地扶贫搬迁

作为集中连片特殊困难地区秦巴山区的扶贫开发重点县，丹江口市江北秦岭余脉石灰岩地区和江南大巴山脉高寒地区是该市贫困人口聚集的两大贫困带，自然条件严酷、生存环境恶劣、发展条件严重欠缺，普遍存在"一方水土养活不了一方人"的发展困境。脱贫攻坚阶段，丹江口市从 2016 年开始大力实施易地扶贫搬迁，始终把"搬迁只是手段，脱贫才是目的"作为指导思想，坚持以搬迁为手段，以脱贫为目的，坚持"挪穷窝"与"换穷业"并举、安居与乐业并重，搬迁与脱贫同步，提出了"三年任务两年完成"的目标，自我加压、克难攻坚、狠抓落实，如期实现易地扶贫搬迁的"搬得出、稳得住、能致富"。

一、丹江口市易地扶贫搬迁的实施脉络

易地扶贫搬迁是在贫困地区组织实施的一项重要专项扶贫工程，通过对生存环境恶劣地区的农村贫困人口实施易地搬迁，根本改善其生存和发展环境。自20世纪80年代的"三西"扶贫移民开始，截至"十三五"之前，全国易地扶贫搬迁的规模已累计达到1200万户以上。在脱贫攻坚之前，剩余贫困人口主要聚集在贫困程度深的集中连片特殊困难地区，增加了易地扶贫搬迁的实施难度。具言之，脱贫攻坚之前，贫困人口高度集中在中西部地区，山地、高原、荒漠化土地、生态脆弱区域占比高，"一方水土养活不了一方人"的发展问题凸显。同时，剩余的搬迁对象贫困程度更深。这是由于，经过之前几轮的易地扶贫搬迁，有条件、有能力搬迁的贫困人口大多数已经迁出，剩余搬迁对象生存环境和居住条件更加恶劣、贫困程度更深，按原有政策力度难以完成搬迁，属于经过多轮扶持仍然未啃下来的"硬骨头"。

丹江口市在21世纪之初推进开发式扶贫段时便开始实施易地扶贫搬迁。特别是"十二五"阶段，丹江口市易地扶贫搬迁的实施力度有所提升。据统计，在"十二五"期间，丹江口市易地扶贫搬迁共投资2885万元（中央投资2456万元，省投资70万元，地方投资379万元），共计搬迁1082户4193人。借助易地扶贫搬迁，易迁户的生产方式、生活条件发生较大转变。第一，住房质量明显提高，有效规避了地质灾害风险。第二，生存环境有所改善。易地扶贫搬迁对象原来居住在自然环境恶劣、交通通信条件落后的偏僻山区，生存和生活环境极差。通过实施易地扶贫搬迁，集中建点安置到交通便利、

资源相对较好的区域，易迁户"出行难、用水难、上学难、就医难"的状况得到明显改善，生活质量得到迅速提升。第三，加快了搬迁群众脱贫致富的步伐。搬迁之前，易地扶贫搬迁对象长期生活在交通、通信闭塞地区，与外界接触、交往较少。搬迁之后，搬迁群众思想观念逐步解放，逐渐融入市场化环境之中。一方面，部分有劳动技能的搬迁群众可以通过外出务工，改善家庭收入状况；另一方面，通过开展农业生产技术、畜牧养殖技术、果蔬种植培训技术等多样化的技术培训，从而实现脱贫致富。第四，形成了保护生态和有效利用社会资源的双赢局面。实施易地扶贫搬迁，不仅大大减轻了丹江口市山区资源对人口的承载压力，保护了森林资源，改善了生态环境，并随着搬迁群众的迁入，在搬迁安置地聚集了人气，激活了产业开发，推进了小城镇建设。

不过，这一时期，丹江口市的易地扶贫搬迁也存在一些不足之处，突出表现为：一是覆盖面十分有限，仅能够惠及较少的贫困户，大多数适宜搬迁并有强烈搬迁意愿贫困人口的搬迁需求得不到满足。二是国家补助标准低，群众负担重，因迁致贫现象较为普遍。三是安置区配套设施滞后。因国家扶持资金有限，易地扶贫搬迁项目资金主要用于搬迁群众的住房建设，基础设施建设大多依靠地方配套和群众自筹。限于地方财力困难，安置区基础设施及公共服务设施配套有待完善。四是发展致富产业难度大，后续产业扶持相对欠缺在很大程度上阻碍了易迁户"搬得出、稳得住、能致富、可发展"的目标实现。

2015 年 11 月，《中共中央、国务院关于打赢脱贫攻坚战的决定》的颁布标志着脱贫攻坚战的全面打响，易地扶贫搬迁被列为精准扶贫"五个一批"工程。同时，由于脱贫攻坚面临前所未有的挑战，以及易地扶贫搬迁本身便是一项长期、复杂的系统工程，易地扶贫搬迁也被视为"五个一批"工程中最为难啃的"硬骨头"。从 2016 年开始，丹江口市开始全面推进易地扶贫工程。

二、丹江口市易地扶贫搬迁的脱贫攻坚举措及成效

丹江口市将易地扶贫搬迁作为精准扶贫最急迫的任务、第一大战役，在确保质量安全的前提下，坚持首战必胜，严把选址规划、质量监管、设施配套"三关"，全力推进，于 2016 年 5 月启动建房，2018 年 5 月全面完成。丹江口市易地扶贫搬迁规模共计 13107 户 42469 人，采取统规统建"交钥匙"、让贫困人口"拎包入住"的方式，按照人均住房建设面积不超过 25 平方米、户最高不超过 125 平方米，建房成本按每平方米 800 元左右进行建设，于 2018 年 5 月全部完成搬迁。共建成 6 户以上集中安置点 444 个，集中安置 10453 户 33076 人，集中安置率 78%；分散安置 2654 户 9393 人。其中，2016 年完成安置 5693 户 19116 人，2017 年完成安置 6549 户 20635 人，2018 年完成安置 865 户 2718 人。

（一）组织机制

为了切实做好易地扶贫搬迁项目建设，确保项目有计划、有组织顺利实施并实现搬迁农户"搬得出、稳得住、能致富、可发展"的目标，丹江口市建立了"市负总责、镇抓落实、移民到村、责任到户、搬迁到人"的组织体系和工作运行机制，成立了丹江口市易地扶贫搬迁工程领导小组，领导小组办公室设在市发改局，具体负责易地扶贫搬迁工程项目的规划编制、计划上报、资金审核、项目实施的协调及监督检查等工作。具言之，丹江口市于 2016 年 4 月成立了易地扶贫搬迁工作领导小组，由市长任组长，同时下设办公室，由指挥部副部长、扶贫办主任任办公室主任，易迁办下设 4 个组，分别为发改局牵头的规划组、扶贫办牵头的建房进度督办协调组、住建局牵头的质量安全组、财政局牵头的资金管理组，共同对易地扶贫搬迁工作的规划设计、质量安全监督、政策解释、资金拨付工作负责。要求一

个文件一抓到底，易地扶贫搬迁任务不完成班子不散。同时，坚持督办考核抓落实。实行"每周督办、每旬通报、半月例会"的督办制度，不仅督办工程进度，更及时督办政策落实情况。建立了任务、责任、督办、正面典型、工作滞后典型等"五个清单"，实行预警通知、约谈提醒、诫勉谈话直至启动问责等措施，确保了易地扶贫搬迁工作的有序推进。

（二）政策执行

基于多个部门的参与配合，丹江口市依据《湖北省2016年度易地扶贫搬迁实施计划的通知》（鄂政办发〔2016〕19号）起草并印发了《丹江口市易地扶贫搬迁"十三五"规划（2016—2018年）》（丹政办发〔2016〕24号）、《丹江口市2016年度易地扶贫搬迁实施方案》（丹攻坚办发〔2016〕3号）等文件，对全市的易地扶贫搬迁规模和建设方式进行了明确。2017年、2018年又分别下发年度实施方案，明确年度工作任务，落实工作责任。同时印发了《丹江口市易地扶贫搬迁工程质量、安全监督管理办法》（丹攻坚办发〔2016〕27号），对易地扶贫搬迁项目质量安全进行监管，确保房屋质量有保证，建设安全无事故。在2016—2018年，采取统规统建"交钥匙"、让贫困人口"拎包入住"的方式全面启动易地扶贫搬迁。整个建设过程中，严守"人均住房建设面积不超过25平方米、建新必须拆旧、搬迁不举债、杜绝原拆原建"等红线，确保了易地扶贫搬迁政策落地不走样。

1. 逐级审核，确保搬迁对象精准。丹江口市严格按照易地扶贫搬迁认定标准，在不适宜生存地区或水、电、路、通信等基础设施和文化、教育、医疗卫生等基本公共服务设施薄弱地区建档立卡贫困人口中进行再次认定。认定坚持"两公开"（公开评定搬迁对象、公开搬迁政策）、综合运用大数据比对、多渠道公示公开等方法，逐村、逐户、逐人"过筛子"，确保搬迁户识别精准。所有易迁户与房屋均开展多轮逐户排查，全部落实到户到人，实现搬迁精准率100%。

2.统规统建，确保人均面积不超标。丹江口市易地扶贫搬迁建房工作采取的是统一规划、统一建设的"交钥匙"工程，建设标准严格执行国家五部委有关规定，要求无论是集中安置还是分散安置（包括自主购房），人均住房建设面积均不得超过25平方米。同时，严格按照25、50、75、100、125平方米5种户型进行建设。从房屋设计到实施建设，均严格把关，从源头上杜绝了超面积情况的出现。

3.交钥匙拎包入住，避免因搬迁负债。丹江口市所有易地扶贫搬迁建房均严格按"交钥匙"工程实施，房屋采用白墙红瓦的建筑风格，实现内外墙刷白、门窗齐全、楼梯护栏到位，室内通水通电、地面平整、厨房厕所能正常使用。房屋建好后，群众直接就可以入住，避免了因装修、搬迁原因出现举债现象。同时，严格执行上级要求，除收取人均0.25万元、户均不超过1万元的自筹资金外，坚决不让搬迁户产生其他负债。鳏寡孤独残等特殊困难群体，不要求自筹资金，实际征收自筹资金4551户共计3450.045万元。

4.集中安置"五靠近"，保障就业增收。结合丹江口市市情及土地承载力，按照"经济、实用、美观、安全、自然、生态、绿色、和谐"的要求，坚持依山就势、随湾就片，按照"五靠近"（靠近中心村、靠近集镇、靠近生态旅游区、靠近产业园区、靠近城区）的原则进行固化，严禁村头搬村尾及原拆原建、严禁在地质灾害频发区选址。同时，以就业和增收为核心，采取以集中安置为主、分散安置相结合的安置方式，就近就地，规模适度，实行"五靠近"。

案例5-1 因地制宜，分类实施：易地扶贫搬迁安置方式的选择

在易地扶贫搬迁安置方式的选择上，丹江口市遵循因地制宜的基本原则。以蒿坪镇为例，针对该镇易地扶贫搬迁工作中存在的土地流转难、资金筹措难等突出问题，经过深入调查和反复论

证，在广泛征求意见的基础上，明确了集中安置和部分插花迁入相结合的安置方式。例如，鉴于该镇黑垭村离集镇较远的实际情况，我市采取集中安置方式，最大限度缓解了土地流转难的问题，降低了投资成本，最大限度照顾了群众的实际需求；根据蒿坪村离集镇较近的实际，采取插花迁入方式，解决了农村长期务工群体的住所问题，同时促进了农村产业结构调整，使其逐步转向建筑、服务等行业发展，在一定程度上促进了城镇化。从目前情况来看，这两种方式有效地降低了易地扶贫搬迁的资金成本，丰富了易地扶贫搬迁的内容和层次，满足了不同群体需求，符合实际、贴近群众，达到了预期效果。

5. 配套附属设施保入住。丹江口市在易地扶贫搬迁建设期，就着重抓好公共及附属设施建设工作，提出了"两配套"（配套基础设施和公共服务、配套脱贫项目）的要求，确保基础设施完善，群众入住便利。一是基础设施同步规划。建房时同步规划、建设安置点红线范围内的水、路、电、气、网、环保、绿化、环卫等基础设施，保证基础功能齐全。二是配套设施及时建设。统一安排部署，在全市易地扶贫搬迁安置点内开展完善栏圈、菜园、农具房、红白理事房、路灯、公厕、环卫等"七个一"配套设施建设。目前，共建成栏圈11937平方米、农具房23761平方米、红白理事房7670平方米、公厕198个，配套菜园369亩、路灯2288盏、环卫设施1736套。目前，丹江口市所有易迁户水、路、电、网均已经全部畅通使用，实现了易地扶贫搬迁安置点内部公共设施配套齐全、对外连接畅通的整体格局，搬迁户就医、入学、生产生活得到了极大便利。

案例5-2 丹江口市易迁安置点附属设施及建设标准

栏圈：严格遵守《丹江口市畜禽规模养殖区域划分实施方案》（丹政办发〔2016〕68号）文件精神，在安置点内或附近，集中为有养殖意愿的搬迁户，按照每户12平方米左右的标准配建猪圈、鸡舍，配套粪污处理设施，产权归集体所有，实行统一调配，栏圈每平方米造价控制在350元之内，由市规划局统一设计2种图纸，由各镇（办、处、区）选择使用，严格执行市环保局、市畜牧局的禁养区、限养区有关规定。

菜园：各地通过村集体土地调整、土地租赁、流转、本地户与搬迁户互换等方式，为搬迁户分配人均0.05亩左右（一户最多不能超过0.2亩）的菜地。

农具房：在公共活动区域，为搬迁户每户配备10平方米左右附属用房，用来存放生产农具、农用车辆、柴火等生产生活用品。条件具备的地方，农具房可与畜禽栏圈建在一起。易迁户房屋已建有阁楼或租赁门面房的不能重复享受建设农具房政策。农具房每平方米造价控制在500元以内，由市规划局统一设计提供图纸，由各镇（办、处、区）选择使用。

红白理事房（"三用"堂）：对20—50户的集中安置点，原则上统一建设面积为80—100平方米的红白理事房，51户以上的集中安置点统一建设面积为120—150平方米的红白理事房，供搬迁群众共同使用。房屋图纸由市规划局统一设计提供，由各镇（办、处、区）负责建设，每平方米造价控制在900元左右。

路灯：遵循因陋就简、经济实用的原则，根据安置点容量，合理布置门灯、墙灯、路灯，照亮群众回家的路。

公厕：对10—20户的集中安置点必须修建一座20平方米左右的公共厕所，21—50户的集中安置点必须修建一座30平方米左右的公共厕所，51户以上建一至二座公共厕所，每座公共厕所面积不超过30平方米。公共厕所每平方米造价控制在900元左右，图纸由市规划局统一设计，由各镇（办、处、区）负责建设。

环卫设施：结合农村环境卫生整治，各镇（办、处、区）

为安置小区配备垃圾箱、垃圾池、垃圾运输车，建立环境卫生管理机制，明确环卫专门人员。

案例 5-3　安幼养老惠民生：蒿坪镇易地扶贫搬迁城镇集中安置点案例

为实现农村留守儿童、老人的幼有所教、老有所为，解决青壮年劳动力外出务工、发展产业的后顾之忧，蒿坪镇按照"统筹规划、分步实施、因地制宜、适度使用"的原则，在集镇易迁安置点建设安幼养老服务中心，制定完善的服务保障制度，招聘志愿者进行管理，有效化解了"三留守"难题，进一步提升了乡村公共服务水平。截至目前，蒿坪镇安幼养老服务中心已投入使用，"安幼之家·希望家园"占地约 100 平方米，可容纳 40 个孩童玩耍学习；配置儿童图书、漫画、杂志等益智书籍 150 余本，电视机一台，并配齐课桌以及各种玩具等设施，为孩子们提供了良好的学习、玩耍的安全去处。"养老中心"设置有棋牌室、文艺室、阅读区以及传统手工艺编制区等，丰富老人娱乐生活，增加收入。下一步，蒿坪镇还将招募大学生志愿者、卫生院医护人员、退休老干部深入安幼养老服务中心开展志愿服务，为留守老人开展义诊，辅导留守儿童完成日常作业，组织开展文体娱乐活动等，不断健全农村留守儿童和妇女、老年人关爱服务体系。

6. 资金使用抓安全。组建了"丹江口市扶贫开发投资有限公司"，作为易地扶贫搬迁实施主体，承接及管理从各渠道筹集的扶贫搬迁资金。制定了《丹江口市精准扶贫资金管理办法》，所有扶贫资金管理使用严格按要求执行，采取"集中整合、统一分配、提前预拨、切块到镇"的分配办法和"单独建账、独立核算、物理隔离、封闭运行"的运管模式，实行层层审批制度，由市扶贫攻坚指挥部审批下达资金计划，市扶贫开发投资有限公司按计划将资金划拨至市财政专户，市财政局将资金计划下达至各镇（办、处、区）财政预算"零余额"账户，各镇（办、处、区）行政一把手审批后，财政所将资金拨付至建设单位或扶贫对象。市审计、财政、发改、扶贫等部门对资金运行进行监管和监督检查，实行全程跟踪审计，确保资金流向清晰、进度明了、运行安全。

7. 强化监督抓管理。一是细化安全监督责任。把建房工程质量安全作为易地扶贫搬迁的生命线，层层签订《易地搬迁建设质量、安全目标责任书》，明确细化市、镇、村三级在安全监管上的责任，构筑"考核监督、过程监督、源头监督"三大体系，切实让搬迁工程"建得快、建得好"。二是严格落实项目管理"四制"要求。严格落实项目法人制、招投标制、项目实施合同制、工程监理制"四制"要求。对投资 200 万元以上的工程，实行公开挂网招标制；对投资 200 万元以下的工程，实行竞争性谈判，严格筛查，确保参与建房单位有施工资质，落实质量终身责任制，全力打造安全放心工程。同时成立村级建房理事会，一线监督工程质量和安全。三是积极开展质量安全巡查。出台工程质量监管办法，成立易地扶贫搬迁工程质量安全监管工作领导小组，设置江北、江南两个片区四个质量安全监督小组，从市住建局下属单位专业技术人员中统一调配 24 人，配备车辆 4 台以及 600 万元工作经费，负责搬迁工程质量、安全监督管理工作。坚持每月组织开展工程质量、安全巡查，目前已进行了 13 轮巡查，现场抽检 225 次。四是严格执行项目审批验收程序。丹江口市委、市政府高度重视易地扶贫搬迁项目审批及验收工作，多次召开专题会议，明确要求以市直部门为主、镇（办、处、区）配合的原则，规范程序，简化流程，确保项目审批验收程序完善。同时，组织市发改局、市规划局、市住建局、市国土局各抽调业务负责人到市扶贫办进行集中办公，采取简化程序、集中审批、一站式办理的方式开展了易地扶贫搬迁项目的审批工作。截至 2019 年年底，全市规模以上集中安置点均办理了工程施工许可手续，13107 套房屋均达到"交钥匙标准"，出具了工程竣工验收报告。

三、丹江口市易地扶贫搬迁的后扶措施

在后续扶持中，丹江口市着力发展基本产业、解决基本就业、保障基本公共服务、优化基层社区治理、强化基层组织建设，促进安置区特色产业加快发展，社区治理水平不断提高，促进搬迁群众稳定脱贫，生产生活条件显著改善，获得感、幸福感和安全感不断增强。特别是，着力于解决搬迁群众"两不愁三保障"突出问题，促使易迁户能够享有便利可及的基本公共服务，实现"搬得出、稳得住、能致富"。

（一）扶持产业发展

丹江口市坚持以稳得住、能发展为易地扶贫搬迁的工作着力点，坚持聚焦产业发展，切实加大后续产业扶持力度。一方面，围绕易迁户家庭增收，帮助搬迁户发展种植业、养殖业、初级加工业、手工业以及其他优势产业，开发特色产品。对有条件、自愿从事旅游服务业的易迁户，鼓励通过发展"农家乐"或参与农民经济合作组织等形式，发展乡村旅游，实现增收。另一方面，丹江口市围绕安置点发展主导产业，在安置点上建扶贫车间，确保每个集中安置点都有一个主导产业，每一户都有一个技术明白人，建立易迁户产业利益联结机制，促使易迁户如期脱贫。

首先，丹江口市出台到户奖补政策，支持易迁户发展特色产业。丹江口市委、市政府坚持"两为主、两加强"和"长短结合"的原则，发展壮大特色产业，即以现有产业（柑橘、核桃、茶叶等）为主、以种植业为主，既要大力发展见效快、收益好的特色产业，解决眼前脱贫问题；同时注重走有机化、品牌化、标准化发展之路，解决

长远致富问题。第一，注重统筹谋划，将易地扶贫搬迁后续产业发展与深化农业供给侧结构性改革、乡村振兴战略和美丽乡村建设统筹考虑，大力发展后续扶持产业。目前，按照建档立卡贫困人口人均10000元的标准①，整合扶贫产业奖补资金近10亿元。按照"先干后补、以奖代补"原则，用于支持有自主发展能力的贫困户发展柑橘、茶叶、核桃、特色养殖业等产业，夯实脱贫致富基础。第二，在支持易迁户发展产业过程中，丹江口市注重发挥农业新型市场主体的带动作用，大力培育新型经营主体。例如，在后续发展中，丹江口市落实安置区产业发展用地、融资、税收、用电等方面减税降费优惠政策，运用资金奖补、示范评定、项目扶持等鼓励方式，培育壮大一批龙头企业、合作组织、家庭农场等新型农业经营主体，提高安置区农业产业化水平，促进产业发展提质增效、搬迁群众持续增收的同时，帮助易迁户建立稳定、持续的产业利益联结机制，探索出"企业+基地+贫困户"、"合作社+贫困户"、"家庭农场+贫困户"、"能人大户+贫困户"、"旅游+扶贫"、光伏扶贫、资产收益等扶贫产业经营机制，建立租金、薪金、股金"三金"利益联结机制，确保搬迁群众从产业发展中获得稳定收益。

案例5-4 易地扶贫搬迁"拔穷根"：蒿坪镇产业扶贫案例

蒿坪镇位于丹江口市汉江北岸，是深度贫困乡镇。在脱贫攻坚之前，蒿坪镇的贫困发生率高达近40%。蒿坪镇黑垭村、寺沟村等偏远高山村组，环境恶劣，交通不便，脱贫困难。为解决这些地方群众生存难、发展难，蒿坪镇将易地搬迁与新型城镇化、美丽乡村建设相结合，采取集中安置为主分散安置为辅、就近就地、适度规模为原则，项目建设按照"交钥匙"工程的要

---

① 其中，6000元直接奖补到户到人，4000元由乡镇统筹安排使用。

求，实行统一规划、统一建设、统一质量安全监管、统一分配，高标准建设黄莺安置点、集镇安置点、余家湾安置点等9个易地扶贫搬迁安置点，共搬迁安置820户2828人。同时，蒿坪镇坚持"挪穷窝"与"兴产业"并举，安居与乐业为重。为确保易迁户"搬得出、稳得住、能致富"，蒿坪镇引导易迁户与镇内龙头企业、农民专业合作社、家庭农场建立利益联结机制，同时引进服装加工、蜂蜜加工、大鲵养殖等10个扶贫车间，确保易迁户有稳定增收项目。

以卢嘴村为例，该村建有蒿坪镇第二大易地扶贫搬迁安置点，是重点安置片区，村内安置总户为77户。蒿坪镇卢嘴村水资源丰富，2015年引进湖北豪源水产养殖公司，发展娃娃鱼养殖。2016年，该公司在卢嘴村投资建厂，第一期投产8万尾鱼苗，长势良好。2017年，该公司利用村内良好的环境优势和水质条件，进一步扩大养殖规模，目前已建成鄂西北最大的大鲵特种水产养殖繁育基地。2016年，该公司主动承担起扶贫任务。为确保易迁户稳定脱贫，该公司在2016年与卢嘴村易迁户签订协议，采取技术托管服务的方式共帮助该村易迁户中有意愿的37户饲养大鲵。从2016年开始，这些易迁户将自筹资金1200元以及三年的产业奖补资金人均6000元投入公司用于购买娃娃鱼鱼苗，实行寄养，养殖风险由公司全部承担。易迁户每年只需在公司做满24天义务工，在此期间可以进行饲养技术学习。在2017年、2018年，公司每年给贫困户入股每人分红5000元，2019年返还贫困户本钱7200元，有效促进了易迁户脱贫增收，促进"搬得出、稳得住、能致富"脱贫效果的达成。2019年，公司与易迁户的利益联结方式发生转变，采取易迁户领养模式，公司提供技术服务，并以保护价收购，大鲵养殖逐渐成为易迁户的稳定增收产业。

其次，围绕安置点发展扶贫车间（作坊），助推易迁户增收。扶贫车间或作坊是以带动脱贫为宗旨，设在乡、村的加工车间。针对农村因家庭拖累无法外出务工、因身体健康原因和年龄偏大不能从事重体力劳动、因残和因智力低下丧失部分劳动力等贫困户就业增收难题，扶贫车间能够有效拓展这类贫困户的就业渠道。为了激活扶贫车间的脱贫带动作用，丹江口市制定出台《丹江口市扶贫车间（作坊）建设方案》，要求每个镇（办、处、区）、每个较大规模的易地扶贫搬迁集中安置点建设"扶贫车间"，让贫困劳动力在家门口灵活就业，实现赚钱顾家两不误，通过扶贫车间带动，助力脱贫攻坚。目前，丹江口市已经探索出四种模式的扶贫车间：一是工厂式"扶贫车间"，即采取"企业+车间+贫困户"方式，以扶贫车间为载体，在重点贫困村吸纳贫困户再就业，进行订单加工或来料加工，从事汽车配件、电子产品配件以及农产品的加工；二是作坊式"扶贫车间"，即通过"企业+作坊（车间）+贫困户"方式，在闲置的农家庭院、集中安置点设置分散加工的居家式作坊，贫困户将剪线、吊牌穿线、纽扣装钉等简单易操作的工作带回家里加工；三是产业基地式"扶贫车间"，即根据贫困户的特点、意向，通过"公司+合作社+农户"的方式，开办"种植扶贫车间"，由农业龙头企业流转贫困户土地、山场，以种植基地为中心，传、帮、带贫困户发展产业，建立市场主体与贫困户利益联结机制，带动贫困群众增收；四是旅游业"扶贫车间"，即通过发展休闲农业和乡村旅游，推动当地贫困群众从事一二三产业融合发展，实现带动增收。在易地扶贫搬迁后续扶持中，丹江口市通过在较大规模集中安置点布局扶贫车间或作坊，帮助易迁户实现"能致富"。

案例5-5 小车间，大能量：习家店镇集镇安置点扶贫车间案例

习家店镇地处丹江口市北缘，地理位置偏远，基础条件薄弱，无工业企业，属纯农业乡镇，是秦巴山区连片特困地区中非

常典型的贫困大镇。脱贫攻坚之前，习家店镇有建档立卡贫困户4237户13768人，贫困发生率达36.8%。在推进脱贫攻坚的过程中，为了促进贫困群众的长效减贫，习家店镇党委和政府根据十堰市委、丹江口市政府脱贫攻坚"四项重点"工作安排，因地制宜大力推广扶贫车间、扶贫作坊，把工厂建在农户家中，让每一个有劳动能力的贫困群众在家门口就有活干、有钱挣，有效破解留守、残疾、年老、体弱等贫困群众的增收难题。精准扶贫中，易地扶贫搬迁是习家店镇的攻坚任务。2016年易地扶贫搬迁工作启动后，习家店镇通过广泛征求群众意见，将全镇居住条件恶劣、交通不便的23个村、有搬迁意愿的贫困户1044户3640人，集中规划到集镇进行安置。为拓宽贫困户致富增收渠道，激发贫困户脱贫内生动力，习家店镇党委和政府在集镇安置点对面建设鄂西北最大的柑橘交易大市场，吸纳集镇安置点及周边贫困户在大市场内从事柑橘打蜡、清洗、分级、包装、转运等工作。同时，大力推进扶贫车间建设，建设3000余平方米的扶贫车间，配套完善各项基础设施，免费为务工人员提供吃饭、住宿的地方，方便群众在扶贫车间就业。目前已有十堰杰依服饰有限公司、丹江口市红涛服装加工厂和义乌丹左饰品有限公司3家企业入驻办厂，提供1000余个就业岗位，人均月增收2000元。此外，安置点内还设有垒球棒球扶贫手工作坊、仁用杏扶贫加工车间、巧姐扶贫电商超市等扶贫车间（作坊），让广大贫困户下楼就能上班、出门就能挣钱。

以棒球垒球扶贫手工作坊为例，手工缝制棒球、垒球，加工技术简单易学，只要是有点缝纫、针线活儿底子的，经过两三天培训，就能上手缝制，并且还可以带回家中完成，受到广大留守妇女、老人和残疾人等困难群体的欢迎。同时，棒球垒球扶贫手工作坊的工作时间完全弹性化，工资按件计酬，人工缝制一个垒球0.85元、一个棒球0.75元，一天轻轻松松就能挣五六十元，对留守在家的贫困群众来说，既能家门口就业挣钱，又能兼顾照顾家里，是一个绝佳的脱贫增收致富之路。目前，安置点的棒球垒球扶贫手工作坊已带动 200 余名贫困户在此务工，人均月收入 1200 元左右，贫困户摇身一变成了"上班族"，实现了"车间建在家门口，挣钱不用往外走"的目标。

案例 5-6 "安置小区+扶贫厂区"双区共建的模式：蒿坪镇案例①

蒿坪镇集镇安置小区是该镇最大的易迁安置点，共容纳 9 个村 360 户贫困人口。为解决易地扶贫搬迁群众就业难、脱贫难问题，蒿坪镇立足本地实际，出台优惠政策，因地制宜推进村级就业扶贫车间建设，积极引导企业加盟，吸纳贫困劳动力就近就业。同时，按照"安置小区+扶贫厂区"双区共建的模式将安置点打造成新型农村社区。2018 年，蒿坪镇引进第一家扶贫车间，主要从事服装加工，解决了搬迁群众的经济收入难题。在当地群众的强烈呼吁下，第二间电子加工扶贫车间应运而生，主要生产磁环为格力空调及洗衣机等电器提供产品配件。为办好做实电子加工扶贫车间，蒿坪镇镇村干部齐动员。明确一名班子成员牵头负责车间各项工作，安排安置点社区书记具体抓好车间管理与服务。针对当地群众加工产品大多处于低端水平、群众收入较低的现状，蒿坪镇党委和政府协助安置点社区书记，及时和电子车间经营者做好对接，加强对车间员工的技能培训。迄今，扶贫车间已免费提供技术培训 5 批次，培养出熟练工人 30 余人，并对新入职的员工首月工资进行保底支付，增强了贫困群众增收信心。总体来看，借助"双区共建"扶贫模式，蒿坪镇的扶贫车间与

---

① 案例材料来自《蒿坪镇：扶贫车间建平台　脱贫攻坚迈向前》，见 http://www.djk.gov.cn/xwzx/gzdt/xzdt/201904/t20190426_1703612.shtml。

集镇安置点之间实现了以社区聚集人气、以产业聚集财气，相互促进、共同发展的双赢目标。

（二）开展技能培训，提供公益性就业岗位

首先，加强易迁户的劳动技能培训。在易地扶贫搬迁的后续发展中，丹江口市以搬迁群众就业为导向，开展"订单式""定向式"等技能培训，提高针对性和实用性。同时，统筹相关部门培训资源，在人口集中和产业发展需要的安置区建立职业技能实习实训基地或培训点，同步落实有关培训补贴和职业技能鉴定补贴政策。其次，开发公益性岗位，拓展易迁户的收入渠道。例如，丹江口市每个规模较大的集镇安置点，都有数个社区保洁员的公益性岗位，在中心村的集中安置点，部分易迁户也被吸纳成为生态护林员、保持员等，这些举措都能够帮助少部分家庭增加收入以维系生计。

（三）完善基本公共服务，提高易迁户福利水平

在后续发展中，丹江口市大力改善集中安置点及易迁户的基本公共服务水平。首先，推进安置区与城镇一体规划建设，确保搬迁群众和城镇原住居民享有同等的基础设施和基本公共服务。按照"缺什么补什么""量力而行""一室多能、综合利用"等原则，建设完善社区综合服务设施。特别是，着力补齐安置区配套设施短板，按照"两不愁三保障"目标标准，合理配套建设安置区服务中心、幼儿园等公共服务设施，抓好安幼养老服务，并按标准配置服务人员。同时，鼓励发展便民超市、餐饮等居民服务业，满足安置区群众多样化生活需求。其次，切实维护搬迁群众基本权益，保障搬迁群众在迁出地的土地（林地）承包权、集体收益分配权和其他惠农益农政策权益不变。同时，积极稳妥地做好搬迁群众户口迁移工作，稳步推进旧房拆除和宅基地复垦复绿，规范安置住房产权登记和交易。再次，全面落实搬迁群众各项参保优惠及医疗保险、养老保险、城乡低保等有

关政策，做好各类社会保障政策转移接续。在此过程中，强化综合保障性扶贫，统筹实施农村低保、农村特困人员救助供养、临时救助等社会救助政策。

（四）优化基层社区治理，促进安置点社区善治

在后续扶持中，丹江口市注重完善居民参与较大规模集中安置点社区治理的激励机制，健全安置点社区治理体系。同时，加快安置点社区公共服务体系建设，强化安置点社区文化引领能力，完善有关安置点社区章程、公约，推进平安社区建设，增强安置点社区治理能力。一是完善安置区社会管理。加强安置区群众性自治组织规范化建设，组建安置区村（居）民委员会和村（居）民小组。指导安置区修订完善村（居）民自治章程、社区公约、村规民约。开展安置区村（居）委员会选举，注重吸纳搬迁群众参与新村（社区）治理。创新安置区管理模式，构建网格化管理机制。合理配置警力，加强安置区治安综合防控。完善激励机制，引导搬迁群众参与安置区公共事务和公益事业。二是促进搬迁群众社会融入。开展感恩教育，讲好搬迁故事。开展扶贫扶志行动，大力宣传先进典型。大力推进移风易俗，积极开展生活融入、心理疏导、邻里互助、健康养老等服务工作。丰富搬迁群众精神文化生活，组织开展新村（社区）文明创建活动。

案例5-7 精细管理，贴心服务润民心

为更好服务易地扶贫搬迁集镇安置点居民，帮助他们更快适应社区生活，习家店镇结合社区化管理，制定了《易地扶贫搬迁安置点社区管理办法》，以属地管理、以人为本、民主自治和便民服务为原则，完善社区服务职责，探索出"1+6"建设模式，即一个易地扶贫搬迁安置点配套一个社区服务中心；一个标准卫生室；一个文化广场；一个便民超市；每户提供一块菜地，

建一个扶贫产业园区。妥善处置居民管理、公共服务、社区环境、矛盾调处等许多新问题，让分属不同村的群众快速融入环境，在新生活中获得了幸福感。

案例 5-8　引领社区文化，激发内生动力

在习家店镇安置点建设文化广场时，配套设计文化宣传栏和文化墙，将社会主义核心价值观、乡村振兴战略二十字方针、五大发展理念和中国梦等主题以百姓喜闻乐见的方式传播给群众。同时以社区党群服务中心为依托，有针对性地布局了农家书屋，并把有产业、有文化的贫困户纳入农家书屋精准服务范围，引导他们到农家书屋"充电"，从根本上激发他们脱贫致富的内生动力。

（五）强化基层组织建设，夯实基层堡垒的战斗力

夯实基层党组织战斗堡垒的坚实作用，是易地扶贫搬迁"搬得出、稳得住、能致富"的组织基础。在后期扶持中，丹江口市建立健全以党组织为领导核心、基层政府为主导、基层群众性自治组织为基础、基层群众为主体的安置点基层组织体系，实现政府治理和搬迁群众自治良性互动。一是加强安置区基层组织建设。健全安置区各类组织，优化组织设置，理顺隶属关系。根据安置点人口规模合理设置基本管理单元，依法适当调整周边行政区划，合理设置党总支、党支部、党小组。加强安置区党组织领导班子特别是书记队伍建设，严格落实各项党组织生活制度。二是构建安置区"红色阵地"。完善安置区服务机构，有条件的安置点建立了党群（社区）服务中心。同时，深入开展党员示范岗、双"十星"评选等创建活动，构建"红色阵地"。此外，注重加强网络舆论引导，防止重大负面舆情炒作事件。

案例5-9 在易迁安置点打造"红色堡垒"

丹江口市因地制宜、分类施策，积极探索易迁扶贫安置点基层党建工作的有效模式，充分发挥党组织战斗堡垒作用和广大党员先锋模范作用，为抓党建促脱贫攻坚、促乡村振兴提供了坚强的组织保证。首先，精准摸排，分类设置组织。结合易地搬迁安置工作，全面摸清安置点党员底数，建立人员信息台账，根据安置点人数和党员实际情况，因地制宜设置党组织。安置户数较多且正式党员人数在3人以上的单独建立党支部，归属乡镇党委统一管理；安置点规模较小且党员人数较少的纳入村党支部集中管理，指定专人直接联系，协调处理安置点各项具体事务。经排查，该市共有易地扶贫搬迁安置点430个，其中，2个大型安置点建立了党支部，17个安置点设置了党小组，411个安置点纳入村党支部管理，实现了易迁安置点党的组织和工作有效覆盖。其次，加强教育，提升能力素质。将安置点党员纳入各村党员教育培训计划，探索推行以居住地党组织管理为主、户籍地管理为辅的双重管理模式，通过集中培训与分散培训有机结合的形式，逐步建立健全教育培训工作机制。严格落实"三会一课"制度，创新组织开展好支部主题党日活动。利用易地扶贫搬迁集中安置点党员群众较多的优势，结合"足印农家·户户走到"工作，由村党支部定期在安置点开展院场会、夜校、文艺活动等，广泛宣传精准扶贫、乡村振兴、卫生整治、扫黑除恶等各项政策精神，引导党员群众倡导文明新风、共建美好家园。最后，创新载体，促进作用发挥。围绕抓党建促脱贫攻坚，结合安置点无职党员实际情况，深化功能型党小组建设，组织党员定期入户开展扶贫政策宣讲、帮助贫困户谋划产业、化解扶贫领域矛盾纠纷等活动，为无职党员在扶贫一线发挥作用、创先争优搭建平台。深入开展以"村级组织工作例会、镇村联席工作例会、镇（办、处、区）领导班子工作例会、党员干部责任区"为主要内容的"三会一区"工作，按照"分片包干、条块结合"的原则，将易迁安置点划分成若干个责任区，每名党员原则上包干联系 10 户左右，帮助党组织收集并协调解决责任区内产业发展、信访维稳、环境卫生、计划生育、安全生产等各类问题。该市蒿坪镇集镇安置点自设立党支部以来，组织党员累计入户走访 4000 余人次，帮助解决建房质量类问题 18 起、矛盾纠纷类问题 32 起，整个集镇安置点未发生一起越级上访事件。

案例 5-10　社区党支部：强基固本筑牢
"易地扶贫搬迁"党建堡垒

蒿坪镇集镇安置点是全镇最大的易地扶贫搬迁安置点，全镇 9 个村共搬迁入住 352 户 1403 人，其中党员 25 名，形成一个新社区。脱贫攻坚以来，蒿坪社区党支部积极推行"支部+党员中心户"的服务模式，构建了支部引领、党员示范的新型党建服务模式，有效促使了基层党组织把服务群众作为主要任务和基本职责，千方百计为农户谋利益，真心实意给群众办实事，让党旗飘扬在脱贫攻坚一线，筑牢了易地扶贫搬迁安置点的"战斗堡垒"。

第一，党员示范带动，阵地建设筑根基。蒿坪镇在推进易地扶贫搬迁工作初期，集镇安置点的 25 名党员带头签字搬新拆旧，最终顺利完成了集镇易地扶贫搬迁安置点 352 户 1403 人的搬迁任务。为进一步发挥党员的先锋模范带头作用，蒿坪社区党支部把集中安置点的党员作为流动党员全部纳入党支部统一管理。通过党支部上党课、组织党员集中学习扶贫政策、讨论蒿坪镇易地扶贫搬迁安置点日常管理及搬迁群众脱贫发展规划等活动，实现搬迁户自我决策、自我监管、自我服务。决定安置点幼儿园、社区活动场所、电商服务点、扶贫车间、安幼养老中心、文化广场等配套设施建设，必须经过党支部会议提出初步意见、搬迁群众大会决议、上级审核把关等程序，最后由镇扶贫攻坚指挥部组织实施。

第二，创新管理模式，服务群众零距离。基层党组织的活力在于党支部的引领、在于党员队伍的建设、在于党建服务的创新。针对蒿坪集镇新社区的管理，蒿坪社区党支部主动作为，开启社区管理新模式。一是建立问题快速反馈处理机制。为解决搬迁后群众生产生活中遇到的实际困难、政策疑问或举报等问题，蒿坪社区党支部对集镇安置点各村群众反映的问题采取自办和交办方式处理，属于社区管理权限内能够解决的及时联系协调予以解决，对集镇安置点各村群众反映的问题分村予以登记，不能解决的分村予以登记，第一时间反馈给各村主要负责人，同时建立问题跟踪机制，对已经解决的问题及时予以销号，确保群众反映的问题做到第一时间入户做工作，及时化解各种矛盾纠纷。蒿坪社区党支部党员干部自安置点群众入住以来累计入户走访4000余人次，帮助解决建房质量类问题18起，矛盾纠纷类问题32起，目前整个集镇安置点没有发生一起群众越级上访事件。二是建立"党建+"智能管理平台。把党建、工青妇、安幼养老、电商服务、社会救助、医疗服务等机构整合在社区党支部，同时与市科技局联系安装智能查询一体机，及时为搬迁群众提供就业信息、了解扶贫政策，办理社保、养老、计生等公共服务，把大数据真正应用到党建与扶贫"双推进"的具体细节中，实现精准扶贫、精准脱贫、精准服务。特别是安幼养老中心，为在扶贫车间务工的留守妇女帮助照看小孩，让她们安心务工、踏实工作，成立了老年人活动中心，让老年人老有所乐、老有所依。

第三，搭建就业平台，拓宽群众致富路。蒿坪社区党支部一直坚持服务群众的触角延伸到哪里，党建工作就要延伸到哪里。

为解决易地扶贫搬迁群众就业问题，蒿坪社区党支部在全面调研搬迁对象人口组成、致贫原因的基础上，科学制定了搬迁对象脱贫致富精准扶贫攻坚计划。一是建立扶贫车间拉动就业。通过招商引资吸引蒿坪籍在外创业成功人士回乡创业，在集镇安置点建立丹江口市蒿坪镇巧珏服装加工扶贫车间、电子加工车间以及棒球加工车间，为搬迁到安置点的留守妇女创造就业岗位，增加家庭收入，目前蒿坪镇已成功解决 120 余名群众就业问题。二是提供外出务工就业信息。积极主动与市人才中心联系、与蒿坪籍在外创业成功人士联系，为集镇安置点贫困户寻找合适的工作岗位，为贫困人口提供了就业平台和就业机会，极大地提高了贫困户就业积极性，增强了贫困户自我脱贫能力，推动了"输血式"扶贫向"造血式"扶贫转变，实现"一人就业，全家脱贫"。三是开展实用技术培训。扶贫车间与市人社中心联合分批次组织搬迁群众参加相关业务技能培训，帮助群众开拓视野，增长知识，掌握技能，为贫困村培养有见解、懂技术、会创收的新型农民工，增强其自主创业和转移就业的能力。培训结业后与扶贫车间签订就业协议，保证搬迁群众有稳定的公司打工收入，为贫困户轻松脱贫创造良好环境。

第二节　丹江口市生态扶贫搬迁与农村危房改造的协调推进

除了易地扶贫搬迁，危房改造是保障贫困户住房安全的又一举措。近年来，丹江口市始终坚持把农村危房改造与脱贫攻坚有机结合，以建档立卡贫困户为重点，把全面消除住危房农户作为维护群众切身利益、助力实现全面小康社会的重要措施，着力实施危房改造。

不过，在 2015 年至 2017 年，由于生态扶贫移民的实施，丹江口市农村贫困户的危房改造被统筹进生态扶贫搬迁工作中协调推进。

一、丹江口市的生态扶贫搬迁

生态扶贫搬迁以促进贫困地区发展和贫困群众脱贫致富为目的，将生态扶贫搬迁与新型城镇化建设、生态示范区建设、农村危房改造、移民搬迁、灾害避让搬迁、整村推进、产业开发和促进转移就业相结合，统筹整合各类搬迁政策资源和项目资金，加大投入，强化监管，创新模式，切实解决贫困农户生存发展难题，确保实现扶贫对象"搬得出、稳得住、能发展、可致富"。由于"十二五"期间易地扶贫搬迁和农村危房改造的实施力度不够，以及丹江口市贫困户所住房屋的危房比例大、危险等级高、贫困群体对保障安全住房的期盼度高，丹江口市在 2015 年至 2017 年实施了生态扶贫搬迁，要求确保 2017 年年底全市范围全面完成生态扶贫搬迁任务，实现应搬尽搬、应改尽改、全面排危、不落一户。

（一）生态扶贫搬迁实施方式

丹江口市的生态扶贫搬迁坚持政府引导、群众自愿的基本原则。各镇（办、处、区）是实施生态扶贫搬迁的责任主体。通过政府引导和政策扶持，充分调动群众的积极性，确保符合条件、愿意搬迁的贫困户应搬尽搬。在安置方式方面，生态扶贫搬迁以集中安置为主，同时大力倡导分户自建，严格遵循各项土地政策。在此过程中，丹江口市对扶持政策进行差异化的补贴，同时也支持安置点基础设施的配套建设。例如，在 2015 年，对如下对象进行扶持：一是在集镇、中心村集中安置的贫困户，按户均 3 万元的标准；二是分散安置的自建房贫困户，每户补助 2 万元；三是居住在局部危房的贫困户，实行加固维修改造，按户均 1 万元的标准；四是无力建房只是养老过渡的贫困户，按户均 3 万元的标准；五是居住危房的五保户优先进入中心福利院集中供养，可改造闲置村部、学校房屋实行集中安置，确实没有集中安置容量的，按 2 人 1 户的标准建周转房安置；六是子女在城镇购（建）房的"空巢"留守贫困老人，鼓励进城与其子女同住，拆除原危房，保留原宅基地的使用权，每人补助养老金 1 万元，并继续享受相关扶贫政策；七是离乡离土在市区、集镇自主购房的贫困户，在取得房产证、拆除旧房、宅基地收归村集体后，每户补助 4 万元，并继续享受相关扶贫政策；八是集中安置点基础设施建设费用按户均 2 万元的标准补助到各镇（办、处、区），用于土地调整补偿、场平、供排水、农村信息化建设、亮化、绿化、公厕、入户路等设施建设。①

表 5-1 2015 年丹江口市生态扶贫搬迁的惠民项目及补贴标准

搬迁类型	新建（改）房				购房及投靠子女	
	统筹自建	集中安置	危房改造	养老周转房	市、镇购房	投靠子女的留守老人
补贴标准	2 万元/户	户均 3 万元	户均 1 万元	户均 3 万元	4 万元/户	1 万元/户

（二）生态扶贫搬迁的效果评价

在生态扶贫搬迁告一段落之后，丹江口市对生态扶贫搬迁规模较大的一些乡镇进行了资金绩效评价。以凉水河镇为例，该镇在 2015—2017 年累计支出生态扶贫搬迁补贴 1739.35 万元专项资金，用于凉水河镇辖属的江口村、白龙泉村、贺家营村、北沟村、油坊沟村、八里寨村、惠滩河村、姚湾村、李家院村、汉江村、观沟村、檀山村、寨山村、双泉村一共 14 个村组 504 户共计 1556 人的生态扶贫

---

① 2016 年，因生态扶贫搬迁与易地扶贫搬迁相衔接，生态扶贫搬迁的扶持对象和扶持标准均有较大变化。

搬迁补贴专项工作。其中，集中安置 245 户 696 人，补贴金额 1065.5 万元；分散安置 213 户 627 人，补贴金额 732.5 万元；进城购房补贴 4 户 15 人，补贴金额 25.21 万元；危房加固改造补贴 106 户 407 人，补贴金额 106 万元。同时，对 28 个安置点进行基础设施建设。

凉水河镇的生态扶贫搬迁产生了经济效益、社会效益、生态效益等诸多效益。一是经济效益。据调查，入住新安置房后的农户每人生活成本节约金额 20 元/月。二是社会效益。人民群众通过本项目对当地政府落实中央省市有关"美丽乡村建设"的真实感、"生态建设"政策任务的真实感、"扶贫攻坚"政策任务的真实感、搬迁后农户生活便捷度、搬迁后农户生活幸福感均有所提高。三是生态效益。在生态扶贫项目收尾时，该镇实现土坯房消灭率 100%，新建安置房标准统一美观度 100%，拆除旧房后原址绿化率、利用率 100%，新建安置房卫生环境统一管理规范率 100%。四是可持续影响。即生态扶贫搬迁对生态环境建设产生持续长久积极影响，对搬迁户生活产生持续长久积极影响，党的政策关怀对搬迁户产生了持续积极影响。

二、丹江口市的农村危房改造

脱贫攻坚以来，丹江口市按照"住房安全有保障"的精准脱贫要求，加快推进农村危房改造和住房保障工作，以建档立卡贫困户为重点，把全面消除住危房农户作为维护群众切身利益、助力实现全面小康社会的重要措施，消除安全隐患，补齐基本居住功能，保障基本卫生健康条件，有效保障了农村贫困人口的住房安全。

（一）实施方式

其一，政府为主导，农户为主体。在农村危房改造工作的推进中，丹江口市坚持市政府统一领导、住建部门行业指导、各镇（办、处、区）人民政府具体负责原则；同时，坚持以农户为主体，不搞政府大包大揽。

其二，突出重点，分类施策。丹江口市按照"住房安全有保障"的基本要求，对常住且为唯一住房的农村危房（达到 C 级或 D 级）实施改造，重点解决好"四类"重点对象（指建档立卡贫困户及建档立卡贫困户以外的农村分散供养特困人员、低保户、贫困残疾人家庭）的危房改造问题。2018 年，丹江口市农村危房改造的补助标准是 C 级危房维修加固补助 1.5 万元，D 级危房拆旧建新按照家庭人口 3 人及以下补助 2 万元，家庭人口 4 人及以上补助 3 万元。

其三，严格工作程序。丹江口市各镇（办、处、区）严格按照危房改造补助对象的审核、审批程序，坚持农户自主自愿，按照户申请、组评议、村公示、乡镇审核、市级审批的程序确定危房改造补助对象，实行阳光操作，透明化管理，确保工作全过程公平、公正、公开。

其四，有效利用，厉行节约。提倡和鼓励农户对旧房实施除险加固改造，凡鉴定为 C 级危房的，原则上以加固改造为主，D 级危房则必须拆除重建。

其五，合理保护，传承文化。夯土墙结构房屋是丹江口市 20 世纪中期主要建筑结构形式，反映了一定时期的经济社会发展水平，可以传承历史记忆，具有一定的保护价值。在拆除危房、消除安全隐患的基础上，对集中连片（规模在 30 户以上）的夯土墙建筑、60 年以上的古建筑等，可由各镇（办、处、区）负责，统一回收，加强维护。

（二）整体效益

丹江口市通过农村危房改造项目不仅解决了住房安全问题，也产生了多方面的整体效益：一是人居条件得到改善。通过农村危房改造，贫困群众有了稳定的住所，同时将危改项目与改造村容村貌相结合，与实施新农村建设的整体规划相结合，与拓宽乡村道路、改善人畜饮水、美化环境、改厕改厨、通电通信、农村卫生和农村文化等生产和社会事业发展相结合，不仅保障了村民住房安全，同时，村容村貌、基础设施等均发生了明显改观，群众进一步得到实惠。二是抗灾能力增强。丹江口市是一个自然灾害多发区，时常发生水灾，贫困群众原来居住的都是多年失修的土木、砖木结构房屋，抵抗能力十分脆弱，危改后，大大增强了抵御自然灾害的能力，群众的生命财产得到保障。三是增强了党和人民群众的关系。实行农村危房改造，是全面脱贫攻坚重要举措，体现了党和政府全面落实科学发展观的具体行动，展示了各级领导干部执政为民的情怀，进一步增强了全社会全面实现小康社会的信心和决心。

本章主要从贫困人口发展空间的重构阐述了丹江口市在脱贫攻坚中针对"住房安全有保障"目标的落实情况。丹江口市的地理空间决定了发展中存在的困境，通过组织体系和工作运行机制等政治空间的保障与有效推动，该地区实施了生存空间的重构，尤其是突出了对阻碍贫困群众脱贫的微观居住生活空间的再造与重塑，从根本上改善了人们的微观生存空间和发展空间，大力实施易地扶贫搬迁、生态扶贫搬迁和农村危房改造等，有效地保障了人口生存空间的安全与便利。同时，对生存空间的重塑也促进了绿色空间的再造与发展，使搬迁安置点本身形成了微观的绿色发展空间，这一举措减轻了人口移动带来的生态环境承载压力，保护了森林、水体等生态资源，改善了生态环境，搬迁后的群体，也在生存空间中逐渐形成了对区域网络的嵌入感，带动激活了该地区的经济空间，特别是绿色产业与生计空间的拓展与相互促进。

第六章

提脱贫攻坚之质：治病根、
兜底线与保民生

由于贫困问题和扶贫脱贫工作自身以及外部环境和条件等多重因素交叉影响，我国的扶贫攻坚常常面临低可持续性、易返贫、巩固难度大等问题。这一方面表明了贫困具有着长期性和动态性的特征；另一方面也为脱贫攻坚的深度帮扶提出了更高的要求。要想实现贫困地区的乡村振兴，解决贫困问题不仅要"摘掉穷帽子"，实现"两不愁三保障"的最低福利标准，更要构建长效的拔出"穷根"机制，解决贫困地区深度贫困问题，提升脱贫攻坚质量，为更好地开展乡村振兴夯实基础。为此，丹江口市格外注重深挖贫困根底，从治病根、兜底线和保民生三个方面推进，防止返贫和持续脱贫，建立长效扶贫机制。

第一节　治病根："985"健康扶贫与家庭医生签约制度

健康人力资本在农户脱贫过程中发挥着基础性的作用。然而，自然环境差、医疗卫生资源缺乏、"急、重、危"疾病易生等多重问题耦合叠加的现象在农村地区仍较为普遍，加之农村居民的经济能力低下、社会网络单一、可获取外界的资源渠道有限，使农村居民成为健康贫困的高发群体。中国因病致贫返贫人员占总贫困人员的比例从2013年的42.2%增长至2015年的44.1%，因病致贫返贫是阻碍贫困居民脱贫的重要因素。党的十八大以来，中央高度重视贫困地区健康扶贫。习近平总书记始终不忘中国共产党人的初心和使命，始终坚持"以人民为中心"的发展思想，高度重视人民健康问题，尤其是健康扶贫问题。2015 年 6 月，他在贵州调研时就提出了"医疗救助扶持一批"的精准脱贫举措。此后，党中央和各级政府坚持精准扶贫、精准脱贫基本方略，以"精准扶贫、不落一人"为总要求，以贫困县市区为主战场，以建档立卡贫困人口为主要对象，针对农村贫困人口因病致贫、因病返贫问题，进一步整合资源，多措并举，切实提升农村贫困人口医疗保障水平和贫困地区医疗卫生服务能力，全面提高农村贫困人口健康水平，为农村贫困人口迈入小康社会提供健康保障。

一、党的十八大以来丹江口市健康扶贫的指导原则与主要措施

（一）丹江口市健康扶贫的四项指导原则

健康扶贫的目标：为实现贫困地区人人享有基本医疗卫生服务，农村贫困人口大病得到及时有效救治保障，个人就医费用负担大幅减轻；重大传染病和地方病得到有效控制，基本公共卫生指标达到全市平均水平，人均预期寿命进一步提高，孕产妇死亡率、婴儿死亡率、传染病发病率显著下降；卫生计生服务条件明显改善，服务能力和可及性显著提升；区域间医疗卫生资源配置和人民健康水平差距进一步缩小，因病致贫、因病返贫问题得到有效解决。丹江口市坚持四项指导原则：一是坚持党政主导、社会参与。强化党委、政府的主导作用，加强组织领导，落实部门责任，充分调动社会力量参与扶贫的积极性，着力构建健康扶贫大格局，确保健康扶贫工程顺利实施。二是坚持精准扶贫、分类施策。在核准农村贫困人口因病致贫、因病返贫

情况的基础上，采取一户一档、一人一卡，精确到户、精准到人，实施分类救治。三是坚持资源整合、共建共享。以提高农村贫困人口受益水平为着力点，整合现有各类医疗保障、资金项目、人才技术等资源，采取更贴合贫困地区实际、更有效的政策措施，提升健康扶贫整体效果。四是坚持改革创新、自力更生。加大改革创新力度，加快建立完善基本医疗卫生制度，切实保障农村贫困人口享有基本医疗卫生服务。充分发挥农村贫困人口的主动性和创造性，立足自身实现健康脱贫。

（二）满足因病致贫人口的主导性需求，实行分类分批救治

1. 注重提高农村贫困人口的医疗保障水平。具体而言，城乡居民基本医疗保险覆盖所有农村贫困人口并实行政策倾斜，提高政策范围内住院费用报销比例。对扶贫对象中农村五保户、低保户、特困优抚对象住院不设起付线；扶贫对象 2016 年门诊统筹补偿封顶线从 300 元提高到 400 元；门诊重症（慢病）实际补偿比例由 60% 提高到 70%，将重度精神病、结核病等病种纳入城乡居民基本医疗保险慢病门诊范围；城乡居民基本医疗保险住院政策范围内分段补偿比例每年分别提高 5 个百分点；符合外伤报销的次封顶线从 0.5 万元提高至 1 万元，年住院封顶线每人每年提高到 12 万元；扶贫对象提标后所增加的补偿资金不计入医疗机构年度城乡居民基本医疗保险总额控制之内；大病保险起付从 1.2 万元降低至 0.8 万元，政策范围内分段补偿比例每年分别提高 5 个百分点，年封顶线不低于 30 万元；控制扶贫对象住院自付费用，目录内药占比和合规医疗费用占比：一级医院为 98% 以上，二级（三级专科）医院为 90% 以上，三级综合医院为 85% 以上。

2. 统筹多部门多项目，合力提升贫困人口医疗服务。一方面强化卫生计生、民政、扶贫、财政、人社等部门要通力配合，建立基本

医疗保险、大病保险、大额补充保险、疾病应急救助、医疗救助等制度之间的无缝衔接机制，发挥协同互补作用，形成保障合力；另一方面首先按贫困人口每人每年 200 元标准从本级预算、上级安排的扶贫专项资金等渠道整合筹措资金，为贫困人口实行医疗保障兜底，其中 100 元为贫困人口购买大病补充保险，100 元对扶贫对象实行慢病门诊定补。其次，精准扶贫对象大病住院费用实行兜底保障，大病患者费用核销比例提高到 90%。对符合大病补偿的患者，除去城乡居民基本医疗保险常规核销、大病保险、医疗减免和民政救助费用后，剩余所有费用（除第三方责任外）由大额补充保险兜底报销 90%；有条件的县市区可以根据自身实际提高筹资标准和报销比例。最后，精准扶贫对象实行慢病门诊定补。对高血压Ⅲ期、冠心病、中风后遗症、Ⅱ型糖尿病、精神病、恶性肿瘤、慢性肾功衰、慢性肝炎、肺结核、类风湿性关节炎等慢性病除城乡居民基本医疗保险门诊报销外，再报 60%，缓解慢病门诊负担。

3. 实施农村贫困人口疾病分类救治。对需要治疗的大病和慢性病患者进行分类救治，能一次性治愈的，组织专家集中力量实施治疗。加强农村贫困残疾人健康扶贫工作，开展康复知识培训，加强县级残疾人康复服务中心建设，提升基层康复服务能力，为农村贫困残疾人提供精准康复服务。

4. 推行农村贫困人口住院先诊疗后付费。贫困患者在县域内定点医疗机构住院实行先诊疗后付费，实现基本医疗保险、大病保险、疾病应急救助、医疗救助"一站式"信息交换和即时结算，贫困患者只需在出院时支付自付医疗费用。

（三）提升医疗卫生服务能力，改善医疗卫生服务条件

1. 加强贫困地区医疗卫生服务体系建设。加大县医院重点专科、乡镇卫生院特色科室建设，支持县级医院达到二甲标准、乡镇卫生院达到"四化"标准。2017 年继续支持贫困村卫生室建设，按每个贫

困村卫生室 15 万元建设标准，由市财政补助 7 万元，各县（市、区）配套 5 万元，市直及县（市、区）对口精准扶贫驻村工作队支持 3 万元，共同支持建设贫困村卫生室。

2. 完善对贫困地区的对口帮扶机制。继续组织城市医院"挂县带乡联村"对口支援。每年由十堰市城区 3 所三级综合医院各帮扶 2 个县级医院，帮扶 2 个乡镇卫生院，每年帮扶 2 个重点贫困村卫生室，其他二级及以上医院对口帮扶 1—2 个乡镇卫生院，每年帮扶 1 个贫困村卫生室，民营医院每年帮扶 1 个村卫生室。

3. 推进贫困地区远程医疗服务。优先开展贫困地区医疗机构远程医疗系统建设，逐步实现贫困地区县级医院与三级医院、县级医院与县域内基层医疗卫生机构之间远程医疗平台互联互通，弥补贫困地区优质医疗资源不足，方便群众就近就医，降低群众医疗费用负担。

4. 强化贫困地区卫生计生人才队伍建设。在贫困地区实施全科医生特设岗位和专科医生特设岗位计划，开展农村订单定向医学生免费培养，为贫困地区乡镇卫生院培养临床医学（中医学）本科毕业生。继续开展农村卫生人才免费订单式中职培养，为乡镇卫生院、村卫生室培养适宜性人才；每年组织对重点贫困村乡村医生进行轮训，加大贫困地区卫生计生管理人员职业化建设。

（四）加强贫困地区公共卫生和疾病防控工作

1. 为农村贫困人口提供健康管理签约服务。以县为单位，依靠基层卫生计生网络，进一步核实核准全省贫困人口中"因病致贫、因病返贫"家庭数、患病人数和患病病种。优先为农村贫困人口每人建立 1 份动态管理的电子健康档案和 1 张服务功能比较完善的居民健康卡，贫困户家庭有 1 名乡村医生或乡镇卫生院医生提供签约服务。

2. 加大贫困地区重点疾病防控力度。加强疾病预防控制，全面落实针对重点人群和高危人群的有效干预措施，健全免费检测和咨询网络，做到早发现早治疗。加强贫困地区慢性病防治，支持贫困地区高血压、糖尿病和精神病患者免费药物治疗等。

3. 做好妇幼卫生工作。继续实施农村孕产妇住院分娩补助政策，做好以宫颈癌和乳腺癌检查为重点的农村常见妇女病防治工作。实施贫困地区儿童营养改善项目工作，建立残疾儿童康复救助制度，不断改善贫困地区婴幼儿营养和健康状况。

4. 深入开展爱国卫生运动。加强贫困地区病媒生物密度监测和饮用水水质卫生监测，提升集中式供水工程水质卫生监测覆盖率在70%以上。广泛开展健康素养知识宣传，让健康卫生的生产、生活理念深入人心，力争让农村贫困人口生病发生率降低。

（五）"985" 健康扶贫，精准提升贫困人口医疗救助水平

近几年来，伴随着脱贫攻坚战逐步接近尾声，为了防止因病致贫、因病返贫，湖北省进一步针对贫困人口制定了"985" 健康扶贫政策：将农村贫困人口住院医疗费用个人实际报销比例提高到90%左右，32 种慢性病门诊医疗费用个人实际报销比例提高到80%左右，年度个人实际负担医疗费用控制在5000 元以内。"985" 健康扶贫政策的实施极大地改善了贫困人口的就医环境、大幅度降低了贫困人口的就医费用。但受限于地方财政压力，到2019 年年初，湖北省及地方政府相继调整了"985" 健康扶贫政策的实施办法。

2019 年十堰市出台了《关于进一步完善保障农村贫困人口基本医疗若干措施》，对健康扶贫工作机制、"985" 政策报销范围及标准、优化住院起付标准等七个方面进行完善调整。一是继续实行差异化参保补贴政策。2020 年，农村贫困人口参加城乡居民基本医疗保险个人缴费部分补贴标准是：精准扶贫对象中五保、孤儿、低保对象、丧失劳动能力的重度残疾人、严重精神障碍患者、计划生育特殊困难家庭中经核定的特困家庭夫妻及其伤残子女，个人缴费部分由财政全额代缴；其他精准扶贫对象个人缴费部分由财政按每人100 元予

以补贴（先征后返）。二是调整"985"政策报销范围及标准。农村贫困人口县域内或按规定办理转诊手续到县外市域内指定医疗机构，就医住院政策范围内医疗费用报销比例达到90%左右；大病、特殊慢性病门诊就诊政策范围内医疗费用报销比例达到80%左右。农村贫困人口县域内就医年度个人负担政策范围内医疗费用控制在5000元以内，县域外就医费用一律不计入5000元的兜底保障范围，超出报销范围和未经转诊的不予核销。三是优化住院起付标准。住院起付标准一、二、三级医院分别是100元、300元、800元，住院起付标准不纳入健康扶贫政策保障范围，同时不纳入5000元兜底保障范围。四是突出基本医保支付主体作用。住院基本医保费用（不含大病保险）政策范围内报销比例一、二、三级医院分别为95%、80%、70%。五是突出医疗救助作用。经基本医疗保险报销后政策范围内未超过大病保险起付线的个人自付住院医疗费用，按70%比例给予基本住院救助。对超过大病保险起付线的个人自付住院医疗费用，经大病保险报销后，按75%的比例给予重特大疾病住院救助。六是严格执行政策范围外医疗费用控制政策。住院治疗政策范围外医疗费用占医疗总费用的自付比例，县域内一级医疗机构不超过3%，二级医疗机构不超过8%，县域外省内三级医疗机构不超过10%。切实增强医疗机构控费内生动力，严格控制政策外医疗费用。七是加强农村贫困人口就医引导。严格执行县域内基层首诊、逐级转诊的分级诊疗制度，控制县域外转诊率。

（六）家庭医生签约制度，扎实推进基本医疗卫生服务

2013年湖北省开始实施家庭医生签约服务项目，首批在武汉、襄阳、鄂州、宜昌、潜江等5个城市进行试点，2017年在全省推广，到2020年实现了家庭医生签约服务全覆盖。现阶段家庭医生签约服务优先覆盖老年人、孕产妇、儿童、残疾人等人群，以及高血压、糖尿病、结核病等慢性疾病和严重精神障碍患者等重点人群，然后逐步

扩展到普通人群。旨在进一步推进基层首诊、分级诊疗，为群众提供综合、连续、协同的基本医疗卫生服务。到2017年丹江口市开始结合精准扶贫与家庭医生签约服务，进一步推进基层医疗卫生服务工作。

家庭医生签约制度的主要内容包含以下几点：

一是签约服务的主体及形式。现阶段签约服务的第一责任人基层医疗卫生机构注册全科医生，以及具备能力的乡镇卫生院医师和乡村医生，其所在的基层医疗卫生机构是签约服务的责任主体。随着全科医生人才队伍的发展，将逐步建立以全科医生为主体的签约服务队伍。签约服务采取团队服务形式，主要由家庭医生、社区护士、公共卫生医师组成团队，二级以上医院提供技术支持和业务指导，家庭医生负责团队成员的任务分配和管理。

二是签约服务的具体方式和内容。签约对象上，在辖区内居住半年以上的常住居民家庭均可自愿选择1个家庭医生团队签订服务协议，签约周期原则上为一年，期满后居民可续约或选择其他家庭医生团队签约。同时，鼓励居民或家庭在与家庭医生团队签约的同时，自愿选择与基层医疗卫生机构建立合作关系的一所二级医院或三级医院，建立"1+1+1"或"1+1"的组合签约服务模式，在组合之内的机构就医，可享受优先预约挂号、优先住院等服务。签约内容上，居民可享受由家庭医生团队提供的常见病、多发病的中西医诊治、合理用药、就医路径指导和转诊预约等基本医疗服务；国家基本公共卫生和重大公共卫生服务项目规定的公共卫生服务；以及健康评估、康复指导、家庭病床服务、家庭护理、中医药"治未病"服务、远程健康监测、膳食与运动指导等健康管理服务；并可在就医、转诊、用药、医保等方面享受差异化政策。同时，鼓励有条件的地区和机构，可按照协议为签约居民提供全程服务、上门服务、错时服务、预约服务等多种形式的服务；为空巢老人、失独家庭等重点人群，提供家庭养老方面的健康服务。城市公立医院要将不低于20%的医院专家号、预约挂号、住院床位预留给对口协作的基层医疗卫生机构，方便签约居民优先就诊和住院。基层医疗卫生机构可根据患者病情需要和上级医院医嘱开具处方而不受基本药物限制；对病情较稳定、依从性较好的签约慢性病患者，可由家庭医生根据上级医院医嘱开具延伸处方和长处方，一次性可开具最长2个月的配药量。

三是家庭医生签约服务费用构成。家庭医生团队为居民提供签约服务，根据签约服务人数按年收取签约服务费，由医保基金、基本公共卫生服务经费和签约居民付费等分担。具体标准和分担比例由各地根据签约服务内容、签约居民结构以及基本医保基金和公共卫生经费承受能力等因素确定。符合医疗救助政策的按规定实施救助。

二、丹江口市健康扶贫的成效

近年来，丹江口市相继出台《丹江口市脱贫攻坚医疗救助工作实施方案》《丹江口市农村贫困人口基本医疗保障实施细则》，着力在提高大病保险报销比例上下功夫，降低医疗保障扶贫对象大病保险报销起付线，提高大病保险报销比例，集中体现在如下两方面：

卫生基础设施建设和财政投入方面。全市村级卫生室达标率100%，贫困对象参加城乡居民医疗保险实现100%，市财政对特困供养人员、孤儿、最低生活保障对象、丧失劳动力的残疾人参保缴费给予全额资助，对其他贫困人口参保个人缴费部分给予人均30元资助。市财政还为全市健康扶贫对象每人购买300元医疗补充保险。仅2019年1月至7月，全市共有25429人次精准扶贫对象获得住院补偿，实际发生医疗费用12317.52万元，基本医保报销8299.98万元，大病保险报销658.71万元，医疗救助801.23万元，补充医疗保险报销1192.65万元，医院承担管控外费用198.25万元，贫困人口住院实际报销比例达90.53%。盐池河镇大岭坡村贫困户张雨欣因先天性心脏病在武汉协和医院住院治疗，医疗费总额261554.62元，报销之后，个人自付费用在 5000 元以下。

立体化健康扶贫体系建设方面。落实"四位一体"模式（基本医保+大病保险+医疗救助+补充保险），实行先诊疗后付费"一站式"集中结算。开展"三个一批"行动（大病集中救治一批、慢病签约服务管理一批、重病兜底保障一批），针对行动不便患病对象取药难的问题，将药品配送到 96 个设立了慢性病门诊取药点的村卫生室，实行送药上门。实施大病救治 34 人，免费筛查、救治白内障患者 105 人。为 98107 名在家的贫困人口建立了健康档案，深化签约医生服务，定期进村入户开展免费体检，宣传健康生活方式。全面落实健康扶贫费用报销"985"政策标准（贫困人口住院费用个人实际报销比例达到 90% 左右，大病、特殊慢性病门诊医疗费用个人实际报销比例提高到 80% 左右，个人年度自付医疗费用控制在 5000 元以内），为每个贫困人口每年购买 20 元人身意外保险。仅 2018 年，就有 44138 人次精准扶贫对象获得住院补偿，实际发生医疗费用 18577.29 万元，基本医保报销 13288.35 万元，大病保险报销 789.21 万元，医疗救助 1234.66 万元，补充医疗保险报销 2098.01 万元，贫困人口住院实际报销比例达 93.72%。

三、丹江口市健康扶贫主要经验及启示

（一）强化领导，确保政策落实到位

丹江口市成立了由市委副书记、政法委书记任组长，常务副市长、分管卫生计生、扶贫和保险的副市长任副组长，卫生计生、扶贫办、财政、人社、民政、保险等部门主要负责同志为成员的丹江口市健康扶贫工作领导小组，明确健康扶贫工作由卫计部门牵头，具体负责协调组织全市健康扶贫工作。市委、市政府和市扶贫攻坚指挥部高度重视健康扶贫工作，多次召开专题会议，研究部署健康

扶贫工作。

（二）强化政策宣传，营造舆论氛围

通过各镇（办、处、区）医疗机构、人社服务中心、驻村帮扶单位等发放医保政策宣传资料，以及驻村工作队员在"足印农家·户户走到"活动中入户讲解，公示贫困人口医疗补偿等方式，广泛宣传健康扶贫政策，提高城乡居民尤其是精准扶贫户对医疗保险政策的知晓率。此外，丹江口市还多次开展脱贫攻坚医疗救助专题培训，重点培训五大行动14项工作政策要求和操作流程，明确了各项工作的时间节点和工作要求。要求各个医疗机构医护人员对脱贫攻坚医疗救助工作的内容要掌握理解，对每个精准扶贫对象在门诊、住院就诊时，医护人员要详细宣传政策，确保让每个精准扶贫对象明白医疗救助工作的内容。

（三）部门通力协作，形成保障合力

建立了政府主导，卫计牵头，人社、民政、财政、扶贫办、人保财保公司等部门相互配合的健康扶贫工作机制。一是在落实建档立卡贫困人口应保尽保上加强协同。市医保局对扶贫部门提供的建档立卡贫困对象进行全员接收，及时在医保系统进行标示，确保贫困人口享受健康政策。二是整合政策资源，落实"一站式"结算。各级医疗机构均设立了精准扶贫对象服务窗口，严格执行"先诊疗、后付费"政策，公开承诺和公示，大力宣传各类优惠政策，加强与卫计、民政、扶贫办、财政等部门协调配合。丹江口市于2018年7月在全市所有医疗机构，开通了"基本医保+大病保险+医疗救助+补充保险"结算平台，全面落实了"四位一体"的健康扶贫结算衔接机制，实现了"一站式、一票制、一单清"，贫困人口就医结算更加便捷。

（四）完善救助政策，提升保障水平

一是全面提高报销比例，落实"985"健康扶贫报销制度。二是建立兜底保障制度。2018年，按贫困人口每人每年600元的标准为贫困人口购买补充医疗保险和兜底医疗保险。2019年、2020年该项政策继续实施。对在异地参保或者参加职工医保的贫困人口，通过补充医疗保险和兜底医疗保险补齐相关待遇，最大限度地解决贫困人口"因病致贫、因病返贫"的问题。三是全面落实政策保障。由市政府按贫困人口每人每年实际所需资金为贫困人口购买补充医疗保险和兜底医疗保险，直至脱贫攻坚期结束。根据市扶贫攻坚指挥部要求，对全市规定月份贫困人口住院实际报销比例未达到90%的和自付住院费用超过5000元的患者进行了二次追补。四是落实异地就医直接结算。大力开展异地就医结算工作，与全国各地医保部门和医疗机构进行联系，强化医保结算系统管理和平台对接工作，保障贫困人口在异地住院，只需要网上办理电子转诊即可在异地住院报销，减轻参保患者就医时个人经济负担。

（五）加强"两定"管理，规范医疗行为

一是做好总额分配预算。总结2017年、2018年来开展总额控制的经验和存在的问题，在全市定点医疗机构继续实行总额控制下的按人头付费、按病种付费相结合的支付方式。同时，积极探索按病种收费，进一步规范医疗机构临床诊疗行为，控制医疗费用不合理增长。二是加强医院控费管理。落实"五个严控"要求，即住院率控制在20%以内，转诊率控制在10%以内，公立医院医疗费用增长率控制在10%以内，个例政策外医疗费用占比一二三级医疗机构分别控制在5%、10%、15%以内，严格实行县域内先诊疗后付费。同时，严把入院指征、严格住院期间"高值耗材"使用审批管理，以达到降费、控费的目标。三是强化稽核检查。为维护参保人员权

益，管好百姓的救命钱，多措并举加大医保稽核力度，采取突击检查、联合检查和暗访等方式，严厉查处骗取、套取医保基金等违法违规行为。同时，市人社局成立了领导小组和工作专班，深入开展社保扶贫领域突出问题专项集中治理工作，在全市"两定"医药机构开展专项检查整治行动，对查处的违规问题进行了通报，对涉及的违规金额按照相关规定进行了处罚。

6. 强化责任落实，巩固健康扶贫工作成效

在对扶贫领域腐败和作风问题"回头看"的基础上，集中抓好问题整改，推动健康扶贫各项政策落到实处。截至目前，在全市范围开展集中专项检查 8 次，日常稽查 1500 余次，通报了一批在检查过程中存在的违规问题，并按相关政策规定进行了处罚。

第二节　兜底线：低保兜底一批

党的十八大以来，"兜底保障一批"一直都是精准扶贫战略的最后手段和民生福利的根本保障措施。2015 年 11 月中共中央、国务院颁布的《关于打赢脱贫攻坚战的决定》对农村低保制度作出了新定位，提出了新要求，明确了新目标，强调了农村低保在脱贫攻坚战中的兜底保障作用。"十三五"规划也指出，"根据致贫原因和脱贫需求，对贫困人口实行分类精准扶持"。通过发展特色产业脱贫 3000 多万人，转移就业脱贫 1000 多万人，易地搬迁脱贫 1000 多万人，其余完全或部分丧失劳动能力的贫困人口通过实行社保政策兜底脱贫。可见，作为脱贫攻坚的最后手段，低保兜底是基本民生与扶贫开发的重要缓冲区。

一、丹江口市低保兜底的政策安排及制度设计

2018 年，丹江口市扶贫攻坚指挥部印发《丹江口市精准脱贫社会保障兜底专项行动方案》，系统部署规划了本市低保兜底的政策安排及制度设计。

（一）推进农村低保制度与扶贫开发政策有效衔接

重点安排六个方面的工作。

一是严格落实低保标准。每年从 4 月 1 日开始，贯彻和落实十堰市政府公布的新低保标准。

二是实现应保尽保。对符合农村低保条件的建档立卡贫困户，按规定程序纳入农村低保范围。对部分或完全丧失劳动能力、无法依靠产业扶持和就业帮助脱贫的家庭实行低保兜底，主要包括以下几种情形的建档立卡低保家庭：（1）家庭成员全部是老年人、未成年人的特殊贫困家庭；（2）家庭主要成员为一、二级残疾人，或三、四级精神智力残疾人且无稳定收入来源，或一户多残，或老残同户的特殊贫困家庭；（3）家庭主要成员因重病完全丧失劳动能力且无稳定收入来源的特殊贫困家庭；（4）因灾害或突发事件等其他原因致贫返贫，且符合上述条件之一的低保家庭，也应实行低保兜底。

三是实行重点救助。对于生活困难、靠家庭供养且无法单独立户的成年无业重度残疾人，经个人申请，可按照单人户纳入低保范围。对低保家庭中的老年人、未成年人、重度残疾人和重病患者等特殊困难对象按不低于当地月低保标准的 20% 比例增发补助金。对家庭成员全部是没有收入来源的老年人、未成年人和残疾人的低保家庭可以给予全额补助。

四是加强动态管理。对于参与扶贫项目的农村低保对象，在核算其家庭收入时扣减必要的工作成本，并给予一定期限的"渐退期"，

实现稳定脱贫后再退出低保范围。其中，本人或家庭成员办理了工商登记但无实体店面，是以加入农村合作社等形式存在的，据实核算分红等经营收入；有实体店面但收入较少的，核算家庭收入时扣减必要成本。对于自主创业后，家庭人均收入未超过当地低保标准1.5倍的，可延长保障1年。对于建档立卡范围内有劳动能力但未就业的低保对象，无正当理由连续3次拒不参加扶贫项目的，可减发或停发其本人的低保金。

五是加强信息衔接。市民政局将审批的农村低保、特困供养对象提供给市扶贫办，市扶贫办在建档立卡库内准确标注；各镇（办、处、区）将建档立卡贫困户中需要纳入低保兜底保障的人员名单提供给市民政局。每年6月、12月，市民政局与市扶贫办集中开展一次信息对接，动态更新完善信息台账。加强社会救助家庭经济状况核对机制建设，做好建档立卡贫困人口与农村低保对象的信息比对工作。

六是协同做好相关考核评估工作。凡未解决"三保障"问题的农村低保家庭，均不能宣布脱贫。考核评估建档立卡的"漏评"对象时，"建档立卡"外的农村低保对象、特困供养对象除存在义务教育、基本医疗、安全住房"三保障"问题外，不应作为"漏评"对象；考核评估建档立卡的"错评"对象时，因获得低保金后家庭收入超过扶贫标准但存在"三保障"问题的农村低保对象、特困供养对象，不应作为"错评"对象。

（二）落实农村特困对象救助供养政策

主要从三个方面推进相关工作。一是落实特困人员救助供养标准。每年从4月1日开始，落实十堰市政府公布的新供养标准，明确基本生活标准和照料护理标准。二是全面认定特困供养对象。精准认定特困供养人员，将符合条件的对象全部及时纳入特困人员供养范围。开展特困人员生活自理能力评估。《特困人员集中供养服务协议》《特困人员分散供养服务协议》《分散供养特困人员委托照料服务协议》三项协议签订率达到100%。三是加强农村福利院建设。推进农村福利院"平安工程"建设，从2018年至2020年，开展农村福利院消防设施、无障碍设施、特护设施改造和基础设施维修。逐步提高生活不能自理特困人员集中供养率，2018年全市不能自理特困人员集中供养率达到45%，2019年达到48%，2020年达到50%。推进农村福利院管理体制和服务模式改革，倡导农村福利院服务外包，不断提升服务质量。

（三）落实贫困人口养老保险代缴政策

按照国家统一部署，提高城乡居民养老保险基础养老金标准，按时足额发放到位。对建档立卡的贫困人员参加城乡居民养老保险的，由市财政为其代缴全部最低标准养老保险费。推进保费征缴方式和待遇领取资格认定工作。建立城乡居民养老保险缴费档次及补贴标准、待遇确定、基础养老金正常调整机制，实现城乡居民养老保险个人账户基金保值增值。推进"互联网+人社"行动，打造方便快捷的基层经办平台。

（四）落实残疾人"两项补贴"和临时救助政策

一方面，市残联将建档立卡的重度残疾人和纳入农村低保的残疾人纳入"两项补贴"（困难残疾人生活补贴和重度残疾人护理补贴）范围，符合补贴条件的，做到应补尽补。另一方面，对建档立卡贫困户、农村低保、特困供养对象、孤儿享受政策后生活依然困难的，或其他因意外伤害导致生活困难家庭，给予临时救助。简化优化审核审批程序，科学合理制定救助标准，完善临时救助政策措施，提升临时救助实效和救助水平。依托各镇（办、处、区）公共服务平台，搭建社会救助"一门受理、协同办理"平台，全面开展"救急难"工作，推进"救急难"提质增效。

（五）重点帮扶深度贫困村

按照党中央、国务院"三个新增"（新增脱贫攻坚资金主要用于深度贫困地区，新增脱贫攻坚项目主要布局于深度贫困地区，新增脱贫攻坚举措主要集中于深度贫困地区）的要求，加大对深度贫困村的资金和项目扶持力度。鼓励和引导社会力量参与深度贫困村攻坚脱贫。

二、丹江口市低保兜底成效及经验启示

（一）丹江口市低保兜底成效

首先是低保兜底核查工作稳步推进，大幅度减少错保、漏保等现象的发展。全面开展按户施保，采取入户调查、邻里访问、信函索证、信息比对等方式，准确核算农村困难居民家庭收入和财产，把家庭收入低于低保标准且财产状况符合规定条件的家庭纳入农村低保救助范围，确保农村困难群众依法救助，以户保障，精准脱贫。其次是低保兜底标准大幅度提高。从2016年4月1日起全市城乡低保、农村五保保障标准和补助水平得到较大幅度提升，其中农村最低生活保障标准由2280元/年调整为2820元/年；农村集中供养五保标准由4200元/年提高到6000元/年，农村分散供养五保标准由3000元/年提高到4800元/年。使丹江口市的社会救助标准达到了扶贫线，为社会保障兜底奠定了基础。此外，对精准扶贫对象户重大疾病患者及时纳入大病救助。对建档立卡贫困对象住院新农合报销后年超过3000元以上纳入基础性医疗救助，自付合规部分超过2万元以上纳入重特大疾病救助。到2018年，全面落实保障兜底政策，将20405名贫困人口纳入农村低保，将2927名农村五保对象纳入贫困人口予以帮扶。从2018年4月1日起，农村低保标准提高到4320元/人·年，农村五保集中供养标准提高到 10200 元/人·年，分散供养标准提高到 6600 元/人·年，实现了与脱贫标准的有效衔接。最后，初步实现低保兜底动态管理。注重特困群体保障监控，对收入发生变化的家庭及时动态调整，按不低于农村低保标准 20% 的标准增发补助金，确保特困群体"兜得住、兜得牢"。到 2019 年年初，丹江口市为全市 58899 名 16—59 周岁贫困人口代缴了每人 100 元的城乡居民养老保险，22483 名 60 周岁以上贫困人口领取城乡居民养老保险补助。全市享受困难残疾人补贴 6994 人，享受重度残疾人护理补贴 8120 人。

（二）丹江口市低保兜底工作经验启示

一是建立低保兜底组织机制。各镇（办、处、区）进一步提高政治站位，切实把落实社会保障兜底脱贫作为打好精准脱贫攻坚战的重要任务列入工作日程，周密制定方案，有力有序推进。丹江口市扶贫攻坚指挥部成立社会保障兜底扶贫工作领导小组。领导小组办公室设立在市民政局，与社会救助部门联席会议办公室合署办公，由市民政局牵头，负责日常工作，财政、扶贫办、人社、残联、团委、妇联等单位配合。健全工作机制，相互支持配合，定期协商交流情况，研究解决存在的问题。重点做好民政、人社、残联等部门数据信息与扶贫办部门数据信息共享，为精准保障打实基础。二是明确责任分工。市民政局履行牵头职责，重点负责做好农村低保制度与扶贫开发政策衔接、农村特困对象救助供养政策落实工作；市扶贫办重点负责扶贫开发政策与农村低保制度有效衔接，落实各类对象扶贫开发政策和措施工作；市财政局重点负责相关资金保障和监管工作；市人社局重点负责落实贫困人口养老保险代缴政策工作；市残联重点负责残疾人等级鉴定、"两项补贴"审核，会同市民政局做好"两项补贴"发放工作。三是坚持客观认定，保证低保识别、实施的公平、公正。低保制度优势在于不附加先决条件、不考虑社会身份，唯一的认定条件就是家庭人均月收入是否低于当地低保标准，且纳入低保兜底后，困难群众最基本的生活能得到保障。因此，应严格按照"家庭申请—乡镇审核—县级审批"流程规范申请程序；将全市普查出的长期大病患者、精神病患者、重度残疾人全部纳入低保一类救助。实行动态化管理，对于已经享受低保救助的对象，通过年审制度加以调整，符合条件的继续享受，不再符合条件的停止发放，确保"应保尽保、应退尽退"。四是注重提升低保标准，实现低保制度与精准扶贫有效衔接。一方面，建立农村低保标准和物价上涨的联动机制，及时更新调整，保障困难群众基本生活需求。另一方面，健全低保和扶贫开发的信息系统，建立农村低保和建档立卡人员数据共享平台，及时增补更新信息，确保所有对象相关数据完整。实施实时动态监测，每季度对农村低保和建档立卡贫困人口进行信息比对，有效促进两项制度衔接。

第三节　保民生：安幼养老的精细化服务

近年来，为进一步巩固脱贫攻坚成果，丹江口市以促进农村适龄幼儿、老年人幸福生活为落脚点，建立健全安幼养老关爱服务体系，着力完善关爱服务网络，提升关爱服务能力，建立农村安幼养老联络人和定期探访制度，推广互助和志愿服务活动，使农村适龄幼儿、老年人得到基本生活照料和更好关爱服务。

一、丹江口市安幼养老的目标规划

2018 年，丹江口市制定了《丹江口市安幼养老工作实施方案》，从制度层面对安幼养老工作进行规定。《方案》肯定了乡贤、退休干部、退休教师等在农村教育方面的作用，要求用好用足村级卫生室、党群服务中心、集体闲置房等资源，努力为农村困难适龄幼儿就近就地提供入园入学条件，为老年人提供养老服务条件，实现幼有所育所教、老有所养所乐，不断提升基层公共服务水平。

就《方案》的目标设定来看，丹江口市2018年建立16个老年人托养中心，40个农村老年人互助照料活动中心，15个幼儿托管中心，50个安幼示范之家；到2020年共建立194个农村老年人互助照料活动中心，30个幼儿托管中心，80个安幼示范之家。全面建立农村适龄幼儿、老年人关爱服务工作机制和管理制度，初步形成关爱服务体系，普遍开展关爱服务，儿童学习、生活、成长环境得到明显改善，老年人安全更有保障，生活幸福感明显提升，全社会关爱农村适龄幼儿、老年人的意识普遍增强，农村儿童、老年人留守现象明显减少。

二、幼有所安，老有所养的制度性安排

（一）建立健全安幼养老组织保障机制

一方面，把安幼养老关爱服务工作作为乡镇政府重要工作内容，落实镇（办、处、区）属地管理责任，强化民政、教育、老龄、妇联等有关部门的行业主体责任。另一方面，注重镇、村（社区）层面的基础数据信息的收集、维护和更新。每季度更新一次留守人员信息台账，准确掌握农村适龄幼儿、留守老年人和经济困难家庭的高龄、失能老年人的数量规模、经济来源、家庭结构、健康状况、照料情况、存在困难及监护人联系方式等基本信息。

（二）多元主体参与，打造"大关爱群体"

一是落实赡养义务人主体责任。鼓励家族成员和亲友近邻为留守人员提供关爱服务，避免生活不能自理的老年人单独居住生活。抚养、赡养义务人与亲属或其他有关爱意愿的人签订委托照顾协议，并

妥善安排好留守人的生活。村（居）民委员会要主动了解掌握抚养、赡养义务人去向和联系方式。对患有严重疾病、已经丧失自理能力的老年人，家庭内部应协商至少留下1名子女在家照料。对赡养人、抚养人不履行赡养、抚养义务的，村（居）民委员会、老年人组织或者赡养人、扶养人所在单位应当监督其履行相应义务，情节严重的，相关执法部门要依法追究其法律责任。二是充分发挥工会、共青团、妇联、残联等社会团体的作用，按照各自职责开展关爱服务。组建留守人员服务志愿者队伍，引导志愿者和志愿服务组织与留守人员结对帮扶，为他们提供内容丰富、形式多样、符合需要的志愿服务。发挥社会团体人文关怀、助人自助的专业优势，通过向镇、村延伸设立社团工作站点和政府购买服务等方式，及时为留守人员提供心理疏导、情绪疏解、精神慰藉、代际沟通、家庭关系调适、社会融入等服务。鼓励农村经济合作社、农村电商组织等其他社会力量参与安幼养老工作。

（三）创新安幼养老关爱模式

首先，加强安幼养老基础设施建设力度。加强农村幼儿园和托幼机构建设，根据农村实际需要，立足现有村小学、教学点，在新生儿童较多的村和移民安置点新建和改扩建幼儿园，保障村村安幼工作落地生根。鼓励各镇、村利用党群服务中心或福利院、公租房建设村级安幼养老之家，实现村村安幼养老场所全覆盖。其次，每个镇（办、处、区）要依托农村福利院建立老年人托养中心，在满足农村五保对象、孤儿集中供养需求的同时，向有需求的农村适龄幼儿、老年人开展代养服务。所有村要依托党群服务中心、村卫生室、集中安置点等设施，通过添置设备和完善功能，按照不低于2间房屋100平方米的规模建立农村老年人互助照料活动中心，每个补助4万元。经费来源除省级补助外，不足部分从本级彩票公益金中解决。最后，建立帮扶联系和定期探访制度。把农村安幼养老工作与精准扶贫工作相结合，逐户建立帮扶明白卡，明确帮扶项目、责任人、联系方式等，每周通过电话问候、上门访问等方式，了解或掌握农村留守人员生活情况、家庭赡养责任落实情况，并做好记录。将存在安全风险和生活困难的留守人员作为重点帮扶对象，及时通知并督促其子女和其他家庭成员予以照顾。将关爱服务纳入村规民约，增强对家庭赡养义务人的道德约束。完善政府购买服务，所有村都要落实一名安幼养老服务员，负责及时更新留守人员信息台账，随时跟踪掌握独居、失能、贫困、高龄等特殊困难幼儿和老年人情况并及时实施关爱救助。

（四）建立多部门间协调机制，统筹推进安幼养老工作安排

建立健全党委领导下的政府支持保障、部门协同配合、村（居）民委员会发挥骨干作用、社会力量广泛参与的安幼养老服务工作机制。公安部门要依法严厉打击侵害适龄幼儿、老年人合法权益的违法犯罪行为。民政部门牵头做好工作协调，培养壮大安幼养老志愿者服务队伍，加快农村养老服务设施建设。教育部门要负责在校农村适龄幼儿的关爱服务工作，加快农村安幼服务设施建设。司法行政部门做好法治宣传教育工作，依法为农村适龄幼儿、老年人提供法律援助服务。财政部门积极支持农村适龄幼儿、老年人关爱服务工作，完善政府购买服务制度，确保安幼养老服务人员待遇到位。人力资源和社会保障部门建立健全覆盖城乡居民基本养老保险、基本医疗保险等社会保障公共服务体系，逐步提升社会保障水平。文化部门依托基层综合性文化服务中心，为农村适龄幼儿、老年人提供丰富多彩的精神文化服务。卫生计生部门落实基本公共卫生服务项目，为65岁以上农村留守老年人提供健康管理服务，会同民政部门、医疗机构等推进医养结合工作。扶贫部门落实脱贫攻坚政策，坚持应扶尽扶，确保农村适龄幼儿、老年人家庭全部脱贫。工会、共青团、妇联、残联等部门结

合各自优势，协助创办安幼养老示范点。各驻村工作队协助村委会把安幼养老具体工作落到实处。

　　本章从治病根、兜底线与保民生三个方面呈现了丹江口市克服深度贫困、提升民生福利的实践过程。在当前的贫困问题中，贫困的多维性和深度性愈发明显。这其中，健康既是贫困形成的主要因素，同时也是扶贫治理的重要抓手。历史性地来看，丹江口市的健康扶贫所取得的成就并不是一蹴而就，而是长期以来高效的组织机制、精准的扶贫分类治理模式以及有效的社会动员共同合力的结果。此外，在整个脱贫攻坚过程中，低保兜底顺利实现了其与精准扶贫的有效衔接，这为地方打赢脱贫攻坚战提供了最后的保障。安幼养老工作的实施一方面是丹江口市聚焦特殊留守群体、继续精准扶贫的民生建设工程，另一方面也是当地先行乡村振兴的一种有效尝试。总体而言，三个方面的内容并不是相互独立和机械分割的，而是有机统一在提升脱贫攻坚质量，开展脱贫攻坚与乡村振兴有效衔接之中。

　　从空间社会学的相关理论看，本章主要阐述了丹江口市在脱贫攻坚中，从社会空间的医疗保障、兜底保障和安幼养老三个方面出发，进一步巩固脱贫攻坚成果的具体形式，也在更广泛的范围内对贫困家庭和社区的发展空间进行塑造和优化。该地区由于地理空间、经济空间、健康空间、人力空间等耦合机制，造成村庄居民的经济能力低下、社会网络单一、医疗卫生水平较低、资源缺乏、"急、重、危"疾病易生且贫困群体大等问题，表明了贫困具有长期性、复杂性、多因性和动态性的特征；其中，因病致贫返贫是阻碍贫困居民脱贫的重要因素，即需要发挥医疗健康空间在脱贫攻坚中的重要性作用，扎实推进基本医疗卫生服务，建设立体化健康扶贫体系才能够解决贫困户脱贫的后顾之忧；农村低保在脱贫攻坚战中也发挥着兜底保障的作用；安幼养老可以提升关爱服务能力，完善关爱服务网络，优化贫困户和贫困村发展的社会空间。此外，在政治空间中，强化党委、政府的主导作用，加强组织领导，落实部门责任，部门间构建起协助机制，形成社会空间保障合力，从而构建起长效的扶贫机制和脱贫成果巩固功能，提升脱贫攻坚质量。

第七章

谋脱贫攻坚之远：教育扶贫

长期以来，教育扶贫作为斩穷根、阻断贫困代际传递的根本手段之一一直受到党和国家的高度重视。党的十八大以来，在习近平总书记"扶贫必扶智"等有关扶贫重要论述的指导下，顶层设计层面上，我国教育扶贫的核心理念由追求教育起点公平转向教育起点与教育过程并重的综合教育扶贫，注重实施教育精准扶贫，形成了志智双扶理论、优质教育资源均等化理论等重要理论创新；实践层面上，在坚持理论创新和方法创新的基础上，注重理论联系实际，我国教育扶贫取得了显著的成绩，贫困地区的教育不足问题也得到了改善。

第一节 丹江口市教育扶贫的背景及现状

一、教育扶贫的宏观政策背景

新中国成立以来，我国的教育扶贫大致经历了如下几个阶段：第一个阶段是1949—1978年伴随着广义性减贫实践的工农教育普及时期。由于全国整体性教育基础薄弱，普及基本教育成为当时教育发展的首要目标。1978年以前，普惠式教育理念畅行，国家并没有出台专门的教育扶贫政策和专项行动。这一时期，全国农村地区广泛形成了生产大队办小学、公社办中学、"区委会"办高中的农村教育层级体系，创造了"政府补贴+公社公共经费分担"的全民普惠式教育模式。

第二个阶段是 1979—1985 年初等教育与职业教育并重发展时期。改革开放以来，人力资本存量低下与经济的快速发展之间不匹配问题越发严重，人口素质水平不高不仅制约了经济社会的发展质量，也是贫困地区长期贫困的重要影响因素。为了重点提升国民的教育水平，1984 年中共中央、国务院发布《关于帮助贫困地区尽快改变面貌的通知》，明确提出把增加智力投资作为扶贫的重要举措，要求在贫困地区有条件地普及初等教育、重点发展农村职业教育，加速培育适应工业化发展需求的现代化人才，从而拉开了国家针对落后地区教育扶贫的序幕。

第三个阶段是 1986—1993 年开发式扶贫时期初等教育普及与农村实用技术培训时期。随着改革开放的逐步深入，为适应现代工业化、农业化的发展需求，国家在"七五"发展计划中，重点强调要把提高人的素质和科技扶贫放在首要位置，在贫困地区广泛实施"星火计划""丰收计划""温饱工程""燎原计划"等，着重普及初等教育、发展职业教育和成人教育。

第四个阶段是 1994—2011 年伴随大规模减贫开发的九年义务教育普及和贫困人口受教育水平提升时期。这一阶段国家的教育扶贫措施更有针对性并奠定了进入 21 世纪以来国家经济社会发展对国民教育素质的需求。从政策制定层面来看，这一时期国家先后颁布并实施了《国家八七扶贫攻坚计划》《中国农村扶贫开发纲要（2001—2010年)》，其主要从三个方面对教育扶贫具体展开部署。一是明确提出要大力改善贫困地区教育文化落后状况，减免贫困家庭子女入学的学杂费，提升奖助学金资助力度，到 21 世纪初期基本实现九年义务教育普及。二是更加积极开展成人职业教育和技术培训，实行农科教结合，统筹发展普通教育、职业教育、成人教育、扶贫开发以及"丰收""星火""燎原"等计划项目。三是先后实施两期"国家贫困地区义务教育工程"项目，累计中央财政投入 89 亿元，地方财政配套110.6 亿元，实施范围集中在中西部地区的贫困县市。

第五个阶段是 2012—2020 年精准扶贫攻坚中教育资源进一步均等

化与教育精准扶贫时期。这一时期教育扶贫的目标和措施更具有针对性。首先，《中国农村扶贫开发纲要（2011—2020 年）》明确提出"两不愁三保障"的总体目标，对教育扶贫的目标作出了详细的规定：到2015 年，贫困地区学前三年教育毛入园率有较大提高；巩固提高九年义务教育水平；高中阶段教育毛入学率达到 80%；保持普通高中和中等职业学校招生规模大体相当；进一步提高农村实用技术和劳动力转移培训水平；到 2020 年基本普及学前教育、高中阶段教育，发展远程继续教育和社区教育。其次，进入脱贫攻坚期以来，教育扶贫作为脱贫攻坚战的重要措施，让贫困家庭子女都能接受公平有质量的教育，实现教育资源进一步均等化成为新时期教育扶贫的重要指导精神。

二、丹江口市教育及教育公共服务发展现状

教育是提高人口素质、促进人的全面发展的重要途径，同时也是推动脱贫的有效路径。习近平总书记在 2013 年的中央农村工作会议上指出，"要紧紧扭住教育这个脱贫致富的根本之策，再穷不能穷教育，再穷不能穷孩子，保证贫困家庭孩子受到教育，不要让孩子输在起跑线上"。中共中央、国务院于 2015 年 11 月发布了指导精准扶贫的纲领性文件——《关于打赢脱贫攻坚战的决定》。《决定》中提出了五项具有针对性的脱贫政策举措，即"五个一批"。"发展教育脱贫一批"是其中一项，《决定》中明确指出，"加快实施教育扶贫工程，让贫困家庭子女都能接受公平有质量的教育，阻断贫困代际传递"。党中央、国务院将发展教育作为脱贫的重要手段。通过教育，个体的能力和素质得以提升，具备生存和发展的基础。正如阿马蒂亚森所说，"可行能力是一种自由，是实现各种可能的功能性活动组合的实质自由（或者用日常语言说，就是实现各种不同生活方式的自由）"。发展教育能够使贫困人口提升自我"造血"能力及自我发展的能力。发展教育能够使贫困家庭的子女掌握谋生手段，拥有选择生活方式的主动权，帮助其

突破贫困代际传递，彻底斩断穷根，是乡村孩子走出去的希望。此外，发展乡村教育还关系着城乡教育公平的推动及乡村振兴战略的推进。

在全面落实精准扶贫方略以前，我国的乡村教育面临着严峻的挑战，丹江口市也不例外。尽管经过多年发展，丹江口市基本形成了从幼儿园到高等学校多层次、多形式、多学科门类的完备的教育体系，完成了学前教育一、二期三年行动计划，率先通过了国家义务教育均衡发展县（市）的验收，并且完成了中职教育资源的整合，达到了全省教育强市的水平。但农村经济发展相对落后，与城镇地区相比，在教育方面也存在较大的差距，这影响着农村人口素质的提升、农村家庭的发展以及农村经济与社会的发展。精准扶贫之前的乡村教育主要面临以下几点问题：第一，由于经济条件差，贫困学生面临辍学或贫困家庭面临因学致贫的风险。在很多贫困地区，学前教育入学率偏低，高中教育不普及，"读书无用论"盛行。第二，农村办学条件差，学校基础设施不完善。在经济社会发展相对滞后的地区，教学条件差、生活配套设施不足，学校运转困难。第三，师资力量薄弱，教师流动性强。由于条件艰苦，工资待遇水平低，乡村学校难以留住优秀的教师。第四，职业教育体系不完善，职业教育水平低。一些地区的职业学校基础设施差，课程内容陈旧，没有紧跟市场需求，导致职业教育吸引力弱，招生困难。第五，特殊儿童群体缺乏关爱，流动人口随迁子女、困境儿童等缺乏平等的受教育机会，面临成长困境。

第二节 21 世纪以来丹江口市教育扶贫的政策安排及制度设计

经过实施贫困地区"两基"攻坚计划以及对农村义务教育阶段学杂费减免等措施，2006 年丹江口市基本扫除青壮年文盲和基本普及九年义务教育的"两基"任务检查合格。自此以后，针对丹江口市教育发展的政策安排和制度设计开始由外延式扩张向内涵式提升转型。党的十八大以来，在习近平总书记关于扶贫工作重要论述的指导下，丹江口市教育扶贫精准施策，形成了系列制度和行动规划。

一、教育扶贫的政策依据

2015年年底湖北省教育厅出台了《湖北省教育精准扶贫行动计划（2015—2019年）》，提出"全面支持，不落一县；重点建设，不落一校；对口帮扶，不落一户；困难资助，不落一生"的工作总要求。《行动计划》中提出了六大目标：（1）学龄人口全部入学。全面普及贫困地区学前一年教育，义务教育入学率达100%。（2）困难学生全程资助。要求实现从学前教育到高等教育的学生资助全覆盖，避免出现因贫失学现象。（3）薄弱学校全面达标。完成义务教育学校"全面改薄"任务，办学条件基本达到国家标准。（4）教师培训全员覆盖。将贫困县（村）中小学（含幼儿园）教师轮训一遍，提高中小学教师信息技术应用能力和教育教学水平。（5）智力扶持全力支撑。采取对口帮扶和阶梯帮扶的方式，推动高校与37个贫困县建立帮扶关系，在人才培养、区域规划、产业发展、科技创新等方面提供全方位支撑。（6）均衡发展全数实现。巩固提高18个已通过国家验收的县（市）义务教育均衡发展水平，确保未接受国家验收的19个县（市）到2018年全部通过国家验收。《行动计划》列出了教育扶贫的10个重点项目，分别为：家庭经济困难学生资助、优质学校面向贫困地区定向招生、特殊群体全面关爱、贫困地区薄弱学校改造、扩大贫困地区学前教育资源、贫困地区农村教师素质提升、贫困地区职业学校质量提升、贫困地区农村劳动力实用技术技能培训、促进贫困家庭毕业生就业创业、贫困地区教育信息化建设。

2016 年 4 月，十堰市根据《湖北省教育精准扶贫行动计划(2015—2019 年)》和《中共十堰市委十堰市人民政府关于深入推进精准扶贫精准脱贫的实施意见》的文件精神，结合十堰市实际，制定了《十堰市教育精准扶贫实施方案》。方案中提出了五项重点任务：（1）落实教育惠民政策。对家庭经济困难的学生进行资助，资助标准为：学前教育阶段，按每生每年 1000 元的标准给予生活费补助。义务教育阶段，学费、课本费全免，按小学每生每年 1000 元、初中每生每年 1250 元的标准补助寄宿生生活费；继续实施农村义务教育学生营养改善计划。普通高中教育阶段，按每生每年 2500 元的标准发放国家助学金；中等职业教育阶段，学费全免，按每生每年 2000 元的标准发放国家助学金。对接受中、高等职业教育的农村建档立卡贫困家庭子女，按每人每年不低于 3000 元的标准予以"雨露计划"培训补助。积极开展社会助学活动，采取优惠政策叠加的方式，加大对特困学生的救助力度。（2）着力改善办学条件。建立贫困地区学前教育公共服务体系，帮助农村贫困幼儿接受学前教育；实施薄弱学校改造工程，确保学校校舍、教育装备、图书、生活设施等达到国家办学条件基本要求；实施普通高中建设攻坚工程，重点改造普通高中办学条件；加快教育信息化建设，推进"互联网+教育扶贫"。（3）全面提升教育质量。加强德育工作，加强对薄弱学校的智力支持，强化职业培训，加强教育科研。（4）加强教师队伍建设。加强乡村教师资源配置，增强农村教师职业吸引力；实现贫困县乡村中小学（幼儿园）教师（校长园长）培训全覆盖。（5）倾力特殊群体关爱。发展特殊教育，为残疾学生提供个性化教育和康复训练；关爱留守儿童，支持每个乡镇至少建成 1 个留守儿童关爱中心；保障进城务工随迁子女义务教育权利，将贫困地区进城务工人员随迁子女全面纳入城市义务教育经费保障范围。

二、丹江口市教育扶贫的实践思路

为贯彻落实精准扶贫的目标任务以及中央、省、市教育扶贫的相关政策，丹江口市教育局制定了《丹江口市教育精准扶贫工作实施方案》《丹江口市全面改善义务教育薄弱学校办学条件实施方案》，进一步明确了工作目标、任务和具体措施，并形成了围绕"一个中心"，抓住"两个重点"，实施"八大工程"，完成"五个目标"，实现"三个不落"的教育扶贫实践体系，从而保障教育扶贫工作的稳步推进（如图7-1）。

"一个中心"，即落实中共中央、国务院《关于打赢脱贫攻坚战的决定》中教育扶贫的要求，"让贫困家庭子女都能接受公平有质量的教育，阻断贫困代际传递"，这也是教育扶贫的根本目的；"两个重点"是教育扶贫的基本任务——贫困生资助和重点贫困村学校建设，建档立卡贫困家庭的学龄人口是教育扶贫的主要实施对象，通过对贫困生的资助解决因学致贫或贫困生辍学的问题；通过加强对贫困村学校的建设，改善教学环境、提高教学质量。丹江口市教育扶贫实践体系中的"八大工程"即为具体的教育扶贫举措。"五个目标"与《湖北省教育精准扶贫行动计划（2015—2019年)》中所列目标相一致，通过五个目标的确立保障措施的实施效果。"三个不落"与"精准扶贫，不落一人"的总体要求相契合，以此保障教育扶贫的精准性。

三、丹江口市教育扶贫的举措

（一）实施贫困学生资助工程

教育部于2016年12月发布的《教育脱贫攻坚"十三五"规划》

```
一个中心 ── 实施教育扶贫工作，让贫困家庭子女都能接
            受公平有质量的教育，阻断贫困代际传递

两个重点 ── 贫困生资助
         ── 重点贫困村学校建设

八大工程 ── 实施贫困学生资助工程
         ── 实施特殊群体关爱工程
         ── 实施全面改薄工程
         ── 实施职业教育质量提升工程
         ── 实施教育信息化建设工程
         ── 实施教师素质提高工程
         ── 实施学校对口帮扶工程
         ── "明白人"培养工程

五个目标 ── 学龄人口全部入学
         ── 困难学生全程资助
         ── 办学条件全面改善
         ── 教师培训全员覆盖
         ── 智力扶持全力支撑

三个不落 ── 改薄项目建设不落一校
         ── 贫困户对口帮扶不落一户
         ── 困难学生资助不落一人
```

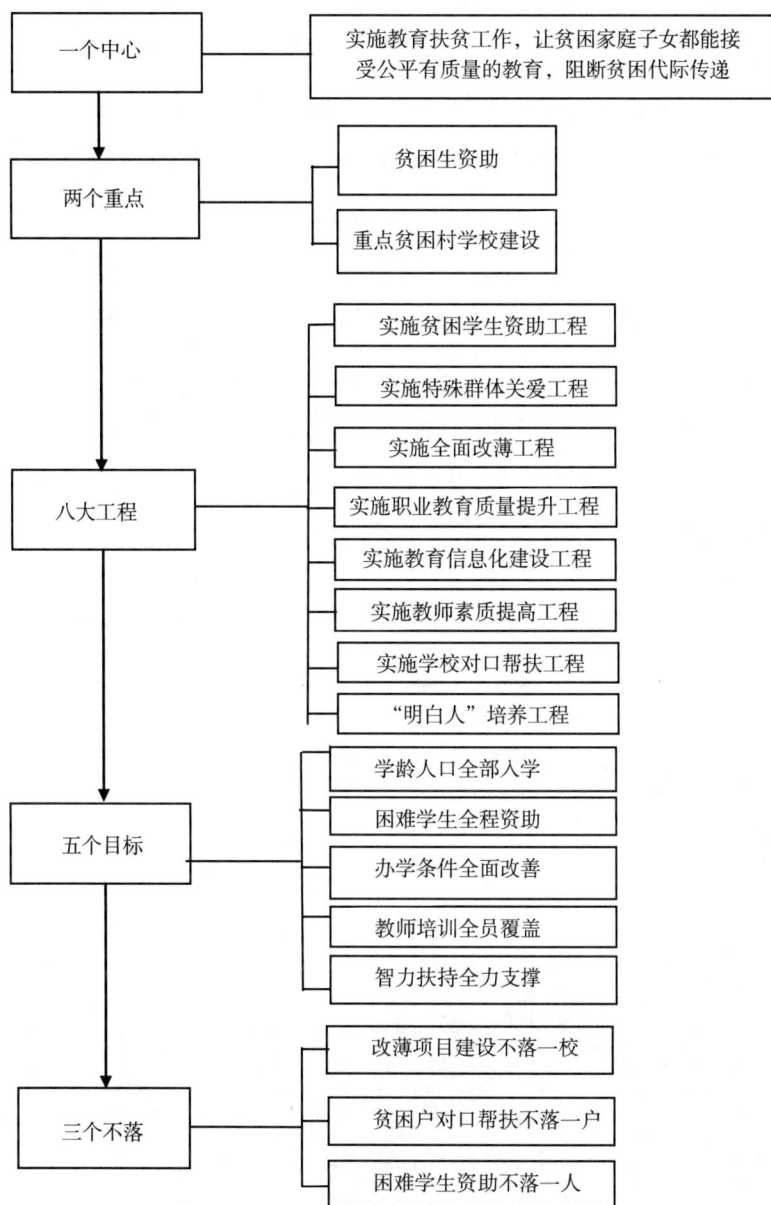

图 7-1 丹江口市教育扶贫的实践体系

中提出，"到 2020 年，贫困地区教育总体发展水平显著提升"，"保障各教育阶段从入学到毕业的全程全部资助，保障贫困家庭孩子都可以上学，不让一个学生因家庭困难而失学"。2014 年至 2018 年丹江

口市对贫困学生资助情况如表7-1所示。丹江口市对困难学生的资助实现了从学前教育阶段到高等教育阶段全覆盖且资助力度大、惠及学生人数多，达到了学龄人口全部入学的目标。同时，加大对资助政策的宣传力度。首先，利用广播、电视、网络等媒体资源宣传相关政策。从2019年秋季起，学生资助资金的发放采取网上公示方式，实现资助情况公开透明化。第二，制作发放学生资助政策明白卡，内容包括学生基本信息、资助政策及每学年学生获得的资助资金，让学生家长更好地了解资助政策和受资助情况。第三，印发政策宣传画4000余张，在学校橱窗等醒目的位置进行张贴，并开展"国家资助·助我成长"资助征文活动，评选获奖作品和优秀指导教师，开展"讲好资助故事"活动，让受助学生讲好自己或身边的资助故事。

表7-1 丹江口市2014—2018年学生资助情况统计表

（单位：人次，万元）

年份＼对象	学前教育贫困家庭幼儿		农村义务教育阶段家庭经济困难寄宿生				普通高中贫困学生		中职贫困学生		贫困大学新生		发放助学贷款	
			小学		初中									
	人数	金额	人数	金额	人数	金额	人数	金额	人数	金额	人数	金额	人数	金额
2013—2014	850	42.5	2860	286	1712	214	1558	232	5130	910	100	20	1725	1076
2015	650	32.5	4575	228.8	4084	255.3	3088	303	7273	727.3	159	23.2	1816	1222
2016	2030	98.5	3240	162	2400	150	3933	386.6	6599	764.1	—	—	1943	1358.1
2017	4730	340	8010	585	2831	239.7	1326	253.8	865	221.7	1521	417.6	—	—
2018	1747	87.4	2053	102.7	2464	154	3520	418.9	7383	902.7	—	—	1879	1386.3
总计	10007	600.9	20738	1364.5	13491	1013	13425	1594.3	27250	3525.8	—	—	—	—

数据来源：根据丹江口市教育局提供资料整理。

（二）实施特殊群体关爱工程

截至2017年，丹江口市建成了13个留守儿童关爱中心、7个心理咨询辅导室，并开展"爱心妈妈""亲情热线"等系列关爱活动。实施特殊教育提升计划，改善特殊教育学校的办学条件，特校生均公用经费达 6000 元，采取随班就读或特校就读的方式，保障了残疾儿童接受义务教育的权利。

（三）实施全面改薄工程

党的十九大报告强调，"推动城乡义务教育一体化发展，高度重视农村义务教育"，"努力让每个孩子都能享有公平而有质量的教育"。全面改善贫困地区义务教育薄弱学校基本办学条件，有助于促进义务教育的均衡发展，补齐贫困地区学校的短板，助力教育脱贫攻坚。丹江口市投资近 2 亿元，建成思源实验学校，改造加固 30 余所学校校舍，为全市义务教育学校采购课桌、一体机和学生床等设备，大大提升了学校的硬件设施。

（四）实施职业教育质量提升工程

职业教育重在培养对接市场需求的应用技能型人才，有利于提升贫困人口的自我发展能力，是破解素质型贫困的关键，在教育扶贫中发挥重要作用。丹江口市将六所中职学校资源进行有机整合，成立了汉江科技学校，2017 年秋季招生首次突破千人大关；另外，投资1050 万元改造校舍，建设实训基地，打造特色专业品牌。

（五）实施教育信息化建设工程

教育信息化打破了教育在时间上和空间上的限制，是促进教育资源共享最有效的途径。截至 2017 年，丹江口市建成了覆盖全市所有学校的"三通两平台"，即宽带网络校校通、优质资源班班通、网络学习空间人人通，教育资源公共服务平台和教育管理公共服务平台，建成录播教室 14 个，实现了城乡学校优质教育资源共建共享。

（六）实施教师素质提高工程

2014 年 9 月，习近平总书记在考察北京师范大学时指出，"百年大计，教育为本。教育大计，教师为本"。"国家繁荣、民族振兴、教育发展，需要我们大力培养造就一支师德高尚、业务精湛、结构合理、充满活力的高素质专业化教师队伍，需要涌现一大批好老师"。为提高教师素质，丹江口市教育局广泛开展了"修德提能笃行"的教育实践活动，并筹措 1000 多万元进行教师培训。2017 年培训教师达 6834 人次，组织 353 名教师参与了城乡交流支教。目前，丹江口市已成立 40 余个名师工作室，构建教师专业发展长效机制。以名师为引领、以学科为纽带，以培养高层次教育教学专业人才为目标，开展优秀教师培养、课题研究、教学资源开发、教育教学成果推广、送教下乡等活动。丹江口市已建成多课程多层次的名师工作室。

（七）实施学校对口帮扶工程

党的十九大报告指出，要"推动城乡义务教育一体化发展"。为促进教育资源的优势互补，缩小城乡教育水平差距，丰富乡村教育，丹江口市积极探索实施"名园+新园""名园+弱园""集团化办园"模式，深化协作区、联合体管理体制，扎实开展城乡学校对口帮扶和送教送研下乡、城乡教师对口交流支教活动。全市 2248 名教师整体加盟国家教育资源共建共享联盟，18 所中学加入"百校双师计划"，30 名教师赴北京市海淀区跟岗学习，100 余名教师参与互访交流，60 余名学生赴京游学访学，10 所学校分别与北京名校建立"手拉手"对口协作关系。

（八）"明白人"培养工程

丹江口市将市一中 80% 的招生名额分配到各初中学校，保证贫困家庭优秀初中毕业生能接受高中教育。以汉江科技学校为主阵地，开展"两后生"汽车修理、护理救助、计算机应用等实用技能培训524 人次，与劳动等部门配合开展精准扶贫社会培训 3372 人次。

第三节　丹江口市教育扶贫成效与经验总结

一、丹江口市教育扶贫成效

（一）教育基础设施建设发展迅速

2011 年起，丹江口市连续实施了两期《学前教育三年行动计划》，新建、改扩建公办园 35 所，实现每个乡镇都至少有一所中心幼儿园。40 年间，全市幼儿园由 1978 年的 2 所（规范办园）增加到如今的 107 所（含农村教学点附设幼儿班 32 所），在园幼儿由 310 人增长到 17002 人，专任教师由 12 人增加到 998 人，学前三年毛入园率达 88.8%。2015 年，丹江口市被省人民政府教育督导室、省教育厅授予"湖北省学前教育示范县（市、区）"荣誉称号。进入精准扶贫阶段，2014 年，丹江口市制定了《丹江口市全面改善义务教育薄弱学校基本办学条件规划（2014—2018 年)》。5 年间累计投入 2.06 亿元（中央资金 9090 万元，省级资金 725 万元，县级资金 10772 万元），开工建设 60 所学校共 124 个项目，新增校舍面积 106700 平方米、室外运动场面积 92451 平方米，完成了 79 所学校的设备采购，新增生活设施 10403 台（件、套）、图书 16.7 万册、课桌椅 19578 套、教学仪器设备 10588 台（件、套）。

（二）教师配置优化明显

第一，教师数量增加明显，教师课程质量提升巨大。乡村教师是发展乡村教育的关键，决定着乡村教育的质量，影响着乡村教育的未来。2015 年国务院办公厅发布了《乡村教师支持计划（2015—2020年)》，支持贫困地区乡村教师队伍建设，并提出建立乡村教师荣誉制度，增强乡村教师的荣誉感。丹江口市集山区、老区、库区于一体，大部分农村地区位置偏远，交通条件不便利，学校办学水平低，教学与生活环境差，导致乡村教师职业缺乏吸引力。因此，长期以来，丹江口市的教师资源较为短缺。1978 年，全县共有教师 5164人，其中民办教师 2591 人，乡村小学教师均属民办教师。自 2012 年起，丹江口市每年公开引进硕士研究生、招录全日制大专以上学历教师 100 人左右。目前，全市共有教师 3475 人，中级以上专业技术职务人数占全市教职工总数的 71.8%，有丹江名师 40 名、丹江口市"明星校长" 10 名、十堰市骨干教师 100 名、十堰名师 6 名、省特级教师 2 名，3 名教师分别荣获"荆楚楷模""荆楚好老师"和"湖北省农村先进教师"称号。2015 年，以"国培"试点县为契机，搭建市级、片区、学校三级研修网络平台，组建"丹江口市百人送教团队"，累计开展送教下乡培训 80 余场次，培训教师 1 万余人次，开展校本研修指导 177 场次，录制示范课（优质课）资源 322 节，生成优质课例视频 350 节、优质课件 320 件、优质微课 310 个、优质导学案300 份、优质专题讲座 140 个，实现了课程资源各学科、各学段全覆盖目标。近年来，丹江口市抢抓南水北调对口协作机遇，主动与省内外高校和北京市海淀区教委等单位进行对接，18 所中学同步加入"百校双师计划"，2248 名教师整体免费加盟国家教育资源共建共享联盟。6 年间，300 余名教师先后参与了北京名校互访交流，180 名教师、校长分期分批赴海淀区名校跟岗学习，教师队伍整体素质进一步提升。

第二，为留住乡村教师以及吸引优秀师资向乡村流动，丹江口市不断提高乡村教师的待遇，按山区 162 元、库区 135 元、公路沿线108 元每月的标准为乡村教师发放农村津贴。2014 年起，丹江口市为乡村教师发放生活补助，补助标准为：镇中小学每人每月300元、村小学每人每月400元、教学点每人每月600元，累计发放补贴已达6165.74万元。此外，丹江口市还为乡村教师建设了周转房，共投资2965万元，共564套。尽管当前乡村学校各方面的条件较以前有了很大提高，但与城市地区相比仍存在一定差距。教师能够驻守于乡村，靠的更是甘于奉献的师者精神。乡村教师用坚守和奉献为乡村孩子的成长之路点亮了一盏明灯，使乡村孩子有了走出去的希望。

案例7-1　彭玉生：守望乡村教育[①]

彭玉生是丹江口市龙山镇彭家沟小学的一名高级教师，2006年荣获"东芝希望工程园丁奖"，并作为湖北省唯一一名代表应邀在人民大会堂出席颁奖仪式；2014年荣获全国模范教师称号；2019年获"荆楚好老师"荣誉称号。彭玉生自师范学校毕业后便一直扎根于库区教育的第一线。如今，43岁的彭玉生已在彭家沟小学坚守了二十多年。受资源、交通等因素的限制，库区的经济发展水平低，教育也相对滞后。1996年，师范毕业的彭玉生回到家乡小学，看到村小的办学条件差，孩子们学习刻苦，便暗下决心：让每一个学生都能够接受良好的教育，把真情献给留守学生和贫困生，决不让一个学生辍学，一个都不能少。

1999年秋季开学，发现李琴同学没有报到，彭玉生亲自上门找她。第一次去家里没人，第二次去，家长说孩子已到十堰城区做保姆了。彭玉生不甘心，第三次再去时，看到李琴母女二人在地里干农活。彭玉生二话没说，拿起工具就帮着干。天快黑了，李琴妈妈说："彭老师，你不用找了，明天我送她去。"在

返校的路上，因躲避一农户家的狗追，彭玉生不慎掉进3米多深的刺架里，身体多处被刺破，脚也扭伤了，但还是一瘸一拐地摸了3公里的黑路回到学校。第二天，彭老师早早在校门口等，却没见人影。于是，他第四次踏进李琴的家。这次他的态度十分坚决——必须亲自将学生连同被褥、书包带回学校。经过再三劝说，李琴的母亲终于向他透露了苦衷：家里实在没有钱，还指望她多做些家务，让她弟弟上学。彭玉生心一狠："李琴的学费、生活费全包在我身上，不让家里拿一分钱。"李琴终于又回到了学校。彭玉生先后资助过40多名学生，给学生垫学费、生活费，购买本子、笔、衣服、药品等，累计过万元。为了留住每一个学生，每个学期彭玉生都要家访学生1到2次。在他的影响下，老师们都纷纷效法，进行家访。多年来，这里的入学率一直保持100%，没有流失生现象。

此外，彭玉生还利用网络平台汇聚社会上更多人的爱心，来帮助学校贫困家庭的学生。为了争取信任，还邀请资助者实地考察或与受助者视频通话。为了丰富学生的课余生活，彭玉生利用进城学习的机会，自费购买了500多本书办起了教室图书角。

乡村小学留不住人，年轻的老师来了又走，换了一茬又一茬，孩子们对知识渴求的目光，是彭玉生在讲台上坚守下去的动力。已在村小坚守了二十多年的他掷地有声地说："为了那些舍小家而顾大家的内迁移民们的孩子，我愿意在这里干到退休！"

二十年来，他所任教的学科，在全镇调研考试中，始终名列前茅。他撰写的《农村小学科学如何进行有效实验》《教师应慎用手中的评价权力》《圆的面积》等多篇论文和教学设计荣获省、市一等奖。他多次被评为丹江口市优秀教师、师德标兵、龙山镇优秀共产党员、优秀班主任，其事迹被《丹江口地方人物志》收录。

案例7-2 蔡明镜："90后"的山花别样红①

蔡明镜，女，共青团员、大学本科文化，1994年出生，家住丹江口市城区。2015年8月参加工作，现为丹江口市龙山镇彭家沟教学点教导主任兼班主任。在平凡的岗位坚守三年后，她成为丹江口市第一个走上"双师"（双师：线上一位教师，线下一位教师）课堂的老师。

2015年夏，她从汉江学院毕业后，参加了丹江口市农村新机制教师招考。8月底，经过一路颠簸，她来到人生新的起点——丹江口市龙山镇彭家沟小学。此地距离龙山镇还有10公里，山路崎岖，令她晕车难忍。学校只有50多名学生、7名教师，却有学前班、1至4年级共五个班级，她主教英语之外，还兼代多个学科。她一周只有一天休息，学校距她的家有80多公里，常常是早上天没亮就开始等车，临近中午才到家。万一赶上雨雪天，就得走上5公里，赶早上6点的船。远的学校，忙碌的教学，让原本踌躇满志的她一下子跌入冰谷。起初，她封闭自己，不愿与同事言笑。就在心理防线接近崩溃时，她发现抽屉里有一张纸条，上面写着："小蔡老师，请你试着接纳这里，等到明天太阳升起的时候，你会发现这里也有别样的灿烂。"温暖激励的话语让她重拾希望。校长彭玉生扎根库区乡村教育二十多年，荣膺全国模范教师，先后获希望园丁奖和乡村教师奖。在他的事迹感召和鼓励下，蔡明镜放下了心理包袱，开始与同事交流，与学生游戏。

蔡明镜为所有留守儿童建立了详细档案，并实时跟进，邀请每个老师认领学生，带领老师们渐渐走进了孩子的内心世界。三

① 案例材料源于丹江口市文明办、蔡明镜：《"90"后的山花别样红》，十堰好人榜，见 http://www.10yan.com/2019/0919/607343.shtml。

年来，她坚持带孩子们到户外散步谈心、组织留守儿童开展活动。为了提高学生学习兴趣，蔡明镜将课堂教学游戏化。课文成了情景剧的剧本，识字成了摘苹果大赛，回答问题变成了正字闯关，课后作业变成了绘画，或朗诵（诗配画）……她的课堂变成了舞台、乐园，教室被"观众"围满。蔡明镜将学校存在的问题做成图文并茂的简书、美篇，在网上寻求公益组织。功夫不负有心人，在"担当者行动"为学校援建校园图书角的带动下，"一校一梦想"为学校建设澡堂、捐赠校服；"幕天"为学校捐赠图书，"中国娃"为学校建起了爱心微机室，"麦田"公益为学校捐赠彩虹口袋、图书，上海爱心人士资助贫困学生文具、校服、床单被罩，北美外教在学校开启了免费一对一的英语辅导课程等。三年来的努力，她为学校带来了将近10万元的教育教学物资。

学生的进步、同事的协作，公益的支持，让蔡明镜这名90后的美女教师收获了幸福：由于她的推动，学校被互加计划评为"2017互+种子学校"。2018年蔡明镜荣获互加计划小狮子奖优秀奖（全国2000多名进入前100名）、幕天爱阅教师奖（全国200多名进入前20名）、犟龟杯我的阅读教室优胜奖（全国900多名进入前20名）。2019年1月荣获乡村教师奖。

丹江口市龙山镇彭家沟小学校长彭玉生和该校90后青年女教师蔡明镜就是这样的教师，他们分别于2017年、2018年荣获乡村教师奖，是丹江口乡村教师的典型代表。丹江口市龙山镇彭家沟小学位于丹江口库区中段，一面靠山，三面环水，位置偏僻，交通十分不便，生活也非常艰苦。然而彭玉生和蔡明镜长期驻守于这里，守望着库区孩子们的成长，为乡村教育的发展作出了很大贡献。一支粉笔，两袖清风，三尺讲台，四季耕耘。在丹江口市，像彭玉生和蔡明镜这样默默为乡村教育事业奉献的教师还有很多。他们坚守乡村，靠的是奉献精神，而只靠奉献精神却成就不了乡村的教育事业。要吸引更多优秀的老师扎根乡村，靠的应该是优厚的待遇和其他配套支持政策。加大农村教育投入，指的不仅仅是硬件方面的投入，更应该是提高条件艰苦地区的乡村教师待遇，让他们的生活更有保障，让奉献者更无后顾之忧。

第三，贫困家庭子女保障水平不断提高。2011 年，国家实施农村义务教育学生营养改善计划。丹江口市作为湖北省农村义务教育学生营养改善计划 26 个县（市）试点之一，于 2012 年正式启动"营养改善计划"。目前，全市 64 所学校、16000 名学生享受营养餐，营养餐覆盖率 100%。其中食堂供餐 50 所，实施课间餐 14 所，食堂供餐比例 78%，超出了十堰市平均水平。2014 年，全国精准扶贫攻坚战拉开帷幕，丹江口市下发了《丹江口市教育精准扶贫工作实施方案（2015—2019 年)》，充分发挥教育扶贫在推进精准扶贫精准脱贫中的基础性、先导性、根本性作用，让贫困家庭子女都能就近接受公平而有质量的教育，阻断贫困代际传递。5 年来，全市共资助贫困学生 186686 人次，资金 14210 万元（地方投入资金 6599 万元，资助建档立卡学生 90048 人次）；构建留守儿童关爱网络，建设了 20 个镇级幼儿托管中心、52 个村级安幼示范之家，加强留守儿童教育管理；"三通两平台"实现学校全覆盖，建成录播教室 24 个，"专递课堂"主讲教室 8 个，覆盖全市 13 个镇区，带动 24 个教学点共享优质教育资源。

二、丹江口市教育扶贫经验总结

（一）坚持教育扶贫机制体制创新

由传统的救济式扶贫转向造血式扶贫，构建多层级教育协调发展新机制。按照"精准扶贫，不落一人"的总体要求，以薄弱学校为主攻方向，以建档立卡贫困家庭学龄人口为主要对象，以建档立卡贫困家庭为延伸，坚持"精准扶贫，教育先行；教育扶贫，育人为本"，充分发挥教育扶贫的人才、智力、科技、信息优势，努力办好每一所学校，遍及每一名教师，教好每一名学生，温暖每一户家庭，提升人力资本素质，提高贫困家庭脱贫能力，遏制贫困代际传递。首先，将加快全市教育事业发展作为第一要务，突出教育扶贫的"造血"功能；通过帮扶贫困家庭子女顺利完成学业和就业创业，带动贫困人口的素质提升，助推全市整体脱贫。其次，按照定点、定向的原则，对接建档立卡的贫困村、贫困户和贫困人口，构建教育精准扶贫体系，因地制宜，因校谋划，因生施策，确保扶持到校、资助到生。再次，聚焦乡村每一所学校、每一名教师、每一个学生，加大教育政策和项目的整合力度，采取超常规的改革举措，向薄弱学校、贫困对象精准发力，激发学校办学活力，激发贫困家庭自主脱贫的内生动力。最后，建立市、乡（镇）、学校三级联动的工作机制，形成多点发力、各方出力、共同给力的教育精准扶贫工作格局。

（二）注重教育扶贫理念创新，推动教育资源均等化的实现

首先，教育资源均等化是中国特色社会主义教育的本质特征。教育扶贫是阻断贫困代际传递、实现共同富裕的根本手段和重要路径。发展和改善贫困地区和贫困人口的教育事业，实现教育资源均等化发展，是中国特色社会主义教育的本质特征和价值诉求。其次，教育资源均等化建设需要多方参与，深化教育改革。教育资源均等化发展是一个长期、持续、动态和螺旋上升的过程，教育质量的提高必须着眼于薄弱学校与该校教师本身对此问题的认识。实现全民教育的公平发展并不仅仅是市政府和市教育局一方的事情，也是涉及众多教师、家长、学生切身利益乃至社区发展的事情。教育资源均等化的实现需要开展区域间、群体间协作方式，构建共建共享共赢新机制。

　　"扶贫必扶智"，而教育扶贫是阻断贫困代际传递的根本手段，但其要取得显著成效则需要更长期的过程。本章从文化空间的角度出发，指出教育扶贫是脱贫攻坚中阻断贫困代际传递、实现共同富裕的根本手段和重要路径，让贫困家庭子女都能接受公平有质量的教育，实现教育资源进一步均等化成为新时期教育扶贫的重要指导精神，而丹江口市正是因为重视教育和文化扶贫对脱贫攻坚的重要价值才开展了一系列卓有成效的工作。其中，政治空间对文化空间的再造具有保障与推进的作用，在"两不愁三保障"的总体目标中，对教育扶贫的目标作出了详细的规定，构建教育资源公共服务平台、教育管理公共服务平台与多层级教育协调发展新机制，从而形成完备的教育体系，这也促进了文化空间的重塑。新时代，是时空压缩与并存的时代，社会密度的增加、空间范围的扩展促进了网络空间的形成，教育扶贫在文化空间中具有"造血"功能，教育网络间的拓展打破了时空限制，有效地促进了教育资源的共享与优势互补，缩小城乡教育水平的差距，在推动城乡义务教育一体化发展中具有重要意义。同时，在绿色空间中，人们通过教育学习，强化对生态文明的理解，也潜移默化地重塑了人们绿色发展的空间理念。最后，从微观层面看，教育可以大大拓展个体社会流动的能力和在空间中汲取资源和优势的能力，进而帮助贫困户走出制约发展的特定空间，也可以帮助其在新的空间中获得支撑个体和家庭发展的更多资源和机会。

第八章

亮脱贫攻坚之特：
生态文明建设与绿色发展

党的十八大以来，以习近平同志为核心的党中央高度重视生态文明建设，将其作为推进"五位一体"总体布局的重要内容。从顶层设计到全面部署，生态文明理念越来越深入人心。习近平同志指出，"绿水青山就是金山银山"。这深刻揭示了经济发展与环境保护的辩证关系，生态系统不仅具有生态价值，而且也具有经济价值，在一定条件下，生态资源可以转化为经济发展资源。作为南水北调中线工程重要水源地的丹江口市，担负着"一库清水永续北送"的使命，发展绿色经济对其而言尤为重要。近年来，丹江口市在"两山"理念的指导下，树立绿色发展理念，将生态文明建设融入经济建设的全过程、各领域中，探索生态文明建设与扶贫开发融合发展之路。

第一节 丹江口市生态文明建设背景

丹江口市历史悠久，文化底蕴深厚，建置历史达 2200 余年，老县城 1958 年修建丹江口水利枢纽时全部淹没，现址依坝建城，因地处丹江汇入汉江的口子处而得名。1983 年经国务院批准撤县设市，1985 年被国务院批准为甲类开放城市。丹江口市深入贯彻习近平生态文明思想，把生态保护作为科学发展的"生命线"，大力实施"生态立市"战略，生态文明建设促进了发展、惠及到民生，结出了累累硕果，先后荣获中国优秀旅游城市、国家园林城市和省级文明城市、卫生城市、森林城市、环保模范城市等荣誉称号。从守护"绿色本金"到群发"生态红包"，丹江口市走出了一条发展新路，让绿水青山产出"真金白银"。

第二节　丹江口市生态文明建设举措

一、高位推动，完善工作机制

（一）提升政治站位

丹江口市委、市政府高度重视生态文明建设和环境保护工作，将其作为必须完成的一项政治任务，融入经济社会发展的全过程和各方面。自 2012 年起，丹江口市委、市政府就确立了生态建设的核心地位。2013 年，全面启动了"五城联创"工作。2016 年，丹江口市提出了建设"宜居宜业宜旅的现代化生态滨江城市"的奋斗目标，把生态文明建设推向了新的高度。随即又编制了《丹江口市创建国家生态文明建设示范市规划（2015—2025 年）》，于 2016 年 12 月正式实施。

（二）强化责任落实

丹江口市成立了市委书记任主任、市长任第一主任的环境保护委员会，每年坚持召开市委常委会议、市政府常务会议、市环委会全会和现场办公会，研究解决生态环保问题。市财政每年从国家生态补偿资金中安排不少于 10% 的资金，用于污染减排、生态保护和生态创建工作。并制定《丹江口市开展五城联创责任追究制（试行）》，出台《丹江口市环境保护"一票否决"制度实施办法》，强化督办与责任追究，全力推进创建任务落实。

（三）健全考核制度

该市先后出台环境保护"党政同责、一岗双责"、城市环境管理考核、农村综合环境整治长效管理考核等制度，将生态文明建设和水、大气环境质量纳入各镇（办、处、区）党政领导班子和领导干部实绩考核评价体系，考核占比达到36%。有力有效地推动了丹江口市生态文明建设工作开展。

二、严格执法，加强环境管控

（一）推进水源地保护

丹江口市制定了《丹江口市网格化环境监管体系实施方案》，在全市范围内建立和完善了市、镇、村（居委会）三级网格化环境管理体系，先后出台《关于加强环库公路沿线生态环境保护的通告》《关于严格落实直接入库河流日常保洁责任的通知》等文件，将库区护水责任落实细化到库周各镇（办、处、区）网格点；成立库区综合执法管理工作领导小组及办公室，对库区水质保护进行综合执法；颁布《丹江口市入库支流环境保护河长责任制管理办法》《丹江口市河长制工作考核实施办法》等重要文件，从严落实河长制，明确了市、镇、村三级河长296名，河道管理员157名，设置河长公示牌96块，河长制范围覆盖市内57条大小河流，30条重要河流均设置河长及河段长，实现了全市水质环境监管执法全域覆盖。

（二）构建严控严管机制

切实加强自然保护区、湿地等重要生态系统保护和修复，严守生态功能保障基线、环境质量安全底线、自然资源利用上线三大红线，促进自然生态环境健康发展。划定"临水1公里"的生态红线，禁批禁建一切项目，对丹江口库区临水1公里范围内实行永久性保护。划定畜禽养殖"三区"，禁养区内50家规模养殖场全部关闭搬迁，198家限养区和适养区养殖场全部完成改造升级。严禁审批燃煤锅炉项目，严禁审批上马不符合产业发展高耗能污染项目。

（三）开展环境专项执法活动

强化环境资源的司法联动监管，保持环境执法高压态势，加大重大环境违法案件查办力度。2017年至2019年来，丹江口市共立案155件，罚款588万元，移送司法机关4人。极大地提高了企业的环保守法自觉性。丹江口市重点企业的污染物排放达标率全部达到100%。

（四）抓源头管理，实现三个"清零"

淘汰燃煤锅炉28台，实现辖区内燃煤锅炉"清零"；淘汰黄标车、老旧车838辆，实现黄标车"清零"；全面开展丹江口库区网箱养殖清理，取缔网箱12.1万只、库汊726个，实现了水中无网（网箱架）、水下无桩（杆）、水面无房（看护房）的"三无"目标，完成湖库拆围"清零"任务。

三、综合防控，改善环境质量

"良好的生态环境是最公平的公共产品，是最普惠的民生福祉"。生态环境质量直接关系人民群众的生活质量。生态惠民、生态利民、生态为民，通过改善生态环境质量，满足人民日益增长的优美生态环境需要。丹江口市通过以下做法改善环境质量。

（一）实施水环境专项整治

丹江口市境内 5 公里以上的河流共有 51 条，总长度为 1888 公里，全部流入汉江、丹江，丹江口水库水面面积共 1050 平方公里，在丹江口市水面 346.7 平方公里，加上河流和水利工程面积约 512 平方公里。为优化水环境，丹江口市开展了一系列的环境专项整治工作。（1）实施"五河"流域环境整治。丹江口市累计投入 3 亿多元，对官山河、浪河、安乐河、沙沟河和大柏河等"五河"流域进行环境整治和生态修复工程。通过治理，官山河水质由 IV 类提升为 III 类，浪河由 IV 类提升为 II 类，大柏河由原来有些月份为 V 类提升为 III 类以上。2018 年继续投资 3000 万元，对官山河、浪河流域、库周等流域沿线的村庄进行深度综合整治。（2）开展长江经济带固体废物大排查。丹江口市对工业危险废物产生单位和一般固体废物产生单位、医疗废物产生单位进行逐一排查。（3）开展集中式饮用水水源地专项督察问题整改。丹江口市在第一水厂饮用水源保护区建设了 1500 米陆域一级保护区隔离网工程、400 米水域一级保护区防护带工程，饮用水源保护区警示标志牌 10 处及水面警示灯 4 座，3 公里的二级保护区界桩。2018 年 6 月，对二级保护区内 127 户居民全部进行了搬迁。（4）对小流域实施水土保持综合治理。治理水土流失面积 2.4 平方公里，形成了"远山生态修复、近路高效农业、库区优质橘橙"综合治理的新格局和生态防护体系。（5）建立水环境质量监测网络。2018 年，丹江口市新建水环境质量自动监测站 2 个，升级改造已建水质自动监测站，全面提升丹江口库区水环境预警监测和应急能力。（6）对县级和乡镇饮用水水源地保护区进行了划分。

（二）改善大气环境质量

开展燃煤锅炉整治，淘汰 56.85 蒸吨燃煤锅炉，并对淘汰名单之外的 36 台蒸汽锅炉进行了核查和整改。关停污染企业，加强对渣土运输车辆的管理力度，对施工现场超过 15 天以上的裸土实施覆盖或者播种草籽。开展秸秆综合利用工作，严查秸秆露天焚烧，在主城区实行禁鞭，开展餐饮油烟专项整治，城区主次干道实施机械化清扫，增加洒水频次，降低扬尘污染。积极开展油气回收治理工作，推进绿色矿山建设。

（三）科学防治土壤污染

开展农用地污染防治详查工作，对 166 个农用地污染点位和 18 家土壤污染重点企业逐一核实，最终确定了 134 个污染点位，制订农用地污染点位核实结果确认书并上报湖北省环保厅审核确认。

（四）开展生态创建

开展全民植树、全域绿化、精准灭荒活动，城乡绿化率和森林覆盖率逐年递增。成功创建省级生态乡镇 11 个、生态村 56 个，市级生态乡镇 13 个、生态村 160 个。通过以上生态保护措施，有效地改善了环境质量、村容村貌，形成了一幅绿满水都的大好河山画卷。

2013 年 8 月建成通车的太和大道，现已成为该市的"迎宾"大道、生态大道。2014 年 12 月建成通车的环库路（阳西沟段），是一条"深呼吸的路"，现已成为市民休闲的好去处。随着全域性绿道建设工程的快速推进，交通畅、环境优将成为丹江口市的新名片。

目前，该市在 21 条小流域实施水土保持综合治理，累计完成水土流失治理面积 593 平方公里，建成了大柏河、青塘河、黑沟河等一批水土流失综合治理示范小流域，初步形成了"远山生态修复、近路高效农业、库区优质橘橙"综合治理的新格局和生态防护体系。

丹江口市全域初步形成以城区为核，以库周公路为线，沿库 12 个镇（处、区）为珠的"环库生态滨江城镇群"发展格局，丹江口水库成为丹江口市的"生态大客厅"。一个环库生态滨江"大美丹江口"正阔步向人们走来。

2018年3月9日，丹江口市领导、市直各部门和城区办事处干部职工、志愿者等700余人，在汉丹港码头义务植树，掀起春季义务植树热潮。近年来，该市始终将植树造林和生态绿化建设摆在战略高度，推进"绿满丹江口"建设，一场轰轰烈烈的"播绿护绿"活动在水都大地火热展开。

依托"五城联创"工作，实行全城动员和全民行动，助力绿满水都。该市将绿色业绩纳入干部政绩考核，该市四套班子领导和党员干部带头植树，把绿化造林作为党员干部创先争优的具体行动，坚持四季挖窝、三季植树和专业化造林，开展系列植绿、护绿、爱绿、兴绿活动，掀起植树造林热潮。围绕绿色生态重点工程建设，采取灵活便民的措施，开展荒山绿化、道路绿化、景区绿化、城区绿化、村镇绿化、水系绿化等工作，"绿色水都"建设正酣。

在全民播绿的同时，该市也在"抓住重点，全域推进，形成景观，创出特色"上做文章，把城区当作景区建，大力推进以水城、绿城为特色的生态城市建设。精心实施沿江布绿、依水造林、开辟绿洲等绿化美化工程，建成10平方公里的沧浪洲湿地公园、3公里"一江两岸"景观带，打造滨江特色生态长廊、风景长廊和休闲长廊，彰显河流、森林、公园等交相辉映的城市风貌。生态秀美滨江城，半江江水半江林。2017年10月27日，丹江口市荣获"国家园林城市"称号。

四、整治农村环境，建设美丽乡村

丹江口市委、市政府高度重视农村环境综合整治工作，从2018年起，市财政连续三年每年安排500万元专项资金，作为加大农村环境整治推进美丽乡村建设的以奖代补资金。2018年12月，丹江口市政府办召集市环保局、市住建局、市财政局、市卫健局等部门，组成联合考核专班，对列入2018年度美丽乡村创建工作计划的18个镇

（办、处、区）、27 个村，开展考核验收和综合评议。85 分为基本达标（以奖代补资金 20 万元），90 分为达标（以奖代补资金 30 万元），第一轮考核已达到创建标准的共 6 个村，基本达到创建标准的共 7 个村。依据考核情况，分配以奖代补资金 320 万元。2019 年 3 月，市政府再次组成联合考核专班，对 18 个镇（办、处、区）27 个村的美丽乡村创建工作达标、巩固和提升等情况，全面开展一次考核验收"回头看"，并进行评分和排名。85 分为基本达标（以奖代补资金 15 万），90 分为达标（以奖代补资金 20 万元），第二批已达到创建标准的有 1 个村，基本达到创建标准的共有 7 个村。依据考核情况，分配以奖代补资金 140 万元。

五、发展乡村旅游，实现绿色增长

丹江口市以汉江生态经济带建设，推进供给侧结构性改革为主线，以生态、绿色发展为主题，以旅游扶贫为载体，加快推进全市乡村旅游发展。探索形成了景区带动模式、生态景观模式、特色餐饮模式、旅游文化创意模式、产业融合模式等 5 种乡村旅游模式。

（一）景区带动模式

丹江口市将其独特的自然景区，与武当养生文化、移民文化等充分融合，形成以景区为核心的乡村旅游模式。一是开发富氧旅游。"七山二水一分田"的区域格局，决定了林业产业在丹江口市的发展地位。丹江口市充分利用白杨坪、牛河、大沟等林区邻近武当山或邻近丹江口水库的区位优势，及含氧丰富的特点，开发以养生文化为主题的富氧旅游，发展特色旅游经济。目前，年可吸引游客 5000 余人次。二是修建避暑山庄。围绕南神道、太极峡等自然景观区，配套建设古香古色星级农家乐、农家旅馆等基础设施，建设以休闲娱乐、避暑养生为主题的避暑山庄。类似的有牛河千岛画廊等。三是做好旅游综合开发。丹江口官山镇大明峰景区投资3亿元建设景区游步道、房车露营基地、观景平台及索道等配套设施的同时，按照每个贫困户补贴建房资金2万余元的标准，首期为24户精准扶贫对象建设了庄坊小区，为后期发展乡村旅游奠定了基础。

（二）生态景观模式

利用多姿多彩的农作物、自然环境、物候资源等，通过科学的设计、合理的搭配，突出全域景观化，形成以特色产业为核心的观光休闲文创农业，推动乡村旅游发展。一是建设养老基地。随着老龄社会的到来，养生成为老年经济的重要消费目的。以武当养生文化为核心，建设创意农业产业园，配套养生文化馆、老年人活动中心、健康食堂等，建设适宜老年人生活的养老休闲小区，打造养老型休闲旅游基地。二是描绘赏花路线。一步一景、处处是景。根据花卉开放时间，围绕环库路，打造赏花路线图。目前，丹江口市已形成以桔花、葛花、杏花、樱花、油菜花、郁金香等为主题的赏花路线7条。三是打造沧浪橘海。柑橘是丹江口市主导特色产业之一。围绕沧浪文化，通过"企业+基地+观光"打造沧浪橘海景观。四是建设生态观光带。围绕武当文化，建设"武当花谷"片区，打造江南生态旅游观光走廊。

（三）特色餐饮模式

利用地方特色农产品，特别是地理标志产品，开发具有地方特色的农特文化，使前来观光的游客感受当地的饮食文化。一是好水源头来。唱好南水北调水文化，大力发展水资源产业。香莲醋业结合养生文化开发武当保健醋。武当酒业以"源头好水"概念开发特色白酒。二是好鱼四方食。以"好鱼好水养，好鱼四方食"为理念，通过举办"丹江口全鱼宴"比赛，研发"四大河鲜、八大水珍"等鱼宴套餐，同时进一步完善基础设施配套工作，不断提升丹江口市渔港渔村建设水平。近年来，襄阳、河南等，尤其是北京、天津等用水区游客，慕名到丹江口市品尝全鱼宴的游客逐年增多，年均接待游客1万余人次，人均消费500元左右。同时在北京海淀区设立丹江口渔村，依托现代冷链物流技术，实现了丹江有机活鱼直销北京、天津、河北等地区，为全国人民品尝丹江口市特色优质水产品提供了窗口。三是好橘特色销。加快创建有机柑橘示范基地，通过低产园改造、品种更换等措施，提高柑橘品质。同时自2015年以来开展的"库区情·橘乡行"武当蜜橘推介会，使得武当蜜橘顺利进入北方商超，武当蜜橘售价每斤平均提高2元足有，同时针对柑橘酸甜口感，打好有机牌，向喜爱偏酸口味柑橘的内蒙古及俄罗斯等地成功销售柑橘5万余吨。

（四）旅游文化创意模式

将农业生产与农耕文化，农产品与文化结合，使农产品和农业生产被赋予文化内涵和价值。一是说书唱戏游客来。丹江口市历史悠久，至今已有近3000年的历史，历史文化底蕴深厚。一些地区充分利用当地传统民俗民歌优势，通过举办吕家河民歌（早期以口口相传为主）比赛、柑橘采摘节、民间故事会等活动，让民歌、民俗、民间故事随着节会走出去，实现文化走出去、游客引进来、产品带回家。二是建设移民主题文化园。移民文化是丹江口市文化浓墨重彩的一笔。落叶归根是一批又一批移民人的心愿与期盼。围绕"绿满丹江口"建设，推进南水北调中线工程纪念园、南水北调中线植物园建设，就是为了集中展示丹江口市感人至深的移民文化。目前，南水北调中线工程纪念园部分工程已完工，南水北调中线植物园已投入使用。三是拿道家文化与茶叶说事。道茶产业是丹江口市农业的又一张名片。围绕道茶养生文化，建立以土关垭为核心的武当道茶城、均州老街道茶文化体验馆等，为游客体验道茶文化提供了去处。同时根据发酵茶特点，合理利用夏茶、秋茶资源，并将印有道教经典故事的茶饼作为工艺品，既延长发酵时间，完善了口感，又增加了产品附加值。四是在文化品种上下功夫。建立柑橘、茶叶等标准化示范基地，将有机、绿色、无公害的生态文化融入产品生产，如"水是故乡甜，鱼是有机香"，"因为绿色，所以出色"等。目前，丹江口市已注册完成武当榔梅、均州晒烟、丹江口翘嘴鲌等 3 个国家地理标志证明商标，青虾、银鱼、武当蜜橘、武当道茶等 20 个产品获得"三品一标"认证（有机、绿色、无公害、国家地理标志保护产品）。

（五）产业融合模式

充分利用乡村既有的农业产业基础，通过产业链延长与创意开发的结合，促进三产融合。一是建设主题农庄。霖煜农公司、李成功家庭农场等主体在不断提升产品品质，扩大基地面积的同时，发展林下养鸡、核桃初加工、农家乐、农家旅店等产业，带动形成以蒿坪镇王家岭、石鼓镇石鼓村为核心的核桃产业基地，打造核桃农庄。二是建设旅游综合体。蒿坪镇余家湾村依托"企村共建"，通过镇村进行花园式改造升级，用随弯就势的道路、将农户串联，打造小桥流水人家的农村新貌，让旅客在体验农村生活的同时，增强情感上的认同感。2016 年，累计吸引游客 6500 余人次，创收 12 万余元。三是合作打造市民休闲乐园。由钢筋水泥组建起来的城市，虽然有城市绿地、公园等，但快节奏的生活方式和极大的工作压力，让城市居民极度向往农村惬意的生活，感觉亲近自然的愉悦。三官殿长海蔬菜专业合作社、六里坪双龙堰村的"开心农场"等主体积极利用城乡结合优势，发展以农活、农趣体验为主的近郊农业旅游。年均可接待游客 1.5 万余人次，累计增加消费收入 5 万元左右。

这五种乡村旅游模式也推进了全域旅游的发展，实现共享生态红利。建设宜居宜业宜旅的工业生态旅游城市是丹江口市的目标，生态旅游产业也就成为了丹江口市发展转型中的重要一环。"深入推进全域旅游化"是 2022 年前丹江口市的七大重点工作之一，该市成立了以市政府主要领导为组长的旅游工作领导小组，科学规划、合理开发、定期调度，强势推进旅游产业发展。先后出台了《关于进一步加快生态旅游产业发展的意见》和《丹江口市旅游产业发展奖励暂行办法》等政策措施，制定激励机制，设立旅游发展专项资金1000万元并逐年增加，形成了办大旅游、大办旅游的浓厚氛围。围绕旅游推进以交通为主的基础设施建设，近五年全市交通建设投资累计达到65亿元，建成4条一级路、10条二级路，2座跨汉江大桥，2个库区港口，旅游通达条件极大改善。

沧浪海旅游区、武当峡谷漂流景区、太极峡景区、静乐宫景区、沧浪艺术馆、沧浪洲生态湿地、武当花谷等一批重点旅游项目和太和大道、环库旅游公路、汉江公路大桥等交通基础设施项目相继建成投入使用；《风雨塔灯岩》《汉水丹心》等一批文化旅游产品在北京演出；大明峰、南神道等一批项目稳步推进；全域绿道系统、均州古城水下探秘等一批新型特色旅游项目正加快启动。同时，大力发展水体旅游、生态旅游和乡村旅游，满足不同游客的消费需求。

目前，全市A级景区13家，丹江口水库荣膺国家级风景名胜区，是全国水上摩托艇大赛定点举办城市和国际路亚钓鱼基地。围绕"南水北调中线源头·丹江口"这一主题旅游品牌，实施联合宣传营销战略，旅游品牌影响力大幅提升。坚持在央视"灵秀湖北"栏目推出了旅游城市品牌形象宣传，"南水北调中线源头·丹江口"品牌深入人心。积极参加海南国际旅游营销博鳌峰会、中国国内旅游交易会等各类旅游营销活动，拓展了旅游客源市场。积极与襄阳、淅川以及北方京津冀豫等受水城市对接，捆绑营销旅游产品，成功迎来千人团队、首个北京旅游专列和"饮水思源·丹江口·南水北调感恩行世纪明德励志修学营"。推动"旅游+互联网"，加强电商平台建设，与去哪儿网、携程、新浪微博和腾讯微信等各大网商进行对接，全面改版升级丹江口旅游网站，完善了"丹江口旅游"官方微信、微博，丹江口市的知名度和美誉度进一步提升。

3 公里的"一江两岸"景观带"华丽蝶变"、10 平方公里的沧浪洲湿地公园里"满园春色"、江北百里生态农业走廊和江南生态休闲农业走廊建设风头正劲。太和大道、环库路、土武一级路等一批生态公路正实现着"有路就有林、有路必有绿、有树皆成荫、车在林中行"的目标。大手笔地投入建设正让"看见森林就看见丹江口，进入丹江口就进入花园"的梦想成为现实。丹江口市把城区当作景区建，大力推进以水城、绿城为特色的生态城市建设，精心实施沿江布绿、依水造林、开辟绿洲等绿化美化工程，打造滨江特色生态长廊、风景长廊和休闲长廊，彰显河流、森林、公园等交相辉映的城市风貌，涌现出江口橘乡、农博园、沧浪橘海等一批生态农业观光园及一大批特色宜居村庄。以环丹江口水库 93 公里的生态公路建设为纽带，划定生态红线，对丹江口库区临水 1 公里范围内实行永久性保护，把沿库 12 个乡镇建成林在水中、城在林中的环库生态滨江城镇群，努力把丹江口水库建设成城市的"生态大客厅"。

2019 年，丹江口市文化和旅游局结合四季不同特点和地域特色，推出"山水美如画，畅游丹江口"全域四季游系列活动。以"春暖花开""夏日亲水""秋实硕果""冬归回味"四季为主题，共开展包含名胜景观、特色小镇、美丽乡村、体育赛事、文化演艺、旅游度假等 30 余项旅游活动，做到"月月有看点、季季有热点、年年有爆点"，着力打造以生态休闲、文化体验、观光度假等为主题的"水润中国心，做客丹江口"旅游品牌。2019 年湖北省的 240 个省级休闲农业示范点中，丹江口市有 3 个单位入选，分别是丹江口市玉皇顶生态农业观光园、丹江口市蔡家渡柑橘生态旅游观光园和丹江口市北斗星生态农林休闲园。

丹江口市以争创"南水北调源头生态文化旅游区"国家 5A 级景区和全域旅游示范区为契机，大力实施"体育+旅游"工程，推动传统体育产业转型升级。2020 年前 7 个月，丹江口市预计接待游客 526.2 万人次，实现旅游综合收入 36.5 亿元，同比分别增长 17.2%、33.1%。

2017 年以来，丹江口市在体育与旅游融合上作文章，围绕"体育+旅游"，以全民健身活动为载体，组织策划了丰富多彩的比赛项目，开展 2019 年丹江口市"迎新春·庆元旦"气排球邀请赛、丹江口市纪念建党 98 周年体育竞赛活动等，并成功举办第三届中国最美山水公路长走大会、全国（U21）青年篮球锦标赛等跨区域赛事活动，吸引了大批游客来丹江口观看比赛，进一步丰富了丹江口市文化旅游产品种类，有效地推动了体育赛事与文化旅游的有机结合，为丹江口市传承传统优秀文化，加快体育旅游产业发展带来新机遇。

绿色发展也推动了城市体育运动和相关赛事的大力发展。立足体育强市，丹江口市出台《关于加快转变发展方式推进体育强市建设的实施方案》等文件，拟定《丹江口市创建"省级全域旅游示范区"工作方案》《推进丹江口市全域旅游创建三年行动计划（2019—2021）》，支持和鼓励体育、旅游企业将体育理念融入景点、景区建设，着力建设一批以休闲康养、户外拓展、水上运动、道文化研习等为主题的体育旅游景点景区，夯实体育旅游产业发展基础。目前，太极峡景区玻璃滑漂、彩虹滑道等体验项目于 2019 年 7 月底投入试运行。骄阳健身在不断开展健身业务的同时成立旅行社，发展体育健身旅游项目。

近年来，丹江口市坚持全域生态化、全域景观化、全域旅游化的建设，构建了生态旅游新格局，生态建设和生态旅游相得益彰。旅游品牌化建设不断推进，全域生态旅游新内涵不断丰富。2017 年共接待游客 1491 万人次，实现旅游总收入 86.5 亿元，分别增长 18.3%、22.5%。

案例 8-1 打造生态农业观光园——丹江口市习家店"农博园"

丹江口市习家店"农博园"是由湖北北斗星生态农林开发有限公司精心打造的集林果、花卉、苗木种植、畜牧养殖、乡村休闲旅游观光于一体的大型生态时尚农业现代综合示范园，总占地面积为 3000 多亩，截至目前已投资 3000 万元。在原有的地形地貌上，科学规划、合理布局、精心打造，将文化创意与现代农业相结合，现已建成水果采摘、花卉苗木观赏、农业科普推广示范、规模畜牧养殖、湿地公园生态保护及游览和综合服务区六大功能区。

农博园内种植了近 500 亩的优质桃树，近 400 亩的紫薇，380 亩的石榴，300 多亩的紫花苜蓿，300 多亩的薰衣草，200 多亩的玫瑰，还有大片的柳叶马鞭草、波斯菊、金鸡菊、硫花菊、满天星、向日葵、蔷薇、月季花等数十种花卉，以及桂花树、银杏树、广玉兰、樱花树、杜鹃、雪松、枇杷树、枣树、柿树、李树、石榴、葡萄等上百种各类树木和果林。一年四季花香四溢，花海连绵，瓜果累累；各种花草、树木、雕塑、亭台楼榭、小桥流水相映成趣；景观错落有致，风光秀丽宜人，非常适合游客和各类人群来园中观光旅游、赏花休闲、健康娱乐、时尚美食、趣味垂钓、特色烧烤野炊、情趣婚纱摄影、科普教育展示等；给人以视觉、听觉、嗅觉、味觉、触觉五感深度体验和美的享受，为人们提供了一个全新的"唯美、浪漫、闲适"的乡村旅游休闲世界。

目前，农博园已吸纳 500 多户贫困户在园区务工，他们不但能够学到实用的苗木养护技术，而且还能赚取稳定的工资，现已带动 300 余户贫困户实现脱贫。2018 年 3 月 11 日是农博园的"三花节"，吸引了近 2 万余名游客赏花游玩；2018 年 7 月 8 日农博园开园首日接待游客 4 万余人，为园区带来了火热的人气，同时，附近群众还可以销售农特产品，提供农家食宿，增加经济收入。

贫困户刘瑞明将土地流转给农博园后，便与老伴一起在园内务工。看到农博园景美客多，他们于 2016 年办起了农家乐，凭借可口的饭菜和便宜的价格，逐渐受到游客的欢迎。仅"三花节"当天中午，他们就接待了 90 余名游客，净收入达 1000 余元。目前老两口每年农家乐的收入将近 3 万元，他们早在 2015 年就实现脱贫。老两口现在逢人就夸"党的精准扶贫政策好，脱贫致富没落下我"。

六、弘扬生态文化

（一）积极发展绿色交通

丹江口市依托全市交通路网，建设全域绿道系统，构建城市、景区、公园、滨江、乡村等区域间的生态休闲旅游廊道。在城市控规中，融入"窄马路、密路网"的城市道路布局理念，独立自行车道 26.75 公里，沿江绿道全长 12.5 公里。城市公交站点 500 米半径覆盖率已达 73%。现有 11 条公交线路，公交车辆 79 辆，日行 354 趟共 66360 公里。市内现存纯电动公交车 17 台，燃气出租车 100 台。开展"美丽丹江口快乐健身走"环库公路长走活动、"绿色出行、低碳生活——从我做起"徒步活动、"弘扬雷锋精神、共创绿色水都"自行车公益骑行等绿色出行主题活动。提倡低碳出行，号召绿色出行。2017 年公众绿色出行率达 70%。

（二）构建生态滨江样板

丹江口市的环库生态旅游公路被广大网友评为"中国最美山水公路"，被中央电视台形容为一条会呼吸的公路。"一江两岸"观景带和沧浪州湿地公园项目建成，总占地面积 940 公顷，收集乡土植物 600 多种，公园花带 1.5 万平方米，种植各类树木 25 万株。公园内树木葱茏，芳草如茵，四季繁花盛开，形成"依山傍水，城河一体"的休闲、生态景观。2018 年 9 月 28 日建成的沧浪州步行桥，是汉江第一座步行桥，成为广大市民健身休闲的好去处。

（三）倡导绿色低碳理念

近年来，丹江口市积极推广节能节水器具的使用，大力宣传贯彻装配式建筑，逐步推进建筑节能与绿色建筑的实施，绿色健康的生活理念渐入人心。2017年，丹江口市政府绿色采购率已达到92%，绿色建筑占比达到35.22%，节能节水器具的使用率达到85.07%。

七、营造氛围，推进公众参与

第一，不断强化领导干部的生态文明建设思想和知识的专业培训，丹江口市党校每期的学员都设置有环保专题课程，全市纪检监察等单位相继开办环保专题讲座，邀请专家授课，在党员干部中大力普及环境保护知识。

第二，结合"6·5"世界环境日、"12·4"国家宪法日等，组织开展系列环保宣传活动，通过环保"进机关、进社区、进家庭、进学校、进企业、进农村"，营造全民参与环保的良好氛围。

第三，开展"环保一日行""我爱我家·丹江口""环保知识法规进社区""一江清水润京华，我们都是护水人"等志愿者服务活动，用行动进行宣传，用行动带领公众。

第四，以向"三大污染"宣战为主题，开展环保知识宣讲暨环保书籍、环保科普画册赠送、街办（乡村）网格员环保知识培训等活动。

第五，利用广播、电视以及新媒体、街面立体广告宣传生态文明建设工作，开展系列以"绿色企业""绿色家庭""绿色社区""绿色学校""绿色机关""生态乡镇、生态村"为主的绿色创建活动，动员广大群众支持创建、参与创建。经十堰市统计局民调中心调查，丹江口市城乡居民的环境保护知晓率已经达到88.29%，环境满意率达到87.9%。

第三节 丹江口市生态文明建设成效

一、经济社会健康快速发展

2013年以来，连续八年被评为"全省县域经济工作成绩突出单位"。该市经济社会发展取得了持续快速的进步。地区生产总值年均增长8.5%，三次产业结构由"十二五"末调整为2020年末的11.2：42.3：46.5，入选全省高质量发展重点县（市）。

二、生态环境质量持续改善

2014—2016年，丹江口市生态环境状况指数（EI）分别为76.67、75.57、74.57，在湖北省处于较高水平。第一，丹江口市地表水水质良好。汉江干流丹江段、丹江口水库水质均达到国家地表水Ⅱ类标准，7个国控断面和2个省控断面中，Ⅲ类以上水质占100%；全市所有次级入库支流，水质稳定达到Ⅲ类以上；2个城市集中式饮用水源地水质达标率100%，城镇饮用水卫生合格率达到100%。第二，城市空气质量持续改善。2016年，丹江口市全年空气优良天数达到262天，优良比率为71.6%（目标值为70%）。2017年，全年空气优良天数达到298天，优良比率为81.6%（目标值为72.3%）。第三，城区声环境质量总体稳定。城区区域环境噪声平均等效声级为52.8dB，区域环境噪声总体水平为二级；交通干线噪声等级64.3dB，交通噪声强度为一级。第四，城乡绿化率和森林覆盖率逐年递增。截至2017年年底，丹江口市森林面积为15.16万公顷，森林覆盖率达到59.71%；人均公园绿地面积达到5.69平方米，城市建成区人均公园绿地面积达到 11.33 平方米，绿化覆盖率达到 40.5%。

三、环境基础设施建设全面提速

大力实施生态经济、生态环境治理、生态人居、生态文化、宣传教育等生态文明相关建设项目 68 个，总投资达到 52.3 亿元。2017 年以来，丹江口市已完成 12 座乡镇污水厂提标改造和升级，出水水质由一级 B 提升为一级 A，实现了城镇污水处理设施全覆盖；完成了 7 座垃圾填埋场渗滤液处理设施建设，实现了城镇生活垃圾处理设施的全覆盖；对全市 194 个行政村实施环境综合整治，实现了村庄环境综合整治全覆盖；新建 40 个环境空气质量微型监测站，实现了微型自动空气监测站点全市重点区域监测全覆盖、乡镇街办全覆盖。完成 15 个医疗机构废水处理设施、生态步行桥、沧浪洲湿地公园等项目建设；环库绿道、乡镇湿地改造、岩溶地区石漠化综合治理、水土保持、坡耕地综合整治等重点项目正快速推进。2020 年，健全通村公路建管机制，4500 公里农村公路路域环境不断提升。调整优化城乡公交线路，市民出行更加绿色快捷。建成集镇标准化水厂 16 座，实现乡镇饮用水全达标。实施移民后扶项目 225 个，建设移民美丽家园示范村 12 个。

四、环境污染处置能力不断强化

2017 年固体废物处置利用率达到 99.96%。2016 年、2017 年丹江口市产生危险废物分别为 588.27 吨、513.22 吨，综合处置利用率均达到 100%。全市城镇污水处理能力达到 9.57 万吨/日，实际处理量达到 3050.8 万吨/年，污水集中处理率 100%，污泥处置率 100%。丹江口市城镇垃圾处理量 26442 吨，无害化处理率达到 100%。2020 年，全市重点工业企业污染物达标排放率、危险废物安全处理率均达

100%，工业固体废物综合利用率达99%。建成日处理10吨餐厨废弃物处理中心1座，城乡垃圾无害化处理率、城镇生活污水处理率分别达100%、95%。

五、环境管理水平显著提升

在国家重点生态功能区县域生态环境质量综合考评中，丹江口市于2013年、2015年和2016年被评为全国生态环境质量"轻微变好"县（市），2014年和2017年被评为基本稳定；在首届"寻找中国好水"大型环保行动水源地评比中，丹江口水源地入选首批"中国好水"水源地；在全省县域经济考核中，2017年丹江口市在31个生态功能类县市中综合排名第4位；在全省县级环保部门目标考核中，丹江口市环保局自2012—2017年连续六年荣获"优胜单位"称号；在2017年的十堰市环境保护"党政同责、一岗双责"责任制第三方考核中，丹江口市连续四个季度及全年考核得分均位居各县（市、区）第1名。2020年，全市生活污水、生活垃圾无害化处理等"四个三重大生态工程"建设任务全面完成；同时，深入开展城乡环境综合整治，丹江口库区水质始终稳定保持在国家Ⅱ类以上标准，累计向北方调水350多亿立方米。全市森林覆盖率达58.7%。荣获国家园林城市、"中国美丽山水城市"，获评"湖北省生态文明建设示范县（市）"，累计创建省级生态乡镇16个、生态村77个。五年来，生态环境考核连续获全省优胜单位。

总之，丹江口市的绿色发展实践，充分印证了"绿水青山就是金山银山"的科学论断。从严抓共管、加强环境管控，守好"绿色本金"，到整治环境、改善环境质量，群发"生态红包"，再到推动创新转型、促进绿色发展，使"绿水青山"产出"真金白银"，丹江口市始终坚持把生态文明建设放在核心位置，着力推进绿色发展、循环发展、低碳发展，构建了经济、社会和环境协同发展的体系，不仅保护了库区水源，改善了丹江口市人民的居住环境，而且促进了丹江口市经济的持续增长，让贫困人口享受到了更多绿色发展的红利。

　　从空间社会学的相关理论视角看，本章主要从绿色空间出发，阐述了丹江口市在脱贫攻坚中将生态文明建设放在核心位置并与其他空间交织发展的脱贫攻坚实践。首先，丹江口市在绿色空间中大力发展乡村旅游，使生态建设和生态旅游相得益彰，构建生态旅游新格局，实现经济社会健康、持续、绿色的快速发展。该实践表明，绿色空间在一定条件下可以转化为经济空间的发展资源，资源劣势可以在新的发展理念下转化为后发优势。其次，在政策制度中，通过提升政治站位，强化责任落实，健全考核制度，为完善绿色空间再造工作机制打下了坚实的政治与政策基础。再次，利用新媒体等网络空间平台大力宣传生态文明建设工作，将环境卫生整治与生态旅游、环境保护相结合，让绿色空间的发展理念与每个人的日常生活实现了较为紧密的衔接与关联，使绿色健康的生态文明理念越来越深入人心，从网络、文化空间出发拓展了绿色空间发展的"最后一公里"。最后，绿色空间有助于治理农村环境，建设美丽乡村，改善生态环境质量，这也是对绿色空间自身的革命性重塑与再造。丹江口市生态发展的绿色空间，既是政治空间的需要，也是绿色空间自身发展转型的需要，同时也是经济空间、文化空间发展的需要，构建了经济、社会、文化和环境协同发展的综合网络体系。

第九章

绿色崛起的丹江口

正是因为长期以来坚持并严格贯彻落实绿色发展的理念，我们才得以深刻地体会到丹江口市绿色发展的广阔前景。而这种对绿色发展理念的坚守与执着追求也必将推动丹江口市的绿色崛起。

第一节　助力水都绿色崛起的六大行动

一、生态建设塑绿色水都

该市坚持全域生态文明理念，突出生态建设的核心地位，实施"绿满丹江口"行动，深入开展"五城联创"，建成 10 平方公里的沧浪洲湿地公园、3 公里"一江两岸"景观带，沿库临水有限范围内实行永久性生态保护，全民共建"天蓝、地绿、水清、城美"的生态丹江口。绿色生态发展已成为丹江口人的时代主题，该市城区绿地覆盖率达到 40%。生态单位、生态街道、生态小区、生态家园……让这座城市的名字更响亮，让百姓的生活更美好。

二、交通先导助绿色崛起

该市坚持交通先行理念，突出交通建设的先导地位，着力构建"三阳"腹地重要交通节点，重点建设东环路、土武路、汉江公路大桥等 3 条一级路、1 条 100 公里的环库生态公路、龙山大桥和汉江公路大桥等 2 座跨江大桥和 2 个库区港口。如今，太和大道竣工通车、丹郧路提档升级完成、环库路东环段通车、环库路江南段通车、土武一级路开工建设、环库路江北段开工……一条条融合旅游元素和旅游功能、"打基础、管长远"的交通大动脉逐渐畅通。纵横交错的高等级公路，洁净平整的乡村公路，助推水都经济"绿色崛起"。

三、绿色工业铸跨越引擎

该市坚持产业第一理念，突出工业产业主体地位，着力建设水都工业园、六里坪工业园、丁家营移民生态产业园、东环工业新区等 4 个"百亿园区"，重点培育汽车零部件及整车、冶金、农产品加工等 3 个"百亿产业"，水资源利用、生物医药、电子信息等 3 个"五十亿"产业。2020 年，该市汽车产业实现产业目标。2021 年，该市农产品加工产业产值接近 100 亿元，六里坪工业园总产值突破 100 亿元。

四、旅游兴市促阔步前行

该市坚持旅游品牌化理念，突出旅游产业优势地位，着力推进全域生态化、全域景观化建设，激活资源、提升品质、做强品牌，全面迈向旅游产业强势崛起新征程。仅 2014 年，到该市踩线的旅行社就有 300 多家。2020 年，该市实现接待游客量超过 1000 万人次，旅游收入突破 40 亿元，均同比增长 40% 以上。

五、沃野千里育锦绣河山

该市围绕"农业强、农村美、农民富"目标建设美丽乡村。大力实施生态产业、生态园区、生态家园、精准扶贫、改革创新"五大"工程，统筹推进江北百里生态农业走廊和江南休闲观光农业走廊建设，奏响了"产业引领、乡村美丽、村强民富"的农业发展合奏曲。2019 年上半年，该市农产品加工企业发展到 179 家，农产品加工业总产值达到 46.37 亿元，同比增长 38%。

六、城乡一体绘壮美画卷

该市坚持全域城镇化、全域景观化理念，突出城镇建设的基础地位，坚持把城镇当作景区建，加快构建"一核两极、一江两岸"城镇化新格局。建成了 3 公里"一江两岸"景观带，建成百里环库公路，习家店、均县镇、龙山镇等 12 个乡镇将建成林在水中、城在林中的环库生态滨江城镇群。

第二节　丹江口市绿色崛起之路——
浪河镇案例

一、绿色田野上的红色记忆

浪河镇地处武当山东麓、丹江口水库西南，辖内白河、肖河和泗河三大河流在集镇内汇合，向北流入丹江口水库，是南水北调中线工程重要水源区。

浪河镇是一片红色的热土，从大革命时期到土地革命、抗日战争、解放战争各个时期，浪河镇一直是我党我军在鄂西北的堡垒根据地，这里的山山水水布满了革命者的足迹，洒遍了革命者的血汗，浸透了革命者的泪水，埋下了革命者的忠骨，留下了一个个可歌可泣的故事，当年人们称颂这里是鄂西北的"小延安"。风雨沧桑百年路，英才辈出万世功。饶崇建、黄正夏等革命先辈正是在这里建立了鄂西北革命根据地，点燃了革命的火种。"两把菜刀闪青锋，砍尽人间事不平，自此一部英雄史，夺目大字是贺龙"，正是浪河人民爱军崇军的真实写照。青山有幸埋忠骨，史册千秋刻英名。烈士们虽已长眠九泉，但他们的革命精神永存人间，感召着几代人扬帆前进，誓将这片红色热土引上一条科学发展的绿色崛起之路，建成生态环境宜人、历史遗迹完好、百姓安居乐业的新浪河。

二、生态立镇谋绿色发展之路

浪河镇是丹江口市经济文化旅游重镇，也是十堰市文明镇、省级生态镇及全国重点镇。近年来，该镇大力实施"生态立镇"战略，坚持走生态、循环、低碳、高效的绿色发展新路子，生态工业、生态农业、生态旅游已成为该镇生态经济发展的主要领域。

近年来，为了完成"护好源头水"的目标任务，浪河镇给企业设立了近乎苛刻的环保门槛。以土武一级公路建设为契机，拓展开发空间，逐步完成移民生态产业园调区扩区的任务。着力构建"以休闲养生为主的旅游服务业，以农副产品加工为主的轻工业，以新技术为主的汽车零部件产业"三大产业格局，实现了生态工业转型升级的新跨越。

同时，以龙头企业为依托、种养大户为基础、专合组织为龙头、结构调整为主线，大力发展生态农业。根据各村优势资源，因地制宜，实现"一村一品"，浪河口村的500亩果蔬采摘园，青莫村的万亩道茶基地，土门沟村、黄龙村的千亩经济林，代湾村的十里养殖长廊，描绘了生态农业规模化、高效化、现代化的新画卷。

2014年，武当峡谷漂流景区共接待游客10万余人次，实现旅游收入 3000 余万元，并成功升级国家 4A 级景区。2015 年 4 月，浪河镇完成了景区 5 公里路段的路面加宽、黑化工作，改善了景区的通行条件，刷新了武当峡谷漂流景区单日接待游客 3000 人的纪录，让景区增收 30% 以上。明清老街复建提上日程，武当梦圆文化产业园建设正加快推进；清末庄园维修和保护工作已纳入省级项目库，谱写了生态旅游蓬勃发展的新篇章。

三、创优环境唱响绿色和谐之歌

近年来，浪河镇依托自身资源优势，内引外联，不断创优自然环境和人文环境，在这片红色热土上高唱着"山水和谐，人与自然和谐，人与人和谐"三部曲。

浪河镇依山傍水，棋盘山、天明山似鬼斧神工；卧龙湖、银梦湖风光旖旎；白河、泗河、肖河三条河分流而过。天蓝如染、云淡如洗、山静如眠、水清如滤、林荫如冠，该镇党委、政府为了守护这一片青山绿水下了不少功夫，仅 2021 年 5 月以来，全镇先后投入 50 余万元开展环境整治行动，始终将环境保护与开发相结合，创造绿色和谐宜居城镇。

如今，村民们早已将绿水青山当作金山银山，开农家乐、卖山货，旅游这个新兴的朝阳产业，已开始在浪河镇悄然兴起，成为这里最富活力的经济增长点，成为浪河人开启致富之门的金钥匙。

参天的古树、幽静的古井、神秘的古建筑，以及古老的传说和那段口口相传的红色历史，已经深深烙印在浪河人民的脑中、心中，该镇几乎每年都会在中小学开展各种形式的纪念活动，让那段沸腾的红色历史在今天依旧薪火相传。

浪河镇这个山区的古镇，已凭借她的自然、人文魅力，成为一片投资的热土，正在和谐中与现代化、科学化、规范化接轨，在和谐中走上经济社会良性发展的轨道。饱经沧桑的红土地，正迈着稳

健的步伐，不断实现着她的强镇之梦、富民之梦、发展之梦、希望
之梦。

第三节 一江清水永续送，绿色发展担使命

丹江口市是南水北调中线工程的坝区、核心水源地和主要库区，
年均向沿线 20 多个城市提供生活生产用水 95 亿立方米。因此，水源
保护就成了丹江口市的中心工作。20 世纪五六十年代，丹江口大坝
建坝初期过度砍伐和毁林开荒，致使丹江口水库生态环境功能非常脆
弱。目前，丹江口市水土流失面积达 1600 多平方公里，约占十堰市
水土流失土地总面积的 50% 左右。针对水土流失严重的问题，丹江
口市委、市政府在财力紧张的情况下，坚持不懈地进行了水土流失恢
复治理和生态环境保护工作。

丹江口市设下生态缓冲、综合治理、生态自然修复三道防线，呵
护一库清水。该市先后投入 4 亿多元实施林业生态建设，全面推行专
业化造林、科技化造林、四季化造林、立体化造林的"四化"造林
模式，大力实施退耕还林、植树造林、封山育林、长防林和低产林改
造、天然林保护、绿色通道、森林抚育补贴试点等林业重点工程建
设。2013 年，丹江口市筹资 3000 万元，着力推进以裸露山体生态修
复、集镇及村庄、工业园区周边及宜林荒山等生态建设工程，全年造
林 5 万亩，治理水土流失面积 15.6 平方公里。统计数据显示，丹江
口市森林覆盖率已由初期的 34.2% 提高到现在的 50.54%。

据统计，2013 年，该市实施新建及技术改造项目 92 个，引进工
业项目 80 个，投产项目 22 个。全市共有 123 家规模以上企业，实现
工业总产值 230 亿元，其中生物医药、水资源加工利用等新兴产业实
现产值 58 亿元；13 家国家高新技术企业实现产值 37 亿元。丹江口

市统计局统计数字显示，该市一季度单位 GDP 能耗同比下降 5.74%，而工业总产值却保持 19.4% 的增长，完成工业总产值 64.24 亿元，工业经济在转型发展中实现了绿色崛起。

作为南水北调中线工程核心水源区，丹江口市有近 6 万人的内安移民，仅移民集中安置点就有 163 个。为有效处理这些安置点的生活垃圾和污水，消除点源污染，治理面源污染，该市在每个安置点都建有规范的垃圾池，并创新建设新型人工湿地组成的污水回收处理系统，相当于每个集中安置点都有数个小型污水处理厂。行走在丹江口市的城市、乡村，美观适用的垃圾池、垃圾箱随处可见，乡村公路平整干净，绿化树木青翠欲滴，大小沟渠清澈通畅，群众文明环保行动蔚然成风，一个宜居宜业宜旅，天蓝水净地绿的美丽丹江口，正在南水北调工程调水源头冉冉升起。

丹江口市是南水北调中线丹江口大坝工程所在地、调水源头和核心水源区，在长江大保护和南水北调中线工程水质安全中发挥举足轻重的作用。丹江口市始终牢记"两山"理念，主动担当"一江清水永续北送"政治责任，丹江口水库水质自监测以来连续 28 年保持在国家 II 类及以上标准。

一库好水，离不开强有力的生态保护。全市 59.44% 的区域已被划入水源涵养区、生态保护红线区和生物多样性保护红线区。丹江口市在引进重大项目时，严格实行生态环境、发改、自然资源等部门联合会审制度，对有污染的项目坚决说"不"。

丹江口市还在守红线、治污水过程中探索出"截污、清污、减污、控污、治污"的系统性治理措施。全市建成和运行 48 个丹江口库区水污染防治规划项目，并在 2019 年前完成了全市 14 座城镇污水处理厂提标改造工作。全市生活污水处理设施将实现全覆盖，出水水质达到 I 级 A 以上，并最终形成设施完善、管网配套、在线监测、运行稳定的污水处理工作体系。

一、"铁腕治水"，抓实污染防治

狠抓控源截污，加快城市生活污水收集处理系统"提质增效"，建设城乡污水管网58公里，对14座污水处理厂进行提标扩能，污水处理能力10.97万吨，城乡污水处理率93%，推动城市建成区污水管网全覆盖、全收集、全处理。开展老旧污水管网改造和破损修复，修复管网15公里。深入开展汉江入河口整治，对13个直排口挂牌治理。狠抓内源治理，年清理库区漂浮物35吨。全面划定城市蓝线及河湖管理范围，整治范围内的非正规垃圾堆放点，并对清理出的垃圾进行无害化处理处置，降低雨季污染物冲刷入河量。此外，还先后开展"饮用水源专项整治"、"清水行动"、"保水质、迎调水"百日攻坚行动、"零点行动"和"整治违法排污企业保障群众身体健康"等专项执法检查，关停污染严重的大小企业100多家。

二、坚持"绿色养水"，打造生态屏障

以"生态市创建"和省级环保模范城市创建为契机，开展以"绿满丹江口"为主题的生态环境升级行动和精准灭荒三年行动。大力推进封山育林、退耕还林，并在库区沿岸建设了北京、天津等五个生态纪念林基地，完成总长度105公里、面积10000公顷防护隔离林带建设，中心城区共建设城市防护隔离林带265公顷，全市森林覆盖率由34.2%提高到55.86%。以小流域为单元，在全市55条小流域实施山、水、林、田、路综合治理水土保持工程。大力推进"生态城镇群"建设，生态镇、生态村、生态家园和美丽乡村数量逐年攀升。

三、坚持"生态品牌"，治理面源污染

清理库区网箱养殖 12.1 万余只，2488 户渔户"洗脚上岸"。争取农村环境整治项目资金 1.47 亿元，对全市 147 个村的饮用水源、生活垃圾、生活污水以及畜禽养殖污染实施环境综合整治。大力实施水土共治行动、化肥减施替代行动、土壤修复行动，大力推进"厕所革命"。全面治理取水口环境，对中央环保督察 2 项问题进行整改销号。划定饮用水水源一级保护区约 200 亩，二级保护区 2400 亩。设立保护区边界物理隔离网 1500 米、水面防护隔离带 400 米，安装防护筒 200 米，集中式饮用水水源地水质达到Ⅱ类，达标率为 100%。

四、坚持"水都品牌"，促进绿色发展

调水工程倒逼经济结构加快转型调整，打造"水生态之都、水产业之都、水文化之都"。立足水资源优势，先后引进农夫山泉等三家工厂落户，成为该集团产能最大的水源基地。以天然养殖为主、精养鱼池为辅，"百万亩淡水鱼生态养殖基地"规模初现。库区特色水果面积达到 50 余万亩，"武当蜜橘"内销内蒙古、新疆并出口至俄罗斯。亲水旅游业蓬勃发展，丹江口水库成功创建国家级风景名胜区，创建 A 级景区 13 个，成为全国水上摩托艇大赛的定点举办城市和国际路亚钓鱼基地。年接待游客 1400 万人次以上，旅游人数和旅游总收入年均增长 18%。连续五年被评为湖北省发展县域经济先进县市。①

---

① 《水脉之丹江口》，见 https：//tv. sohu. com/v/dXMvMzM1OTQxNzA2LzEzMDY4MTg0MC5za-HRtbA==. html。

第四节　强化监管与治理，为绿色发展保驾护航

一、强化库区及公路沿线生态监管与保护工作

2019 年 3 月，丹江口市印发《关于进一步加强丹江口库区（丹江口市境内）及全市主要公路沿线等重点区域监管保护工作的通告》，其对丹江口库区（丹江口市境内）及全市主要公路沿线等重点区域生态环境保护和生态治理提出了明确要求。

（一）重点监管保护区域范围

包括丹江口库区（丹江口市境内）沿线及所有岛屿，全市境内高速公路、国、省、县道及环库生态旅游公路沿线，风景名胜区，自然保护区、水源保护区等。

（二）加强建设用地项目规划监管

重点监管保护区域内原则上不再新增建设用地项目，确需建设的须报经市政府批准后方可实施；禁止一切未经批准的采矿、毁林、种植、养殖、乱搭乱建等行为。任何单位和个人未经批准不得在重点监管保护区域内修建建筑物或地面构筑物。重点监管保护区域内现有建设用地项目，由项目所在镇（办、处、区）负责，分类妥善处置并逐步迁出。重点监管保护区域内不得新设矿业权，在册矿业权到期后，除法律法规规定外不再批准延续。

（三）加强设施农用地监管

严格落实耕地保护责任，依法依规开展集体、个人土地流转；加强

重点保护区域内的设施农用地监管，加大农用地执法监察力度，严禁农用地非农化。重点监管保护区域内的存量建设用地和村民易地扶贫搬迁后遗留的宅基地，由所在镇（办、处、区）负责，开展植被恢复和土地复垦工作。

（四）加强生态环境建设

加大重点监管保护区域生态环境建设力度，按照"因地制宜、点线结合、不留盲点"的原则，全面实施封山育林、植树造林、退耕还林和建设生态公益林，并实行全封闭管理，严禁间伐、采伐、毁林开垦等行为。

二、实施周期性禁渔并强化重点生态类型区保护

2019 年 3 月开始，丹江口市对汉江流域进行每年度的阶段性禁渔，从每年的 3 月 1 日到 6 月 30 日，禁止在汉江流域（丹江口市境内）从事水产捕捞（含垂钓）作业。

面对资源约束趋紧、环境污染严重、生态系统退化的严峻形势，必须树立尊重自然、顺应自然、保护自然的生态文明理念。建立自然保护区、风景名胜区、森林公园、地质公园、湿地等保护区是丹江口市保护生态环境和自然资源的有效措施，是保护生态战略资源、建设生态文明的重要载体，是加快转变经济发展方式、实现可持续发展的客观要求。

第一，在自然保护区内，禁止从事砍伐、放牧、狩猎、捕捞、采药、开垦、烧荒、开矿、采石、挖沙等活动；自然保护核心区实行封闭式管理，未经省级政府及以上有关行政主管部门批准，禁止任何人进入。

第二，在风景名胜区内，禁止从事开山、采石、开矿、开荒、修坟立碑等破坏景观、植被和地形地貌的活动；禁止修建储存爆炸性、易燃性、放射性、毒害性、腐蚀性物品的设施；禁止在景物或者设施上刻划、涂污、乱扔垃圾；禁止捕猎、惊扰野生动物及其他可能破坏风景名胜资

源的活动。

第三，在森林公园保护范围内，禁止毁林开垦和毁林采石、采砂、采土以及其他毁林行为；禁止擅自采折、采挖花草、树木、药材等植物；禁止非法猎捕、杀害野生动物；禁止刻划、污损树木、岩石和文物古迹及葬坟；禁止损毁或者擅自移动园内设施；禁止未经处理直接排放生活污水和超标准废水、废气，乱倒垃圾、废渣、废物及其他污染物；禁止在非指定的吸烟区吸烟和在非指定区域野外用火、焚烧香蜡纸烛、燃放烟花爆竹；禁止擅自摆摊设点、兜售物品。

第四，在地质公园保护范围内，禁止在保护区内进行砍伐、狩猎、采药、开垦、烧荒、开矿、采石（砂）等；禁止采集或销售地质标本、观赏石及化石等活动；禁止围堵或填塞河道、山泉、瀑布等；禁止向保护区内排放未经处理或不达标的污水；禁止排放、堆放废物和垃圾及其他毁坏地质遗迹及地貌景观的行为。

第五，在湿地保护范围内，禁止擅自征收、占用国家和地方重要湿地，在保护的前提下合理利用一般湿地；对列入国家重要湿地名录和国家重点保护鸟类等野生动物的栖息地，以及位于湿地自然保护区核心区的自然湿地，一律禁止开垦占用或随意改变用途；禁止侵占自然湿地等水源涵养空间，已侵占的要限期予以恢复；禁止开（围）垦、填埋、排干湿地；禁止挖砂、取土、开矿、取用或截断湿地水源；禁止向湿地超标排放污染物；禁止对湿地野生动物栖息地和鱼类洄游通道造成破坏以及其他破坏湿地及其生态功能的活动。

三、协作扶贫助推丹江口绿色发展

2019 年北京十堰对口协作成果展暨扶贫特色产品展销十堰主题周活动在世园会北京扶贫馆启动，重点展示北京市和湖北省十堰市对口协作的工作成果。

北京市和十堰市因水结缘。2019 年是南水北调中线工程通水 5 周年。

2014 年 12 月 12 日，南水北调中线工程正式通水。十堰市作为核心水源区、北方"守井人"，为保一库清水永续北送，在移民搬迁、生态保护、治水护水等方面作出了巨大的牺牲奉献。同时，作为扶贫攻坚主战场，十堰市也面临着艰巨的脱贫任务。

截至 2020 年年底，南水北调中线工程累计调水超过 350 亿立方米，相当于 1587 个颐和园昆明湖水量，清澈汉江水融泽北京等十余个大中城市，受益人口超过 1 亿人。京鄂对口协作 5 年来，十堰市累计引入项目 50 多个，投资总额超过 300 亿元；落地项目 36 个，完成投资超过 50 亿元。

汉江水长，见证着北京十堰协力共圆小康梦的决心。矢志不移，改变的是贫困山区群众的生活面貌。2014 年，"精准扶贫"的战役正式在全国各地拉开序幕，同年 12 月 12 日，举世瞩目的南水北调中线工程正式调水。按照《丹江口库区及上游地区对口协作工作方案》和《北京市南水北调对口协作规划》，北京市确定由海淀区、东城区、平谷区、石景山区、密云区、房山区、丰台区、大兴区、通州区分别与丹江口市、郧阳区、郧西县、竹山县、竹溪县、房县、张湾区、茅箭区、武当山特区建立"一对一"对口协作关系，两地合力推进扶贫攻坚协作由此建立。

5 年来，着眼十堰市 84.68 万贫困人口、105 万内安移民与全国同步实现小康脱贫目标，北京市以高度的政治担当，安排对口协作资金 1 亿余元，先后支持丹江口市 20 多个贫困村发展茶叶、食用菌、花椒、苗木等特色产业，支持丹江口市习家店镇柑橘交易大市场、郧西县药食同源植物工厂等精准扶贫项目，帮助 2 万多贫困人口脱贫。同时，通过对口协作这一平台，北京市各级各部门积极帮助十堰市各地宣传、推介、销售特色产品，连续两年举办"北京市支援合作地区特色产品展销会"，拓展十堰市特色产品进京渠道，助力十堰市脱贫攻坚。

5 年来，北京市注重发挥产业协作的带动作用，不断深化与丹江口市的产业合作对接。先后投入协作资金近 2 亿元，支持十堰市中关村科技成果产业化基地、张湾区生物技术产业园及各县市区产业园建设；先后组织动员 160 多家企业到十堰市对接洽谈项目，落地项目 34 个，计划投资 268 亿元。十堰市则把招商引资、承接北京非首都功能转移作为对口协作的重点大力推进并取得成效。仅 2017 年，通过"引进来、走出去"专场推介、主动对接、驻点招商、紧密跟踪等措施，十堰市引进并落地北京项目 13 个，投资额 133.9 亿元，固定资产投资 42.96 亿元。

为北京十堰深入协作、精准对接作出自己应有的贡献。干部与人才交流是服务两地对口协作，以致力于回应精准扶贫工作的挂职干部的心声与志向。据统计，京堰已互派挂职干部 117 人，培训党政干部和技术人才 3000 余人次，为精准扶贫工作提供了强大的政治保障和人才智力保障。

第五节　绿色发展与绿色崛起

2018 年，丹江口市实现地区生产总值 242 亿元，增长 8% 以上；地方公共预算收入 13.74 亿元，可比增长 8.8%；城镇和农村常住居民人均可支配收入达到 29290 元和 11260 元，分别增长 8% 和 9%。全力服务南水北调。坚守生态红线，守护绿水青山，扎实推进长江大保护"双十"工程①。实施"清流行动"②，实现河湖长制全覆盖，库区拆围全面完成，提标改造 14 座城镇污水处理厂，不稳定达标河流得到有效治理。加强库区综合执法，对库区临水 1 公里范围内实行严

---

① "双十"工程：以长江大保护为主战场，实施湖北长江大保护十大标志性战役、湖北长江经济带绿色发展十大战略性举措。
② 清流行动：湖北省全省开展以学习宣贯、空间管控、水质提升、标准建设"四大行动"为主题的碧水保卫战。

格保护，库区水质稳定保持在国家地表水Ⅱ类以上标准，累计向北方调水 190 多亿立方米。顺利通过南水北调中线工程移民安置总体验收国家技术性终验。对丹江口市而言，以践行"绿水青山就是金山银山"发展理念为初衷，以绿色发展为引领的发展道路正日渐开阔，绿色发展正为当地凝聚强大动能。

坚持绿色发展不放松，着力转方式、调结构、补短板，2018 年年末丹江口市三次产业结构为 12.8∶50.7∶36.5，综合科技创新指数在全省上升 33 个位次。全市高新技术企业达 24 家，预计完成高新技术产业增加值 21 亿元。完成科技成果转化 22 项、升级改造项目 35 个，申报发明专利 140 件，创建省级众创空间、星创天地 2 家，引进"三区人才"① 专家 15 名。共同生物、丹澳药业分别被评为湖北省第二批支柱产业细分领域隐形冠军②示范企业和科技小巨人企业。丹传公司技师明廷鹏荣获"荆楚工匠"称号。现代农业后劲增强。预计实现农业总产值 60.6 亿元、农产品加工业产值 135 亿元。新开工建设高标准农田 3 万亩，新（改）建柑橘、核桃、茶叶等特色产业基地 5.8 万亩，完成柑橘冻害恢复 12 万亩。新增规上农产品加工企业 2 家，发展农村新型经营主体 302 家。新增"三品一标"③ 认证农产品 4 个。有机产品认证示范市通过省级考核验收。第三产业多点突破。全年接待游客 1715 万人次，实现旅游综合收入 114 亿元，分别增长 15% 和 31.7%。南水北调中线工程纪念园、武当大明峰、金蟾峡等项目稳步推进，武当山快乐谷晋级国家 4A 级景区，已实现社会消费品零售总额 100 亿元，增长 12%。2018 年，丹江口市本地农产品网销额达 1.2 亿元，"双十一"农产品电商销售额居全国贫困县第 9 位。

---

① 三区人才：2011 年至 2020 年，国家每年引导 10 万名优秀人才到边远贫困地区、边疆民族地区和革命老区工作或提供服务。

② 隐形冠军：不为大众熟知，但在各自细分领域和产业链条中有极高认可度、占有率乃至领跑的企业。

③ 三品一标：无公害农产品、绿色食品、有机农产品和农产品地理标志。

2018 年，丹江口市持续做好绿色家园的守护工作。持续推进生态建设，营造林 8.5 万亩。全面完成中央、省环保督察反馈问题整改。实施中心城区禁鞭，抓好建筑工地降尘、道路保洁除尘、秸秆垃圾禁烧，完成 100 家餐饮单位煤改气，空气质量主要考核指标 PM10、PM2.5 浓度持续下降。加快开展农用地污染防治详查。全面启动农村生活垃圾无害化处理和垃圾分类工作，顺利通过农村环境综合整治项目第三方复检。成功入选全国长江流域"一城一策"生态修复工作计划。顺利通过省级生态文明建设示范市验收，累计创建省级生态镇 11 个、生态村 56 个。

2019 年丹江口市围绕"四大目标"，突出"六项重点工作"，抓好"七件大事"。"四大目标"，即生态优化、创新发展、民生改善、社会和谐。"六项重点工作"，即深入推进精准扶贫精准脱贫，深入推进"五百工程"① 建设，深入推进汉江生态经济带建设，深入推进移民帮扶发展和南水北调对口协作工作，全面提升城乡功能，全面提升社会治理水平。"七件大事"，即实现整市脱贫摘帽；建设专业园区，推进高质量发展；完成"四个三重大生态工程"②；完成丹江口南站、武当山西站配套设施建设，丹陶公路建成通车，十淅高速全面开工；完善"一江两岸"功能，完成南水北调中线工程纪念园、南水北调中线植物园一期建设；达到国家卫生城市标准；创建全域旅游示范区。

一、坚决打赢三场攻坚战，彻底践行绿色发展理念

为了确保绿色发展的战略成效，丹江口市自 2019 年起实施三大污染防治攻坚战。

---

① 五百工程：百亿产业、百亿园区、百亿农产品加工市、江南百亿生态工业走廊、江北百里生态农业走廊。

② 四个三重大生态工程：湖北省政府决定自 2018 年起，用三年时间推进"厕所革命"、精准灭荒、乡镇生活污水治理和城乡生活垃圾无害化处理等四项重大生态工程。

打好碧水持久战。全面严格落实河湖长制工作要求，实行最严格水资源管理，加强官山河、浪河、大柏河、泗河等入库河流综合治理，深入推进湖库等集中式饮用水水源地环境保护专项行动。加大库区综合执法力度，巩固拆围成果，优化库区环境。坚决遏制违法河道采砂和开矿采石。治理水土流失面积 12.5 平方公里。实施天然林保护工程，完成精准灭荒 6.2 万亩。大力实施农村环境综合整治，确保完成"厕所革命"建设任务，力争农村生活垃圾分类实现全覆盖。有序推进全国第二次污染源普查。

打好蓝天攻坚战。加强重污染天气应对联动，继续推进"煤改气"、清洁能源替代，强化机动车尾气、加油站油气回收和餐饮油烟污染防治，推动禁鞭逐渐向重点乡镇延伸，抓好农村秸秆禁烧常态化管理，推广厢式密闭运输，加强在建工地及渣土车日常管理，对主干道实行全天候保洁，确保空气环境质量持续好转。

打好净土保卫战。加强农用地污染核查，开展土壤污染治理与修复。严控农业面源污染，加强畜禽养殖废弃物资源化利用，大力推广使用有机肥。实施矿山地质环境生态修复工程。继续开展"绿盾行动"，巩固整改成果，加强各类自然保护地管控。持续开展"清废行动"，严厉打击固体废物环境违法行为。

二、树立绿色理念，持之以恒推进绿色发展

按照产业生态化、生态产业化的理念，以争创国家生态文明建设示范市和"绿水青山就是金山银山"实践创新基地为载体，大力推进生态与产业深度融合，着力在推进经济发展方式转变和产业结构调整上取得新突破。加快山水资源利用及水产业深度开发，努力建设绿色发展示范区。依据《湖北省高质量发展评价与考核办法（试行）》，构建"党政同责、一岗双责"绿色发展责任体系和考核体系。努力在做大经济总量中留足环境容量，在转型升级中提高发展质

量，将生态优先、绿色发展贯穿工作全过程，厚植丹江口可持续发展的核心竞争力。

推动工业升级。力争规模以上工业总产值、增加值分别突破440亿元、110亿元。做优大平台。开展工业园区区域性统一评价。优化经济开发区发展规划，加快专业园区PPP项目建设，完善生产生活配套服务。完成白果树沟工业园连接线、六里坪工业园与机场一级路连接线建设。基本建成汽配、专用车、生物医药、农产品加工等各具特色的专业园区。继续盘活园区闲置资产。通过政府购买服务方式，搭建工业经济运行监测、技术改造、环境影响评价、安全生产监管、企业家培训等第三方服务平台。壮大主导工业支撑。持续推进亿元企业倍增工程。支持汉江集团、东风公司、农夫山泉等在丹企业加快发展，加快农夫山泉胡家岭工厂改造升级和均州工厂二期、新经济产业园建设，壮大水资源利用和汽车零部件产业集群。提升旧动能。深度对接全省"万企万亿技改工程"，发挥丹江口市传统产业改造升级专项资金作用，支持东风零部件、丹传汽车公司等一批企业实施改造升级，提高产能利用率。支持圣伟屹等先进制造业加快发展，推动互联网、大数据、人工智能和实体经济深度融合。培育新动能。突破性发展生物医药产业，重点推进共同生物扩能、武当药业重组、华中药业与丹澳药业合作等项目。培植新能源新材料产业，支持中汉动力等企业达产扩能，确保宏迈高科新材料等项目按期投产。加快电子信息产业发展，力促康信德等项目达产。力争新增规模以上工业企业10家以上。

推动农业提质。力争实现农业总产值62.7亿元、农产品加工业产值140亿元。新建2万亩高标准示范农田，确保粮食安全。加强特色产业基地建设，新建高标准桔橘、茶叶、石榴、猕猴桃基地1.3万亩，改造低产园4.1万亩。积极探索发展"保水渔业"，打响"丹江鱼"品牌。大力实施"三乡工程"①，新引进较大规模投资农业经营主体5家

---

① 三乡工程：市民下乡、能人回乡、企业兴乡。

以上，新增农业产业化龙头企业 2 家以上。加强农业机械化和农业技术推广体系建设。加快农民专业合作社建设。大力培育新型职业农民。积极推进农村承包地"三权分置"①，引导农村土地适度集中经营。支持一批现代农业示范园建成田园综合体。大力发展林下经济、草食畜牧业，推广种养结合、循环利用，不断完善农产品溯源制度。新增"三品一标"4 个、省级名牌 2 个。

推动服务业优化。坚持生产性和生活性服务业"两手抓"。发展全域旅游。以汉十高铁开通为契机，以环库公路为主轴，促进全域旅游加快发展。编制《丹江口市全域旅游发展规划及三年行动计划》。围绕环城游、环库游、环山游打造节点精品，促进一山一水互动发展，加快环库生态旅游风景道②建设，积极争创"南水北调源头生态文化旅游区"国家 5A 级景区和全域旅游示范区。加大文旅项目招商力度，支持金蟾峡等景区开发，推进大明峰景区于 2019 年 9 月开业。加快旅游商品研发，提升旅游服务水平。强化旅游品牌营销，大力开发客源市场。办好水上摩托艇大赛、武当国际演武大会、坝下游泳公开赛、马拉松邀请赛、最美山水公路长走大会等赛事活动。力争实现旅游接待 1980 万人次以上，旅游收入 130 亿元以上。发展商贸物流。加快批发、零售、餐饮、住宿等传统商贸发展，着力引进大型商贸企业落户，加快千岛国际城市综合体、十淅高速出口经济区建设，全年新增限上企业 7 家。巩固国家电子商务进农村综合示范县（市）建设成果，加快形成辐射市镇村的电子商务服务体系，支持丁家营电商产业园、邮政电商物流园建设，促进电商企业集聚发展。发展现代金融。积极引导金融机构优化信贷结构，扩大信贷规模，创新金融产

---

① "三权分置"：指在坚持农村土地集体所有的前提下，促使承包权和经营权分离，形成所有权、承包权、经营权三权分置，经营权流转的格局。
② 旅游风景道：以交通线网为基础，加强沿线生态资源环境保护和风情小镇、特色村寨、汽车营地、绿道系统等规划建设，完善游憩与交通服务设施，形成的品牌化旅游廊道。

品，强化政银企保对接合作，增强金融服务地方实体经济发展能力，新增贷款余额 10 亿元以上。加大产业发展基金投放力度。推动企业股权直接融资、应收账款质押融资①取得突破。规范保险市场，推动保险业健康发展。大力发展普惠金融、绿色金融。争创全省"最佳金融信用县市"。

三、树立绿色理念，选准发展路径

（一）绿色发展是最好的发展路径

丹江口市是南水北调中线核心水源区，是国家重点生态功能区，承担着保障京津冀豫水生态安全的重大责任。服务国家战略的政治使命，决定了丹江口市在发展的任何时候都必须把生态建设放在首位，坚持"绿色决定生死"的理念，加快传统工业调整转型。

（二）绿色生态是最硬的发展优势

丹江口市山水资源丰富，绿色生态得天独厚，全年空气质量优良天数达 325 天以上；水环境质量稳中趋好，饮用水水源水质达标率 100%，库区及汉江下游丹江口段水质为Ⅱ类。2013 年，在国家重点生态功能区环境质量综合考评 466 个县域中，丹江口市名列生态环境质量"变好"的 31 个县（市）之一。维护好绿色生态资源才是可持续发展的最大优势。

（三）绿色繁荣是最大的发展期盼

丹江口市是国家秦巴山片区扶贫开发重点县市和全省脱贫奔小康试点县市，加快发展的责任十分重大。多年保水形成的良好生态环境

---

① 应收账款质押融资：是指企业将其合法拥有的应收账款收款权向银行作还款保证，但银行不承继企业在该应收账款项下的任何债务的短期融资。

是丹江口市的巨大发展优势，要在不断巩固和扩大生态优势的同时，尽快把生态优势转化为发展优势，从而实现保水与富民的有机统一。为此，市委、市政府顺时应势，把丹江口市放在全国、湖北省的大局中谋划，围绕湖北"建成支点、走在前列"、十堰市建设区域性中心城市的战略部署，提出了"对接十堰、策应沿江、辐射周边"的总体思路，确立了建设宜居宜业宜旅的工业生态旅游城市的目标定位，努力把丹江口市建设成生态文明先行区、特色产业引领区、山水文旅示范区，在天更蓝、地更绿、水更清、家更美中实现永续发展。2020年，该市被授予国家第四批"两山"实践创新基地称号。

四、构筑环库净水屏障，建设生态文明示范区

（一）加强环境保护，维系自然生态

累计完成封山育林 270 万亩、退耕还林 39.1 万亩，在 55 条小流域实施山、水、林、田、路综合治理水土保持工程，修建坡改梯 1204 公顷，完成水土流失治理面积 886 平方公里，森林覆盖率由 39.3% 提高到 52.5%；先后关闭污染企业 100 余家，进行环保治理 30 家，累计投入环保治理资金 3.4 亿元。同时，自 2013 年 7 月开始，全面开展"清水行动"，2014 年又着力开展"保水质、迎调水"百日攻坚专项。整治行动，对集中式水源地依法依规严格控制，在一级保护区内与供水设施无关的建设一律强制拆除，库区生态得到显著改善。

（二）推动节能减排，营造低碳生活

严格按照国家提出的"先节水后调水、先治污后通水、先环保后用水"原则，建立完善了一套工作制度，以制度来约束、固化、保障生态建设，努力把南水北调水源区建设成为"绿色走廊""清水走廊"，全力确保"清水入库、清水北送"。严格实行总量控制，努

力实现减排目标，以城镇生活污水处理和规模化畜禽养殖污染治理为重点，深入推进水污染防治工作；化学需氧量、氨氮、二氧化硫排放量分别削减1%、2.5%、0.5%，圆满完成上级下达的各项减排指标。目前，丹江口水库水质达到了国家地表水Ⅱ类标准。

（三）加快城乡统筹，建设美丽家园

坚持新型城镇化与新农村建设并举，积极争取国家文明城市、国家卫生城市、国家环保模范城市、国家森林城市、国家园林城市，加快集镇规划和美丽乡村建设，着力打造舒适安逸的人居环境。精心创建"生态家园"，突出本地生态特色、文化特色、地域特色，注重保护田园风光，合理增加现代设施，大力整治村庄环境，创建20个生态家园示范村。竭力打造"环库生态特色城镇带"，突出规划引领，体现民居特色，注重生态环保，加强对环库区集镇、村庄及165个南水北调移民安置点的建设管理，打造生态亮丽风景线。

五、发展绿色产业，实现富民强市

（一）加快结构调整

积极推进发展方式转变，探索建立结构优化、技术先进、清洁安全、附加值高、吸纳就业能力强、适应水源地要求的现代产业体系。充分认识产业转型的重要意义，着力调整产业结构，做好第一产业"接二连三""退二进三"工作，将发展重心逐步向二、三产业转移。

坚持以工业经济为第一抓手，加大电子信息、新材料新能源项目科技创新和高新技术产业扶持力度，精心培育汽车零部件及整车、冶金、农产品加工3个"百亿产业"、水资源利用、生物医药、电子信息3个"五十亿产业"。作为水资源较为丰富的城市，丹江口市立足资源优势，大力发展绿色水产品生产加工业，扩大饮用水、果汁饮

料、酒类等产业产能。

目前，已有农夫山泉、农夫山泉（新城）、源头水、武当酒业、润京水业等 5 家绿色水产品加工企业，成为重要的税源增长点。此外，还有一批水产品加工企业正在加快建设。

（二）积极发展生态农业

丹江口水库是直接关系京津饮用水安全的水源涵养敏感区，核心水源区主要位于湖北省十堰市境内，涉及丹江口等 8 个区县，总面积23600 平方公里，总人口 334 万人，水土流失面积达 11905 平方公里，土壤侵蚀量 6425 万吨。农业是丹江口库区农民主要收入来源，控制农业面源污染、减肥减药是丹江口水库水质保护的重要措施之一。为防止面源污染，鼓励农民使用有机肥、采用生物防治技术，生产绿色农产品。为集约高效利用资源、提高农业产出率和增加农民增收，大力发展设施农业，建设以柑橘、茶叶、核桃、中药材、蔬菜、烟叶为主的"百万亩特色产业基地"。加快建设农产品加工园区，做大做强水产业特色园区，建设"百亿农产品加工县市"。中国农业科学院于2017 年立项"科技创新工程　协同创新任务——丹江口水源涵养区绿色高效农业技术集成与示范"，该任务在丹江口水源涵养区以提升水质保护、水源涵养和促进高效生态农业发展为目标，以实现区域经济、社会和生态效益相统一为目标，协调推进资源高效利用和生态环境保护，确保农产品质量安全，通过系统性研发区域生物多样性利用及农田生态景观构建技术、农田绿色高效种植关键技术、养殖业废弃物高效循环利用关键技术与设备研发、生态型高效设施农业技术集成、南方丘陵区分散式生活污染物控制等技术手段，创建丹江口水源涵养区绿色高效生态农业技术模式，促进水源涵养区绿色发展，提升农业可持续发展水平，确保"一江清水送北京"。

按照"生态自然、休闲观光、经济美观"的原则，基本完成以"武当花谷"为核心的孟土路"生态休闲观光农业走廊"建设。按照环境生态化、产业规模化、经营市场化、基地景观化、产品品牌化的思路，加快推进江北"百里生态农业走廊"建设。坚持城乡一体化，深入推进中心镇、特色镇、新农村示范村（社区）建设，有序推进农村人居环境综合整治，建设江北"特色村镇带"，休闲农业和民俗旅游业已成为广大农民就业增收的新增长点。

（三）加快发展旅游业

坚持旅游品牌化理念，依托"武当山"和"源头水"两张世界级名片，突出旅游产业优势地位，按照全域景观化思路，着力建设山水文旅示范区。成功举办第三届武当国际演武大会、第四届中国摩托艇联赛。自 2014 年 5 月迎来首趟北京"南水北调之源"旅游专列以来，"南水北调中线源头——丹江口"城市旅游品牌形象获得显著提升。

五龙宫旅游开发全面展开，武当山国际武术学院建成使用。太极湖生态文化旅游区、武当国际旅游港、武当道教学院等景区建设加快推进；启动丹江口水库国家风景名胜区、5A 级旅游景区创建；沧浪海旅游区和武当峡谷漂流景区成功创建 4A 级旅游景区，A 级以上景区达到 12 个，吕家河民歌村、伍家沟故事村等。9 个村被列入全国乡村旅游扶贫重点村。旅游网络营销平台初步建成，全国最大连锁店宝中国际旅行社进驻丹江口市。

第六节　生态补偿与丹江口的绿色发展保障

如何促进常规农户转变为绿色高效农业技术模式生产，减少农业面源氮、磷流入水体，采用生态补偿方式是当前国际公认的重要的生态环境保护激励手段，通过扭转环境外部性措施，根本原则是通过两方利益主体之间的利益输送，扭转其中一个主体的激励，使其做出更适合另一主体利益的行为，而一个完善的生态补偿机制要以生态补偿标准为基础。

生态补偿机制是以保护生态环境、促进人与自然和谐为目的，根据生态系统服务价值、生态保护成本、发展机会成本，综合运用行政和市场手段，调整生态环境保护和建设相关各方之间利益关系的一种制度安排，是一种调动生态建设的积极性，促进环境保护的利益驱动、激励和协调机制。目前，我国经济增长与生态保护矛盾依然尖锐，国家财政转移支付资金难以大幅度增长，可分两个阶段提高生态补偿标准：第一阶段实现合理区间中的生态补偿下限标准，第二阶段逐步实施能够触及生态补偿标准合理区间中的上限标准。生态补偿标准可首先采用生态系统服务价值的方法来确定水源区生态补偿标准的上限，然后采用生态保护总成本法确定水源区生态补偿标准的下限，最后取两者的中位数作为区域生态补偿的标准。

自 2008 年开始，国家建立南水北调中线工程水源地生态补偿机制，每年安排生态补偿资金解决水源区水质保护和地方经济发展的矛盾。生态转移支付资金，主要用于库区生态建设和涉及民生的基本公共服务领域，在促进水源地污染企业"关、停、转、调"，补偿安置企业下岗工人，促进水源区生态环境设施建设等方面发挥了积极作用。但从生态补偿的中央财政专项资金额度看，其与库区为生源地保护所做出的牺牲仍不匹配。因此，应该考虑加大生态补偿的力度，引入市场化的生态补偿机制，比如是否可以从丹江口库区输出的每吨饮用水中提取一定量的费用作为丹江口市的生态补偿与后续发展资金，这项工作可以深入讨论。在具体的生态补偿项目中，往往存在补偿主客体关系不明晰，对补偿内涵、补偿标准、补偿方式的确定缺乏科学指导等问题。此外，由于生态补偿制定不合理导致的二次不公平现象也时有发生，尤其是在流域生态补偿方面，缺乏适宜的流域公共生态环境维护补偿制度。流域上下游之间因此而产生的矛盾和争议长期存在，对流域发展政策的推行造成不利影响。

第一，建议成立丹江口库区生态补偿发展基金，以此作为长期性生态补偿机制的运作机构。生态补偿发展基金的实际控制方应由国家（中央政府）、直接利益相关方代表（地方政府、业主）组成，在其授权下，成立非营利性质的公益类管理机构；第二，丹江口库区生态补偿发展基金的功能应包括：筹措资金、协调分配管理资金的使用，实施对"补偿"的动态监督与评估、辅助利益相关方的后续发展；第三，重点关注移民生态补偿问题，移民安置及补偿的方式应该更多样化，在建立补偿制度过程中应充分体现移民的自我决策权、参与权，把选择的权利尽量交给移民自己，由他们在分析自身资源的基础上权衡利弊、进行抉择，这将有利于增强移民的理性判断，减少对政府的依赖和盲目行为；第四，建立南水北调水资源税的分享机制，使核心水源区能够分享水资源税，确保南水北调工程可持续发展。

2014年以来，十堰市关闭转产规模以上企业560家，永久减少税收22亿元；上岸养鱼网箱15万个，影响就业3.5万人，直接损失6.5亿元；减少水库电站发电量，年均直接减少财政收入8.29亿元；丹江口水库大坝加高蓄水，25.2万亩土地被淹没，后靠安置移民10.5万人，人均耕地产出不足维持基本口粮需求。同时，每年配套支出15亿元用于生态保护和水污染防治。十堰市的奉献确保了"清水北送"，截至2020年2月23日，北京各大水厂已累计取用"南水"20.3亿立方米，占入京水量的68%，全市直接受益人口超过1100万人。

国家高度重视十堰市的生态保护和经济社会发展，2008年到2017年累计给予十堰市生态补偿资金54亿元，但与实际承载的生态保护支出责任和潜在的发展需求相比仍有较大差距。丹江口市生态保护与经济发展的矛盾十分突出，生态保护与精准脱贫的步伐难以协调，生态补偿与环境治理投入的矛盾加剧。中科院向国务院呈送的《关于南水北调中线工程核心水源区生态经济可持续发展的咨询建

议》指出，南水北调中线工程的实施，十堰市水源区生态补偿资金
2003年至2020年合计为145.8亿元，生态保护欠账数额巨大。

建议将丹江口库区生态保护支出责任列入国家事权与支出责任改
革范围，由中央统筹对丹江口库区生态保护予以保障。包括设立南水
北调中线工程核心水源区环库区生态建设专项资金，保障环库区生态
建设和水污染防治需要；设立南水北调中线工程核心水源区生态补偿
专项资金，重点对丹江口库区网箱拆除、核心水源区采矿业退出、地
质环境恢复治理、地质灾害治理等进行补偿；出台类比三峡的水资源
费政策，专项用于库区环境保护，移民遗留问题解决、库区维护管
理、移民安置区基础设施建设和经济发展等方面的后期扶持；进一步
加大生态补偿资金转移支付力度，对污水处理、垃圾处理运行和生态
建设、不达标河流治理等特殊支出予以倾斜支持。

2016年，十堰市印发《十堰市地表水环境质量生态补偿暂行办
法》《十堰市环境空气质量生态补偿暂行办法》。针对地表水方面的
核心规定是："各县市区政府（管委会）每年年初向十堰市人民政府
缴纳100万元水质达标保证金，市人民政府每年从环保专项资金中列
支300万元用于支持各地地表水环境管理工作。对年度考核达到优秀
等次的，市人民政府全额返还其缴纳的保证金，给予资金奖励，并予
以通报表扬。对年度考核达到合格等次的，市人民政府全额返还其缴
纳的保证金。对于年度考核不合格的，没收其缴纳的保证金，统筹用
于奖励年度考核达到优秀等次的县市区，并予以通报批评；被通报批
评的县市区政府（管委会）应在30日内向市人民政府书面报告有关
情况，提出限期整改措施，并抄送市环境保护局。"

2019年湖北省自然资源厅开展生态产品价值实现生态补偿试点
工作，丹江口被列入试点范围。此次试点工作目标包含4方面内容。
一是明晰自然资源权属边界。依据《自然资源统一确权登记暂行办
法》要求开展确权登记工作，清晰界定空间内的水流、树木、山岭、
草地、荒地、滩涂等各类自然资源资产的所有权主体，划清各类自然

资源资产所有权的边界。二是生态产品价值实现路径探索取得实质性进展。聚焦生态农业、生态旅游业、健康养生业等多条生态产品价值实现路径，力争每个试点县（区、市）建成一个以上示范村。三是科学合理的生态价值测算方法实现突破。生态补偿制度体系为生态系统价值评估和测算、政府确定生态补偿提供依据。四是生态产品价值实现制度体系初步建立。围绕自然资源资产产权制度改革、金融支持、生态产品政府采购、生态产品价值评估、交易市场培育、生态产品质量认证、绩效评价考核和责任追究等方面，探索形成可复制、可推广的制度体系。

但已开展的生态补偿试点工作仍然存在如下的不足之处：

首先，缺乏符合各地实际的生态补偿长效机制。目前在南水北调中线水源区实施的生态补偿政策，只是国家对生态功能区的通用补偿政策，采用的是均衡性转移支付标准，更多地体现了"扶贫"性质，没有体现出调水对水源区影响程度的差异，也没有体现出淹没区的损失，更没有体现出发展机会成本的损失，且存在补偿力度较小、涉及面较窄、分配方式不够合理等问题。

其次，以财政转移支付为主的政府补偿机制存在一定的缺陷。这一机制对财政政策的依赖性较强，具有不确定性。生态受益者与保护者脱节，难以体现生态补偿各方主体的权责利。缺乏相应的法律法规，补偿不能完全依理依法进行，在操作上缺乏有效的监督，补偿方式上缺乏针对性，难以达到最佳效果。

再次，缺乏生态补偿协商机制。生态补偿涉及的利益主体复杂多样，目前生态补偿管理体制尚不健全，缺乏跨省（区、市）、跨流域、跨部门的协调机制，无法协调解决省份之间、上下游之间的生态补偿问题。

最后，生态补偿资金安排额度与所承担的任务不匹配。以南水北调中线工程的实施为例，由于丹江口水库发电收入减少，当地每年直接减少财政收入 8.29 亿元；每年用于水污染防治和生态修复工程建设配套支出 15 亿元，财政增支减收数额巨大。目前生态补偿资金安排明显不足，有必要制定科学的生态补偿标准体系及资金分配机制。

除了跨流域保护需要生态补偿，我国还有许多环保领域需要建立健全生态补偿机制。生态屏障建设与投入的矛盾，草原过度放牧或过度耕种带来的风沙问题，以及自然保护区的保护问题，仍有待进一步解决。虽然已出台许多政策措施，但由于没能从机制上解决问题，即使一些地方的保护与发展关系得到协调，也还有许多不稳定因素。此外，在基层具体操作过程中，生态补偿还面临难题。制定区域生态保护标准比较困难，生态补偿立法远远落后于生态问题的出现和生态管理的发展，生态建设资金渠道单一，所需资金严重不足。

建议在全国主体功能区划的基础上，明确对各生态功能区的定位、保护责任和补偿义务。在生态效益提供者和受益者范围界定清楚后，接下来就要建立利益相关者补偿机制。完善生态补偿机制，还需以体制创新、政策创新和管理创新为路径，因地制宜选择生态补偿模式，不断完善政府对生态补偿的调控手段，充分发挥市场机制作用，动员全社会积极参与，逐步建立公平公正、积极有效的生态补偿机制。

从来自南水北调中线核心水源区的基层干部们的建议看，参照国外实践经验和我国生态补偿的实施现状，南水北调中线水源区生态补偿资金的筹集及补偿方式可采取以公共财政转移支付为主，市场运作、公众参与为辅的方式进行，建立地区间横向补偿机制，探索市场补偿方式，着力构建"输血"和"造血"相结合的补偿机制。

从生态补偿政策的探索实践来看，建立和完善生态补偿机制是一项复杂的系统工程。当前，生态环境损害赔偿制度已在全国 7 个省（市）开展试点，未来要在总结经验的基础上，为生态补偿提供技术支撑，加快生态补偿立法工作。

第七节　丹江口市未来发展的畅想

一、丹江口将进入区域中心高铁时代

对于一个倡导绿色发展，大力发展生态农业、绿色工业与生态旅游的城市来说，高铁的建成将会在极大程度上改变丹江口市的出行格局，同时也会极大地便利当地的旅游经济、农业经济和工业产业的发展。

十堰市铁路办相关负责人介绍，随着汉十高铁十堰境内基础性土建工程结束，按照汉十铁路公司工作计划，现在的工程已陆续进入站房建设、无砟轨道床铺设、四电工程施工阶段。根据工程计划，2020年年底，汉十高铁已经开通，丹江口至武汉仅需一个半小时左右，省去了过去动辄六七个小时还需转车的烦恼。汉十高铁的开通，不仅为丹江口市人出行提供了极大方便，更为外地游客、外地工商业进驻丹江口，提供了良好的契机。而下一步，十堰到西安高铁的开通，将助力丹江口市成为区域性的高铁枢纽中心。

二、十淅高速来了

十淅高速公路起于湖北省丹江口市丁家营镇，与福银高速公路交叉设置枢纽互通，向东北方向经武当山特区南沟村、丹江口市龙山镇、凉水河镇、石鼓镇后进入河南境内，经淅川县仓房镇，向北经盛湾镇、马蹬镇，然后向西北绕过淅川县城，继续向北经上集镇、金河镇、毛堂乡至西峡县五里桥乡，走县城西向北，至项目终点栾西高速与沪陕高速交叉枢纽。

路线全长约 118 公里，湖北境内长约 42 公里，河南境内长约 76 公里。湖北段于 2017 年 12 月 12 日正式开工建设。项目总投资为 73.734 亿元，计划建设工期 48 个月，计划 2022 年年底完工。该路将成为福银高速与沪陕高速之间的最新快捷通道，可让鄂西北、豫西等秦巴山片区融入国家重大发展战略，成为库区几十万移民安稳致富、精准扶贫、精准脱贫的重要基础保障。同时，该路可以将三峡库区、神农架、武当山、洛阳等 5 大风景名胜区连接起来，推动沿线区域生态文化旅游产业的快速发展。十淅高速建成之后，将极大丰富丹江口的公路网络，对旅游、交通运输、招商引资均有巨大促进作用。

三、物流码头也将建成

丹江口港陈家港港区物流园码头（砂石集并中心）工程建设已完工，其他配套工程仍在建设当中。因处于汉江十堰段下游，丹江口港陈家港港区物流园码头（砂石集并中心）项目将为汉江货物转运、集散发挥重要作用。项目一期建设 500 吨级散货泊位 1 个，年吞吐量 55 万吨，其中散货 40 万吨、杂货 15 万吨。目前码头部分工程建设已完工。陈家港港区物流园码头的使用，将极大发挥丹江口的航运能力，对于货物的水路进出口，发挥巨大的作用。

四、旅游集散中心来了

丹江口市旅游集散中心项目位于丹江口市土关垭镇金山村，总用地面积约 9355.92 万平方米，总建筑面积约 11227 平方米，项目总投资估算为 5000 万元。而丹江口市旅游集散中心是依托汉十高铁丹江口南站建设的一个集交通集散、餐饮住宿、形象宣传、综合服务等多功能于一体的旅游集散中心。主要内容包括：游客服务中心、票务中心、交通服务中心、旅游导览信息服务中心、旅游商品销售展示中心等。

五、丹江口港区来了

丹江口港区将发展成为集旅游客运、通用散杂货、LNG 加往、船舶修造、公务执法等功能于一体的综合性港区。丹江口港区按照作业区所在河流位置，划分为陈家港作业区、丹江作业区、坝上旅游作业区、曾河作业区和浪河作业区。

2022 年后，丹江口将有更多标志性交通工程完工，其将通过交通进一步提速经济社会发展。

丹江口龙山大桥位于丹江口水库汉江干流上，连接江北凉水河镇和江南龙山镇，是打造鄂西生态文化旅游圈、构建"大十堰""两小时经济圈"、推进宜居宜业宜旅的工业生态旅游城市建设的重点工程项目，于 2018 年 1 月开工建设，预计 2022 年上半年建成通车。

丹陶公路起于丹江口环库公路东环段，终点位于淅川县陶岔鄂豫界，与 241 国道河南省淅川段对接。路线全长 2975 米，白果树隧道全长 1514 米，二级公路标准，路基宽 12 米，隧道宽 10 米，双向两车道，设计时速为 60 公里，总投资 1.06 亿元，该道路于 2020 年 4 月通车。

丹江口水库特大桥是十淅高速公路控制性工程，大桥位于丹江口大坝汉江上游约 24.4 公里处，南岸位于丹江口市龙山镇白果树村，北岸位于丹江口市凉水河镇寨山村，桥梁总长 1084 米，主跨采用 760 米双塔地锚式混合梁斜拉桥，桥面宽 31.6 米，两侧设有 2.8 米宽的观景廊道。

六、通用机场即将上线

2019 年 3 月 6 日，丹江口通用机场项目选址报告编制启动会议召开，标志着丹江口通用机场项目选址等前期工作正式启动。丹江口通用机场项目已被纳入全省民航三年攻坚工作方案，是国家鼓励和重点支持项目，项目建成后，将成为丹江口市旅游产业发展的新业态、新热点，同时为库区应急、抢险救灾、地质测绘提供保障条件。

七、丹江口将有更多旅游胜地与景区开放

（一）南水北调工程纪念园

该项目目前正在火热建设中，按照总体规划，该工程于 2021 年 10 月完工。项目位于丹江口市三官殿办事处境内的蔡湾村四组，右岸新城区旅游港附近，紧邻南水北调中线标志性建筑、控制性工程丹江口水库大坝。工程总占地面积 1046.83 亩，计划总投资 4.2 亿元，其中，一期纪念园占地 546.83 亩，二期移民文化体验中心占地 500 亩。纪念园由中国美术学院建筑设计研究院设计。一期工程已建一个移民纪念广场、一个移民文化展示馆，并将南水北调中线工程沿线 12 个重要城市的标志性建筑景观，以及 11 个技术工程节点，按版图位置分布和一定比例微缩复制，游客可形象地看到调水工程技术原理、调水沿线风土人情，实现半日畅游中线。二期工程已建设一个移民文化体验中心、一个观景平台及均县镇遗址保护和开发项目等。建成后的纪念园将成为依托丹江口城区、连接武当山和小太平洋至河南陶岔取水口的重要景观。

（二）武当大明峰景区

武当大明峰景区位于官山镇骆马沟村和官亭村，是武当七十二峰之一，也是鄂西生态文化旅游圈中的一颗璀璨明珠。这里气候宜人、景色优美，春天山峦滴翠，繁花似锦；夏日风雷激荡，云雾缭绕；金秋林疏叶红，满目清新；冬时冰柱撑天，琼瑶满地，适合众多稀有动植物在此繁衍生长。

大明峰原名柱头岩，又称武柱峰、真武坐像，海拔1316米，为武当山七十二峰之第四十五峰。此坐像两峰如笋形同座椅，中间端坐高约80米、宽40米的真武神石像，五官形备，背依伏龙山，面朝武当金顶。其头顶上茂密的白皮松俨然发髻，脸庞圆润，鼻梁高高隆起，两手平放两膝之上，打坐修行状惟妙惟肖。相传，真武在此潜心修行多年，以虔诚和恒心感动了道德天尊，被点化成仙，留下石质人像。

大明峰有多姿多彩的自然风光，举世罕见的山神石庙，博大精深的古教文化，构成了天人合一的人间仙境。大明峰方圆八百里，高险幽深，气势磅礴，标奇孕秀，飞云荡雾，松杉挺秀，修竹翠绿，名花飘香，异草流彩，环境清幽，风光迷人。虽然没有五岳之雄伟，但它以奇、险、幽、秀而著名，大明峰的诸多峰岩都有美丽的神话故事传说。

整个景区项目规划总投资8.2亿元，计划用5年左右时间，将景区建设成为集文化体验、生态观光、户外运动、养生度假、生态居住于一体的综合性生态文化旅游区，成为武当山和鄂西生态文化旅游圈的重要组成部分、中国最美乡村和最具魅力的生态文化旅游休闲度假区、5A级风景名胜区和具有国际竞争力的一流旅游目的地。

（三）金蟾峡景区

金蟾峡景区项目总投资2.4亿元，分三期在3年内建设完成，主要包括金蟾峡峡谷景区、武当犟山游览区、簸箩岩田园综合体、白杨坪接待功能区（特色森林小镇）。

一期主要建设项目为完成景区修建性详细规划、各类评审、立项等工作；完成金蟾峡游步道建设，特色森林小镇、样板农家小院、田园综合体、房车营地、自驾车营地等规划和初期建设工作；完成各类景区大门、游客服务中心、景区道路、停车场等相关基础设施规划和初期建设；水、电、路、环保、通信、网络、医疗救护、消防安全设施等基础配套服务设施项目建设。项目建设周期为 12 个月，投资 1.2 亿元。

二期主要建设项目为启动犟山武当道教文化体验区建设项目，继续推进特色森林小镇项目建设；全面推进养生养老、休闲度假及其配套项目建设；全面建设"传统农耕园"及田园综合体项目，打造农业多元产业链；推进户外运动项目建设。二期建设周期为 12 个月，投资 1 亿元。

三期主要建设项目为完成"犟山武当道教养生体验区""白杨坪森林康养特色小镇"项目建设；完成"传统农耕园"及田园综合体项目，形成农业产业链；建立健全各种农业专业合作社组织，完善各种生产体系、产业体系、经营体系、生态体系、服务体系、运行体系建设；同时，打造农副土特产品牌和"互联网+"平台，形成线上与线下营销相结合，国内与国际营销相结合；完成养生养老、休闲度假及其配套项目建设，形成一二三产业"三产融合"；完成景区标示标牌和导览体系建设；结合武当民俗文化、农业产业和不同的季节，打造节庆活动，形成节庆活动品牌；完成网站建设和商标注册工作，建立"互联网+旅游"，打造智慧旅游平台；完成企业文化、管理制度建设工作；完成田园综合体、森林康养特色小镇和 4A 级景区申报工作。建设周期为 12 个月，投资 2000 万元。

丹江口金蟾峡景区目前为国家 3A 级景区和省级风景名胜区，今后完成整个项目总投资后，金蟾峡景区的目标是建设成为国家 4A 级景区。

丹江口市是一座历史气息浓厚又极具现代化的山水旅游城市，其拥有"丹江鱼""丹江水""丹江景"三张响亮的名片。山水相连，美景连绵，形成一幅迷人的山水画卷。丹江口目前已经获得了"国家园林城市""国家旅游城市"两个全国级称号，丹江口山青水秀，环境优美，空气质量长期处于优良水平，生活在丹江口可以体会满满的幸福感。

丹江口市由于地理位置、环境条件等因素在脱贫摘帽中肩负着"一江清水永续北送"的历史使命，这也意味着绿色、生态、环保这条特色的发展道路在丹江口市打赢脱贫攻坚战的胜利中是必由之路，这不仅是习近平新时代中国特色社会主义思想指引的结果，更是湖北省40余年扶贫开发奋斗历程的缩影，同时展现了中国在贫困治理领域这一全球性难题中的理论成果与实践经验，为贫困治理体系的进一步健全与完善提供理论支持与实践意义。

八、中国"两山"理念转化的示范地

"十四五"时期，丹江口市全面贯彻习近平生态文明思想，深化"两山"实践创新。在保护优先的前提下，充分发挥武当山、丹江水的独特资源优势，积极探索将"绿水青山"转化为"金山银山"的具体路径，大力引导发展符合本地实际、切合国家战略水源地要求的产业。一是依托绿水青山提供的生态环境容量促进工业经济发展。坚持把创新作为第一动力，建设结构更为优化、质量效益显著提升、新型工业化和信息化深度融合的现代绿色工业体系。主要是推进传统汽车装备产业升级，做强整车、专用车和小总成，突破性发展新能源汽车产业；扩大水资源加工业规模，加快培育生物医药、电子信息、新能源新材料等新兴产业，做优轻工纺织服装产业。二是着力将绿水青山蕴含的生态产品价值转化为经济价值。围绕文化旅游、生态康养、商贸物流等领域，打造消费新模式新业态，加快形成现代服务业产业体系；围绕柑橘、茶叶等主导产业，发展绿色农业、特色种植，提升品质、打造品牌，加快形成现代农业产业体系。三是通过绿水青山所创造的优良环境吸引各类人才来丹工作或学习，为"两山"转化营造必要的基础和条件。加快推进产业生态化、生态产业化，既彰显绿水青山的颜值，又体现绿水青山的价值，确保"一江清水永续北送"。

从空间社会学的理论角度看，丹江口市长期坚持并严格贯彻落实绿色空间发展的理念，这不仅是丹江口市在脱贫攻坚中的亮点特色，对绿色空间的坚持也必然持续推动丹江口的绿色崛起。丹江口的基础设施建设、经济产业发展、人口发展重塑与教育建设等都始终贯穿着绿色发展理念，绿色空间再造与发展担负着历史使命，更要兑现人民对美好生活的期盼。总体而言，丹江口的脱贫攻坚以绿色空间的发展理念为核心，全面统筹政治空间、交通空间、经济空间、地理人口发展空间、社会空间和文化教育空间。这些空间的再造与重塑并非独立和机械分割，而是有机地统一在提升并稳固脱贫攻坚质量、开展脱贫攻坚与乡村振兴战略有效衔接之中。

后　记

　　脱贫攻坚是实现我们党第一个百年奋斗目标的标志性指标，是全面建成小康社会必须完成的硬任务。党的十八大以来，以习近平同志为核心的党中央把脱贫攻坚纳入"五位一体"总体布局和"四个全面"战略布局，摆到治国理政的突出位置，采取一系列具有原创性、独特性的重大举措，组织实施了人类历史上规模空前、力度最大、惠及人口最多的脱贫攻坚战。经过8年持续奋斗，现行标准下9899万农村贫困人口全部脱贫，832个贫困县全部摘帽，12.8万个贫困村全部出列，区域性整体贫困得到解决，完成了消除绝对贫困的艰巨任务，脱贫攻坚目标任务如期完成，困扰中华民族几千年的绝对贫困问题得到历史性解决，取得了令全世界刮目相看的重大胜利。

　　根据国务院扶贫办的安排，全国扶贫宣传教育中心从中西部22个省（区、市）和新疆生产建设兵团中选择河北省魏县、山西省岢岚县、内蒙古自治区科尔沁左翼后旗、吉林省镇赉县、黑龙江省望奎县、安徽省泗县、江西省石城县、河南省光山县、湖北省丹江口市、湖南省宜章县、广西壮族自治区百色市田阳区、海南省保亭县、重庆市石柱县、四川省仪陇县、四川省丹巴县、贵州省赤水市、贵州省黔西县、云南省西盟佤族自治县、云南省双江拉祜族佤族布朗族傣族自治县、西藏自治区朗县、陕西省镇安县、甘肃省成县、甘肃省平凉市崆峒区、青海省西宁市湟中区、青海省互助土族自治县、宁夏回族自治区隆德县、新疆维吾尔自治区尼勒克县、新疆维吾尔自治区泽普县、新疆生产建设兵团图木舒克市等 29 个县（市、区、旗），组织中国农业大学、华中科技大学、华中师范大学等高校开展贫困县脱贫摘帽研究，旨在深入总结习近平总书记关于扶贫工作的重要论述在贫困县的实践创新，全面评估脱贫攻坚对县域发展与县域治理产生的综合效应，为巩固拓展脱贫攻坚成果同乡村振兴有效衔接提供决策参考，具有重大的理论和实践意义。

脱贫摘帽不是终点，而是新生活、新奋斗的起点。脱贫攻坚目标任务完成后，"三农"工作重心实现向全面推进乡村振兴的历史性转移。我们要高举习近平新时代中国特色社会主义思想伟大旗帜，紧密团结在以习近平同志为核心的党中央周围，开拓创新，奋发进取，真抓实干，巩固拓展脱贫攻坚成果，全面推进乡村振兴，以优异成绩迎接党的二十大胜利召开。

由于时间仓促，加之编写水平有限，本书难免有不少疏漏之处，敬请广大读者批评指正！

本书编写组

责任编辑：张　立
封面设计：姚　菲
版式设计：王欢欢
责任校对：吕　飞

图书在版编目（CIP）数据

丹江口:绿色转型发展引领脱贫攻坚/全国扶贫宣传教育中心 组织编写. —北京：
人民出版社,2022.9
（新时代中国县域脱贫攻坚案例研究丛书）
ISBN 978－7－01－024055－8

Ⅰ.①丹…　Ⅱ.①全…　Ⅲ.①扶贫-工作经验-丹江口　Ⅳ.①F127.643

中国版本图书馆 CIP 数据核字（2021）第 256822 号

丹江口:绿色转型发展引领脱贫攻坚
DANJIANGKOU LÜSE ZHUANXING FAZHAN YINLING TUOPIN GONGJIAN

全国扶贫宣传教育中心　组织编写

人民出版社 出版发行
（100706　北京市东城区隆福寺街 99 号）

北京盛通印刷股份有限公司印刷　新华书店经销

2022 年 9 月第 1 版　2022 年 9 月北京第 1 次印刷
开本:787 毫米×1092 毫米 1/16　印张:18.25
字数:255 千字

ISBN 978－7－01－024055－8　定价:54.00 元

邮购地址 100706　北京市东城区隆福寺街 99 号
人民东方图书销售中心　电话（010）65250042　65289539